주식투자 내비게이터

주식투자
내비게이터

초판인쇄 ㅣ 2022년 7월 10일
초판발행 ㅣ 2022년 7월 15일

저　　　자 ㅣ 구자대
발　행　인 ㅣ 이웅현
발　행　처 ㅣ 부카
편집·디자인 ㅣ 이주영
교 정 교 열 ㅣ 강남주, 서미지
출 판 등 록 ㅣ 제25100-2017-000006호
본　　　사 ㅣ 대구광역시 달서구 문화회관길 165, 대구출판산업지원센터 408호
　　　　　　　전화_ 053-423-1912 / 1577-1912　팩스_ 053-639-1912
분 사 무 실 ㅣ 경기도 용인시 기흥구 흥덕1로 101, 602호
　　　　　　　이메일_ bookaa@hanmail.net

ISBN 979-11-92432-09-0(13320)

・이책에 수록된 내용은 저작권법의 보호를 받는 저작물이므로 무단전재와 복제를 금합니다.
・잘못 만들어진 책은 구입처에서 바꿔 드립니다.

주식투자
내비게이터

- 탐욕과 공포를 이기는 투자의 中道 -

부 카

머리말

필자는 은행원 출신으로서 경영학 석사·박사학위와 CFP(국제공인재무설계사), AFPK(재무설계사), 투자자산운용사, 금융투자분석사, 증권투자상담사, 파생상품투자상담사, 펀드투자상담사, 공인중개사 등 여러 가지 투자 관련 자격증을 취득하였다. 그동안에 다수의 금융투자 관련 책을 독파했고 장기간 실제 투자에 임하여 왔다.

그런데, 어찌하여 반복해서 돈을 잃고 고통을 받는가?

이 의문에 대한 답을 찾기 위해 일체의 고(苦)에서 해탈한 붓다의 대각(大覺) 과정을 살펴보기로 하였다. 붓다는 생로병사에 따른 인생의 고(苦)를 해결하기 위해 산속에서 6년간 고행하였으나 뜻을 이루지 못하였다. 그러자 지금까지 해오던 고행을 버리고 목숨을 건 마지막 시도인 명상을 통하여 연기(緣起)의 이치를 발견하였다. 이를 바탕으로 고의 원인을 탐(貪), 진(瞋), 치(癡)로 밝혀내고 이것을 해결하는 방법으로 계(戒), 정(定), 혜(慧)를 완성하였다. 비로소 붓다는 모든 고에서 벗어날 수 있었고, 명상을 시작한 지 18시간 만에 대각을 이루었다.

주식은 위험 자산이다. 그러므로 주식투자 자체가 고(苦)일 수밖에 없다. 주식투자 고(苦)의 원인 역시 탐, 진, 치 즉 탐욕심, 진애심(화), 우치심(어리석음)이다. 이것을 해결하는 방법 또한 계, 정, 혜일 수밖에 없다. 원칙을 세우고(계), 정신수양을 통해 화기를 가라앉히고(정), 지혜 통찰력을 얻을 수 있는 선견지명(혜)을 얻게 된다면 투자의 고에서 벗어날 수 있게 되는 것이다. 궁극적으로 '투자의 중도'에 이르게 되면 탐욕과 공포에서 벗어나 늘 평상심을 유지할 수 있음을 드디어 깨닫게 되었다.

자동차는 일상생활의 필수품이지만 자동차 운전은 위험하다. 그러므로 자동차 운전하기 위해서는 반드시 운전면허증이 필요하다. 마찬가지로 주식투자는 저금리 시대에 살아가는 필수수단이지만 필연적으로 위험이 따른다. 자동차 운전에 면허증이 필요하듯이 주식투자를 하기 위해서는 최소한의 지식을 습득해야 한다. 그렇지 않고 주식투자를 하는 것은 무면허운전을 하는 것과 마찬가지이다. 필자는 운전면허증을 따기 위해서는 자동차 운전 교본이 필요하듯이 주식투자를 하기 위해서는 최소한 알아야 할 내용의 주식투자 교본이 필요하다고 생각했다. 왕초보를 위한 책은 이미 시중에 많이 나와 있다. 그동안에 경험했던 깨달음과 노하우를 포함해서 이왕이면 초보에서 전문가까지 감히 이 한 권으로 다 해결이 되는 책을 쓰고 싶었다. 장황한 설명을 싫어하는 성격이라 핵심 내용 위주로 요약 정리하다 보니 처음 접하시는 분은 다소 어렵게 느껴질 수도 있다. 용어가 생소하다면 인터넷을 찾아보기를 바라고, 내용이 잘 이해가 안 된다면 반복해서 학습하는 수밖에 없다. 적어도 다섯 번은 읽어 보기를 권한다. 그러면 어느 정도 이해가 될 것이고, 비로소 주식투자를 할 수 있는 자격증을 취득한 것과 다름없다. 아홉 번을 읽는다면 평생 주식투자를 하면서 위험에 빠지는 일은 없을 것이다.

처음부터 끝까지 읽기가 너무 힘이 든다면 1단계부터 단계별로 다섯 번씩 읽고 실제 투자를 해본 후에 다음 단계로 넘어가는 것도 하나의 방법이다. 주식투자를 처음 시작하는 분이라면 실제 투자는 1단계부터 차근차근 시작해보는 것이 좋다. 이 중에서 자신에게 가장 잘 맞는 방법을 선택해서 핵심 전략으로 사용하면 된다. 또한 단계별로 조금씩 실험적으로 시도를 해보고 자금을 배분하는 방법도 있을 수 있다. 처음에는 장기투자의 비중이 높을 수밖에 없으나 시간이 지날수록 중기투자(SS기법)의 수익이 축적되면서 자연스럽게 비중이 높아질 수 있다.

6단계는 절정 고수의 영역이라 굳이 하지 않아도 된다. 필자의 경우 6단계인 데이트레이딩에서는 돈을 잃지는 않았지만 크게 벌지 못했다. 무엇보다 가슴 졸이며 종일 모니터를 쳐다보는 것이 너무 힘이 들어서 이제는 상승장일 때 오전장에 잠깐 시간 보내는 정도로만 하고 있다. 데이트레이딩에 많은 시간을 소비하는 것은 바람직하지 않다. 투자성과를 내기가 쉽지 않을 뿐만 아니라 실력 향상에도 별로 도움이 되지 않는다.

몇 년 전에 있었던 일이다. 한밤중에 자는 아내를 깨워서 10억이나 손실이 나 있고, 앞으로 얼마가 더 날지 모르며, 반대매매를 당할 수 있다고 말하였다. 얼마나 황당했겠는가? 그때 아내가 던진 한마디는 "팔아라"였다. 뜬눈으로 밤을 꼬박 새우고 혼자서는 도저히 결정 못 한 것을 아내의 말에 용기를 얻어 뒤도 돌아보지 않고 정리를 했다. 완전 정리하고 나니 아이러니하게도 그동안에 얼마나 마음고생을 했던지 10억을 잃고도 기분이 날아갈 듯했다. 그것도 잠시뿐 딸한테 투자받은 돈도 날렸으니 앞이 캄캄했다. 이대로 있어서는 안 되고 뭔가 반전의 계기가 절실하다고 생각했다. 아내 보기도 민망하고 나 혼자만의 공간이 필요해 와신상담하기로 마음 먹었다. 침대를 내려와서 집에서 가장 작은 문간방에 자리를 깔고 바닥 생활을 시작했다. 도대체 내가 뭘 잘못하고 있는지, 절대 안 지는 방법은 없는지 찾기 위해 우선 유튜브를 집중적으로 들었다. 몇 개월 후 어느 날, 아침에 일어나는데 천장이 뱅글뱅글 돌면서 어지러워서 일어나지를 못했다. 병원에 진찰 결과 이석증이라 하였다. 유튜브를 종일 내내 그것도 모자라 자면서까지 들었던 것이 원인이었다. 수없이 많은 책을 읽고 생각하면서 실제로 투자를 진행했다. 그렇게 절박하게 생활한 지가 벌써 몇 년이 흘렀다. 차츰 수익이 나기 시작하고 딸에게 투자받은 돈도 갚고 책도 완성하게 되었다. 그날 잃어버린 10억이 오늘날 나를 있게 했고 이 책이 탄생하였다. 아내에게 그리고 가족들에게 늦게나마 지면을 빌려 감사를 전한다. 머지않아 침대로 돌아갈 수 있는 날을 학수고대하고 있다.

그동안에 주식투자로 어려움을 겪고 있는 분들이나 신규로 시작하시는 분들에게 이 책자가 조금이나마 도움이 되었으면 하는 바람이다. 시행착오를 겪지 않고 모두 행복한 성공 투자하기를 기원한다.

에덴동산에서 구자대

목 차

머리말 4

Step 01
주식투자의 마음가짐
1. 나는 왜 반복해서 돈을 잃는가?   12
2. 어떻게 하면 주식투자의 고(苦)에서 벗어날 수 있는가?   17
3. 투자의 중도(中道)   40

Step 02
주식시장의 연기관계
1. 연기(인과)관계   46
2. 경제의 핵심은 돈이다.   50
3. 판돈과 주머닛돈   54
4. 주식시장 변수 간의 연기(인과)관계   57
5. 주식시장의 고전과 격언   73

Step **03**

주식투자의 기본적 사항

1. 주식분석에 필요한 기본 지식   89
2. 주식매매에 필요한 기본 상식   113
3. 반드시 체크해야 할 사항   136

Step **04**

단계별 투자 방법

제1단계 : 공모주 청약   145
제2단계 : 간접투자   158
제3단계 : 장기투자   186
제4단계 : 중기투자(SS기법)   217
제5단계 : 단기투자(스윙트레이딩)   244
제6단계 : 단기투자(데이트레이딩)   284

맺음말   332

부록   336

STEP 01

주식투자의 마음가짐

1. 나는 왜 반복해서 돈을 잃는가?
2. 어떻게 하면 주식투자의 고(苦)에서 벗어날 수 있는가?
3. 투자의 중도(中道)

STEP_ 01
주식투자의 마음가짐

1. 나는 왜 반복해서 돈을 잃는가?

인간은 누구나 생로병사의 과정을 거치게 된다. 생로병사에는 필연적으로 고통이 따르기 때문에 어떻게 보면 사는 것 자체가 고통이라 할 수 있다. 붓다는 인생 고(苦)의 원인을 탐(貪), 진(瞋), 치(癡) 즉 탐욕심, 진애심(화냄), 우치심(어리석음)으로 보았다.

주식은 위험 자산이다. 그러므로 주식투자를 한다는 것 그 자체가 고통이라 할 수 있다. 주식투자로 인한 고통도 결국은 탐진치에서 비롯된 것이다. 내가 반복해서 돈을 잃고 고통을 받는 것도 결국 탐진치가 원인이었다.

탐(貪) : 탐욕을 극복하지 못했다(탐욕심)

주식시장에서 절대 지지 않는 방법이 있다. 그것은 싸게 사서 비싸게 파는 것이다. 그러나 일반 사람들은 반대로 한다. 비싸게 사는 것이 주식시장에서 실패하는 주된 이유이다. 누구나 다 아는 평범한 이치인데 왜 지키지 못할까? 그것은 바로 탐욕 때문이다.

사람들은 배고픈 것은 참아도 배 아픈 것은 못 참는다는 말이 있다. 내가 가지고 있지 않은 주식이 올라가는 것을 보고 한 번 참고 두 번은 참았는데 그래도 올라가면 세 번째는 못 참고 결국은 추격매수를 하게 된다. 주식투자에서 가장 안 좋은 것은 바로 추격매수이다. 추격매수만 안 해도 손실 확률을 50%는 줄일 수 있다. 추격 매수하는 순간 하락은 시작되고 설마 설마 하다가 20~30% 그냥 하락해 버린다. 그러면 본전 생각이 나서 도저히 못 팔고 본의 아니게 장기투자를 하는 과정을 반복하게 된다.

또한 내가 가지고 있는 주식이 올라갈 때는 끊임없이 올라갈 것 같은 욕심에 매도 타이밍을 놓치고 원점으로 돌아가는 경우가 자주 반복된다. 생선의 꼬리와 머리는 고양이에게 주라는 주식 격언도 있는데 그걸 다 먹으려는 욕심 때문에 결국은 도로아미타불이 되는 것이다.

첫 성공이 항상 문제이다. 실력으로 착각한다. 그러다 보면 일확천금을 꿈꾸게 되고 탐욕이 탐욕을 부른다. 점점 투자금액을 올리더니 가진 돈 전부 넣고도 모자라 신용과 스탁론까지 사용한다.

탐욕이 주식시장에서 망하는 지름길이다. 최근에 수십 년 동안 투자의 천재로 불리던 빌 황이라는 펀드매니저가 과도한 레버리지를 썼다가 하루아침에 수조 원의 엄청난 손실을 보고 파산한 사건이 있었다. 이 사례에서 보듯이 인간의 탐욕은 끝이 없고 단 한 번의 실수로 모든 것을 잃을 수 있음을 알 수 있다. 결국 탐욕이 항상 나를 어렵게 만든 것이다.

진(瞋) : 화를 참지 못했다(진애심)

진애심은 화를 내는 마음이다. 여기에는 시기와 질투심이 포함되어 있다. 주식투자를 하는 과정에서 화가 나는 경우는 누구에게나 비슷하다. 나의 주식은 가만히 있는데 다른 주식이 끝없이 올라가는 것을 보면 괜히 배가 아프다. 올라가는 주식을 보고 더 이상 못 참고 사버리면 희한하게 그때부터 내리기 시작하고 화가 난다. 그다음 내가 산 주식이 손실이 커지는 것을 보고 겁이 나서 팔았는데 다시 오르면 더욱 화가 난다. 더군다나 나의 주식을 팔고 올라가는 주식을 샀는데, 내가 산 주식은 내려가고 판 주식은 올라가는 경우 화가 머리끝까지 올라간다. 여기다가 신용을 쓴 경우는 최악이다.

보유한 주식이 손실이 나면 화가 난다. 화가 나면 그 자체가 스트레스가 되고 청산하지 않고 보면 볼수록 더 화가 난다. 손실이 점점 커지면 스트레스는 더 쌓이고 불안과 공포가 엄습한다. 그러면 결국 못 참고 청산하게 되는데 손실을 확정하면 신기하게도 큰 손실이 났으나 일시적으로 기분이 좋아진다. 쌓였던 스트레스가 한꺼번에 해소되기 때문이다. 그러나 그것도 잠시이다. 현실을 직시하게 되면 또 화가 나기 시작한다. 화는 화를 부르고 이성을 잃게 만들면서 무엇이 옳고 그름인지 판단할 수 없게 만든다.

여기서가 중요하다. 현실을 받아들이고 처음부터 다시 시작한다는 마음으로 돌아가야 하는데 그렇지 않고 당장 만회하려고 이것저것 찔러 보다가는 손해는 눈덩이처럼 불어난다. 손실이 커지면 화기가 올라 눈이 뒤집히고 아무것도 보이지 않으며 이성을 잃는다. 손실을 만회하기 위해 테마주, 부실주, 장외주식까지 손을 댄다. 중독 증세가 생기고 결국은 깡통으로 간다. 주식투자를 하다가 깡통 찬 사람들 대부분은 자신의 투자 규모에 비해 큰돈을 잃었을 때 화를 참지 못하고 이성을 잃는 경향이 있는 사람들이다. 화가 만병의 근원이라 하는데 주식투자에서는 화가 모든 실패의 근원이다. 결국 화를 제대로 다스리지 못한 것이 문제였다.

치(癡) : 지혜롭지 못했다(우치심)

우치심은 현상이나 사물의 도리를 이해할 수 없는 어두운 마음으로서, 이로 인하여 있는 그대로의 모습을 판단할 수 없게 된다. 우치심은 한마디로 현명하지 못하고 어리석음을 말한다.

나는 공부를 많이 해서 지식은 많으나 지혜롭지 못했다. 배우기만 하고 생각하지 않으면 남는 것이 없고, 생각만 하고 배우지 않으면 위태로워진다는 격언이 있다. 단순히 아는 것과 할 수 있는 것은 분명 다르다. 행동으로 옮기기 전에 무엇을 어떻게 할 것인지를 생각하는 노력이 부족했다.

내가 난데 하는 나도 모르는 고집이 있었던 것 같다. 그래서 7년간의 박스권을 돌파하는 대세 상승이라는 전문가들의 말을 믿지 않았다. 노동인구가 줄고 노령화가 급속히 진행되는 등 전반적인 경제 구조가 위축이 되고 있는데 주식시장이 좋아질 리가 없다고 생각하고 박스권에 베팅한 것이 실수였다. 기존에 갖고 있던 지식, 정보, 경험들은 새로운 패러다임 변화에 오히려 걸림돌이 되었고 대세 판단에 착오를 일으켰다.

반풍수 집안 망하게 한다는 말이 있다. 자신이 어리석다는 것을 아는 경우는 그래도 괜찮다. 자신이 어리석다는 자체를 모르는 경우가 위험하다. 몇만 원짜리 물건을 사도 여기저기 알아보고 사는데, 수천만 원짜리 주식을 사면서 기본적인 체크도 하지 않고 단 몇 분 만에 사버린다. 사회에서 성공한 사람, 고위 공직자, 의사 변호사 등 전문직 종사자들이 실패하는 경우가 많다. 과거에 경험한 지식을 바탕으로 확신하고 몰빵하는 경우 시장은 내 생각대로 움직이지 않아 낭패를 볼 수 있다. 주식시장은 미인대회와 같다. 아무리 예뻐도 심사위원들 마음에 들지 않으면 상을 받을 수 없다. 주식도 내가 보기에는 좋아 보이지만 남들이 쳐다보지 않으면 그 주식은 평생 내 것이고 돈은 남의 것이 된다. 주식과 결혼하지 말라는 말이 여기서 나온다.

고수는 충분히 기다렸다가 사고, 하수는 무작정 사놓고 기다린다는 말이 있다. 무지의 한 단면이다. 현명하지 못하고 어리석은 사람은 남의 말에 의존하게 된다. TV 방송의 전문가들은 항상 이미 오른 주식을 추천한다. 왜냐하면 바닥에 있는 주식을 추천했다가 오르지 않으면 욕을 먹기 때문이다. 전문가의 추천을 무작정 따라갔다가는 얼마 안 가서 막차를 탔음을 알게 된다. 결국 어리석음이 고통의 씨앗이고 고생길로 가는 지름길이다.

2. 어떻게 하면 주식투자의 고(苦)에서 벗어날 수 있는가?

붓다는 인생 고(苦)의 원인을 탐, 진, 치로 보고 이에 대한 해결책으로 계(戒), 정(定), 혜(慧)를 제시하였다. 위험 자산인 주식투자의 고(苦) 역시 탐, 진, 치에서 비롯되었으므로 이에 대한 해결책으로 계(戒), 정(定), 혜(慧) 즉 계율(戒律)·선정(禪定)·지혜(智慧)가 가장 효과적인 방책이다.

계(戒) : 정해진 원칙을 지킨다

계(戒)는 계율을 지키는 것을 말한다. 여기에는 반드시 실천해야 하는 의무조항이 있고, 절대로 해서는 안 되는 금지조항이 있다. 주식투자의 고통을 유발하는 주범인 탐욕심을 제어하는 유일한 수단은 계율을 지키는 것 즉 원칙을 정해서 반드시 지키는 것이다. 그동안의 경험과 투자 구루들의 조언을 참고하여 투자의 십계명을 만들었다.

1) 주식투자의 기본원칙(투자의 십계명)

① 절대로 돈을 잃지 마라.

 돈은 잃지 않으면 언젠가는 따게 되어있다. 그러나 돈을 따겠다고 생각을 하는 순간 지금 안 들어가면 나만 손해 본다는 생각이 들고 추격매수를 하게 되어 고점에 물리게 된다. 그러다가 주식이 하락하게 되면 본전 생각에 팔지 못하고 본의 아니게 장기투자를 하게 된다. 대부분의 초보 투자자들은 이런 악순환을 거듭하며 결국 돈을 잃을 수밖에 없게 되어있다.

 아이러니하게도 돈을 딴다는 생각보다 잃지 않는다고 생각을 하는 것이 오히려 돈을 딸 확률이 훨씬 높다는 것이 신기할 정도이다. 돈을 잃지 않는다고 생각하면 적어도 추격매수는 하지 않게 되고 다음 조정 시에 저가 매수할 여력이 생기게 된다. 당장에는 수익률이 시장 지수보다 뒤질지 모르나 장기적으로 보면 월등히 높을 수 있다.

 수익률이 50% 하락하는 경우 원본 수준으로 만회를 하려면 100% 수익률을 거두어야 한다. 그러므로 일단 돈을 잃게 되면 회복하는 데 오랜 시간과 에너지가 소요된다. 이것이 무슨 수를 쓰더라도 절대로 돈을 잃어서는 안 되는 이유이다. 언젠가는 크게 딸 날이 오겠지 하면서 한 번, 두 번 손절매하다 보면 계좌잔고는 회복할 수 없는 수준까지 내려가고 만다.

 지금까지 돈을 잃고 있는 투자자라면 당장이라도 돈을 따겠다는 생각을 버리고 돈을 잃지 않겠다는 마음 자세로 바꾸어야 한다.

별것 아닌 것 같아도 내가 어떤 마인드를 갖느냐에 따라 행동 자체가 달라지고 그 결과는 엄청난 차이로 나타난다. 1년, 2년 시간이 지날수록 그 차이는 점점 확대된다.

② 자신에게 적합한 투자전략을 결정하고 그 한 가지 방법으로만 실행하라.

주식투자에는 정답이 없다. 정답이 있다면 돈을 잃는 사람은 아무도 없을 것이다. 누구에게는 맞는데 나한테는 맞지 않을 수 있고, 오늘은 맞는데 내일은 아닐 수 있다. 주식투자에서 절대 지지 않는 방법은 싸게 사서 비싸게 파는 것이다. 이론적으로는 그러하나 실제로는 어떤 것이 싸고, 어떤 것이 비싼지 알지 못한다. 주식이 싼지 안 싼지를 판단하는 간단한 방법은 배당수익률이 정기예금 금리보다 높은지를 비교하는 것이다. 초보자가 투자해서 실패하지 않고 성공할 수 있는 좋은 방법이다. 이것 역시 배당률이 높은 기업에는 해당이 되나 배당을 하지 않는 성장주에는 해당이 되지 않는다. 또 하나의 확실한 방법은 코로나 팬데믹 같은 시장이 폭락할 때 대한민국을 대표하는 기업을 사서 1~2년 보유를 하는 것이 돈을 잃지 않는 가장 좋은 방법이다. 그때까지 기다릴 수 있는가가 문제이다.

현실적으로 어렵다면 이미 알려진 여러 가지 방법들을 시뮬레이션해보고 가장 자신에게 맞는 방법을 찾을 수밖에 없다. 그렇게 해서 이것이 나에게 가장 적합하다는 생각이 들 때 투자금액을 서서히 늘려가야 한다. 자신에게 가장 맞는 한 가지 방법으로만 해서 수익이 어느 정도 확보가 되면 내가 모르는 또 다른 투자 기회가 있는지 찾아본다.

③ 시간은 개미들의 강력한 무기이다.
언제까지고 기다릴 수 있는 강한 인내력을 길러라

　이순신 장군이 백전백승을 할 수 있었던 것은 이길 수 있는 조건이 만들어질 때까지 싸우지 않고 언제까지고 기다렸기 때문이었다. 투자의 세계도 마찬가지이다. 누가 뭐라 해도 이길 수 있는 조건이 만들어질 때까지 들어가면 안 된다. 언제까지고 기다릴 수 있어야 한다. 이 원칙만 지킬 수 있다면 절대로 질 수가 없다. 기본적으로 '100% 이길 수 있는 조건이 만들어질 때까지 기다린다.'라는 마인드를 가져야 뇌동매매를 방지할 수 있을 뿐만 아니라 분할 매수, 분산투자, 현금보유 등 안전장치를 마련하게 된다.

　개인투자자에게는 시간이 무기이다. 기다린다고 누가 뭐라 할 사람이 없다. 언제까지고 기다릴 수 있는 인내심을 길러야 한다. 야구 경기에서 타자가 나쁜 볼에 손을 대서는 절대로 좋은 타구를 날릴 수 없다. 훌륭한 타자일수록 유인구에 말려들지 않고 스트라이크가 들어올 때까지 언제고 기다릴 줄 안다. 투자에 있어서 인내심만큼 중요한 덕목은 없다. 그러므로 인내심이 부족한 사람은 나의 적성이 투자와 맞지 않는다고 봐야 한다. 만일 나 자신이 인내심이 부족하다면 투자를 계속할 것인지를 심각하게 고려해봐야 한다.

　싸게 사서 기다리고, 비싸게 팔아서 기다리고를 반복하면서

1~2년 기다리는 것을 밥 먹듯이 해야 한다. 투자는 시간가치를 취하는 것이고 기다림의 미학이다.

④ 성공했을 때 투구 끈을 졸라매라

이번에 성공한 것이 나의 실력이라고 착각하는 순간 큰 위기가 온다. 초심으로 돌아가야 한다. 특히 초보자가 처음 돈을 벌었을 때가 가장 위험하다. 운이 좋아서 벌었을 가능성이 있는데 자신의 실력으로 생각하고 집중투자를 하게 되면 크게 다칠 수 있다. 이럴 때는 벌어놓은 돈만으로 투자해야 한다. 벌어놓은 돈만으로 투자하면 돈을 잃을 일은 없다.

일단 번 돈만으로 투자한다는 기본 마인드를 갖고 시작하면 초보 투자자가 한 번 성공으로 자만심이 생겨서 있는 돈, 없는 돈 다 끌어다가 패가망신하는 우를 범하지는 않을 것이다. 아무리 우량주식이라 하더라도 결코 안전자산은 될 수가 없다. 주식시장이 무너지는데 혼자 온전할 수는 없는 것이다. 그러기 때문에 돈을 벌면 기본적으로 안전자산에 피난을 시킨다는 마음 자세를 가져야 한다.

대가들은 목표했던 수익률이 달성되고 금리가 어느 정도 상승하면 위험 자산을 줄이고 채권과 같은 안전자산 쪽으로 피신을 시작한다.

⑤ 리스크를 관리하라

실수가 밝혀지면 장기적인 성공을 위한 수업료를 낸다고 생각하고 뒤도 돌아보지 않고 정리해야 한다. 조금 남겨둔 것이 항상 화근이 된다. 미련 없이 전량 정리해 버려야 한다. 또한 두려움과 공포심을 역으로 이용한다. 두려움을 느낀다는 것은 현재의 포지션에 뭔가 문제가 있다는 뜻이다. 현재의 포지션에 잠재하고 있는 위험이 어느 정도인지를 파악하고 두려움을 느끼지 않을 정도로 포지션을 정리하는 등 리스크 관리에 적극 활용 한다.

리스크 관리에는 네 가지 회피전략이 있다. 첫째, 아예 투자하지 않는다. 둘째, 처음부터 싸게 사는 등 리스크를 줄인다. 셋째, 사후에 적극적으로 리스크를 관리한다. 넷째, 포트폴리오를 구성하여 전체 평균으로 리스크를 관리한다. 대가들이 돈을 잃지 않고 성공할 수 있었던 것은 네 가지 방법을 적절히 사용하였기 때문이다.

우선은 리스크를 지지 않는 것이 중요하다. 나중에 피하려고 하면 추가 비용이 든다. 어떤 투자에서 계속해서 손해를 본다면 당장 청산을 해버리고 아예 접근하지 않는 것이 좋다. 모든 것은 변화한다. 지금 좋다가도 금방 나빠질 수 있고 최악의 상황이라도 언제 그랬느냐는 듯이 좋아지는 경우가 있다. 그러므로 모든 가능성을 열어두고 이중 삼중의 안전장치를 마련하는 등 인간이 할 수 있는 최선의 사전대비책을 마련해두고 그다음에는 하늘의 명을 따른다.

리스크를 피할 수 있는 나름대로 원칙을 만들고 시스템으로 구축한다. 분산투자, 분할매수매도, 장기투자 등을 원칙으로 정할 수 있다. 수익률 목표치를 낮추고 일단 목표치가 달성되면 50% 이익 실현하고, 나머지 50%는 익절가를 높이면서 이익을 극대화하는 등 시스템으로 구체화한다. 임의로 개입할 여지를 줄이고 기계적으로 관리하도록 함으로써 심리적 동요에 의한 잘못된 결정을 예방하도록 한다.

⑥ 안될 때는 쉬어라

꼬일 때일수록 휴식만큼 좋은 비법은 없다. 한 번 꼬이기 시작하면 걷잡을 수 없이 꼬인다. 이미 흥분된 상태이기 때문에 눈앞이 캄캄하고 판단력이 흐려져 있다. 본전을 만회해야겠다는 생각이 강하기 때문에 나도 모르게 올라가는 주식에 추격매수를 하게 되고 점점 수렁에 빠진다. 이럴 때는 안 보는 것이 좋다. 시간과 장소를 바꾸어야 한다. 모든 것을 덮고 장소를 이동해서 바람을 쐬거나 다른 일을 한다. 안정을 찾기 위해서는 시간이 필요하다.

장소를 바꾸고 시간이 흘러 일단 안정을 찾게 되면 내가 왜 바보 같은 짓을 했는지 후회가 된다. 이때 무엇이 문제이고, 해서는 안 되는 일은 무엇인지, 반드시 해야 하는 일은 무엇인지를 살펴본다. 이것을 기록해놓고 다시는 실수를 반복하지 않도록 안전장치를 마련한다.

⑦ 투자내용을 항상 기록하라

적자생존 즉 적는 자가 생존한다. 꿈을 적으면 목표가 되고, 목표를 나누면 계획이 되고, 계획을 실천하면 꿈은 이루어진다. 그러므로 꿈의 현실화는 적는 것부터 시작된다. 이상화는 달력에 '인생 역전'이라고 써놓고 올림픽에 출전했는데 그 날짜에 금메달을 따고 인생 역전을 했다. 꿈이 머릿속에만 있을 때는 꿈으로 그치지만 적음으로써 비로소 현실이 된다. 청소년 월드컵에서 MVP를 받은 여민지의 일기는 유명한 일화로 남아 있다. 경기 때마다 무엇이 잘 됐고 못됐는지 빠짐없이 기록함으로써 스스로 진화할 수 있었다고 한다.

사업에서 성공하려면 사업일지를 써야 하고, 투자에서 성공하려면 투자일지를 써야 한다. 기록을 하면 그 자체가 역사가 되고 먼 훗날 복기가 가능하다. 역사는 반복되기 때문에 위기 때마다 유사한 사례를 복기해봄으로써 어떻게 흘러갈 것인지를 가늠해 볼 수 있다.

적는 것은 잊어버리지 않기 위함이 아니라 잊어버리기 위해서다. 적는 순간 정리가 되고 머리가 맑아진다. 그러면 또 새로운 것을 생각할 수 있다.

⑧ 새로운 투자 아이디어는 적어도 1년 이상 모의투자를 거친 후 실행하라

1년을 해보면 계절적 변동을 비롯해 흐름을 파악할 수 있다. 데이트레이딩 같은 경우는 모의투자 또는 1주 매매를 적어도 1만 번 이상 해보고 더 이상 손실이 나지 않을 때 시작해야 한다. 그렇게 함으로써 시행착오를 줄이고 자신감을 가지고 투자에 임할 수 있다.

과거와 다르게 차트만 보고 기술적 매매를 하는 데이트레이딩은 점점 어려워지고 있다. 왜냐하면 외인을 비롯한 큰손들은 인공지능을 장착한 알고리즘 매매를 하므로 사람 손이 아무리 빨라도 컴퓨터를 따라갈 수 없다. 또한 그동안에 효과를 많이 봤던 돌파 매매나 변동성 완화 장치를 활용한 급등주 매매 등은 이미 인공지능에 읽혔기 때문에 잘못하면 크게 당할 수 있다. 데이트레이딩하더라도 이전과 똑같은 방법으로 해서는 이길 수 없고 뭔가 변화를 주어야 한다. 그래야만 인공지능을 이길 수 있다. 새로운 변화를 시도하되 충분한 모의투자를 거쳐 확신이 들 때 실행해도 늦지 않다.

⑨ 투자의 세계는 준비된 자에게는 축복이지만 그렇지 않은 자에게는 재앙임을 명심하라.

주식투자의 성과는 돈, 시간, 노력의 함수이다. 돈이 많으면 그만큼 성공 확률이 높다. 한편 돈이 적더라도 시간과 노력이 많으면 많을수록 성공 확률이 높아진다. 가진 돈이 많지 않은데다가 시간과 노력을 투입하지 않고 돈을 벌려는 것은 도박하자는 것이나 다름없다.

돈이 돈을 벌어준다. 투자는 황금알을 낳는 거위이다. 혼자 벌어서는 부자가 될 수 없다. 그러므로 나를 위해 돈을 벌어다 주는 황금알을 낳는 시스템에 투자해야 한다. 그러나 투자한다고 해서 모두가 돈을 버는 것은 아니다. 인간의 탐욕은 끝이 없어서 온갖 권모술수가 난무하기 때문에 자칫하면 낭패를 볼 수 있다. 그러므로 정신수양을 통해 강한 멘탈을 갖추고, 꾸준한 공부를 통해 지혜로워지며, 나만의 투자 방법과 원칙을 만든다면 그야말로 투자의 세계는 축복이 된다.

⑩ 하루 24시간 투자와 살고 투자로 숨 쉬어라

그만큼 관심을 가지라는 뜻이다. 워런 버핏은 나이가 90세가 넘었으나 아직도 독서하고 있다. 주로 사업보고서 등 투자와 관련된 서적이지만 책 읽는 것이 생활화되어 있다. 그것을 하지 말라고 하면 죽으라는 말과 같다. 투자 그 자체가 삶이다.

무슨 일을 하든지 실패를 하지 않기 위해서는 전심전력을 다하여야 한다. 투자에도 마찬가지로 완전히 몰입하지 않고 절대로 지지 않기를 바라는 것은 오산이다. 투자의 대가들이 성공하는 핵심적인 이유는 자신의 모든 것을 다 투입한다는 것이다. 투자가 자신의 직업일 뿐만 아니라 삶이기 때문이다.

투자에 대한 집중이 가장 중요하다. 시나리오를 개발하고 그것을 재평가하고, 정보를 수집하고 또 재평가한다. 항상 스스로 묻는다. 내가 제대로 하고 있나? 어떻게 하면 더 잘할 수 있을까? 어떻게 하면 더 많은 정보를 얻을 수 있을까? 잠시도 한눈을 팔 수 없다. 한눈을 파는 순간 손실이 기운을 얻어 수익을 잡아먹어 버린다.

세상에서 끈기를 대신할 수 있는 것은 없다. 재능도 안 된다. 재능이 있어도 실패한 사람은 많다. 천재도 안 된다. 천재가 보상받지 못한다는 것은 거의 정설에 가깝다. 교육도 안 된다. 세상은 교육받은 낙오자 투성이다. 오직 끈기와 결단력만이 무엇이든 할 수 있는 힘이다. 온종일 끈기 있게 투자에 집중할 수만 있다면 절대로 질 수가 없다. 그렇게 할 수 없다면 투자에 나서지 말아야 하고 그래도 하겠다면 잃어도 좋을 정도의 자금만으로 해야 한다.

2) 피해야 할 것들 10가지

반드시 지켜야 하는 원칙이 있듯이, 절대로 해서는 안 될 것도 있다. 실수를 피하는 것이 수익률을 높이는 지름길이다.

① 인기주에는 손대지 마라

차/수/재/실 네 박자가 맞는 주식은 그래도 낫지만 네 박자가 맞지 않는 인기주에는 절대 손대면 안 된다. 네 박자가 맞더라도 변동성이 심해서 1차 상승 후 눌림목 매수 이외는 피하는 것이 좋다.

② 일시적인 유행 업종에는 투자하지 마라

재료가 일시적인지 아니면 5년 이상 지속적인지 분석을 해봐야 한다. 일시적인 경우는 아무리 올라도 결국은 제자리로 돌아간다. 얼마든지 좋은 기업이 많이 있는데 위험하게 투자할 필요가 없다. 설사 성공 하더라도 오히려 독이 될 수 있다. 한 번 성공이 실력으로 착각하는 순간 고생길로 접어든다.

③ 설립한 지 2년이 안 되는 벤처비즈니스는 투자하지 마라

잘되면 대박이지만 안되면 쪽박이다. 안전하게 투자해도 얼마든지 수익을 낼 수 있는데 굳이 애간장을 태울 필요가 없다.

④ 기술적 분석에 의존하지 마라

차트는 이미 과거의 모습이다. 기술적 분석은 과거의 패턴대로 주가가 움직인다는 가정을 하고 있다. 개구리가 어디로 뛸지 모르듯이 주가가 어디로 갈지는 아무도 모른다. 문제는 속임수가 난무한다는 점이다. 과거에 이렇게 되었으니까 틀림없이 올라간다고 확신하는 순간 세력들에게 당한다. 그러므로 거짓인지 아닌지 반드시 네 박자 체크를 해봐야 한다.

⑤ 매출액이 줄어드는 기업은 투자하지 마라

매출액이 줄어드는 것이 일시적인지 구조적인지를 판단해 보아야 한다. 구조적이고 장기적이라면 지금 당장 영업이익과 순이익이 괜찮다 하더라도 갈수록 수익률이 떨어지게 되어있다. 오히려 지금은 적자이지만 매출액이 폭발적으로 늘어난다면 머지않아 흑자로 돌아설 가능성이 높으므로 투자를 고려할 수 있다.

⑥ 적자기업은 투자대상에서 제외하라

적자를 내는 기업은 무언가 문제가 있다. 흑자를 내면서 돈 잘 버는 기업도 많은데 굳이 문제가 있는 기업에 투자할 이유가 없다.

⑦ 부채가 많은 회사(부채비율 200% 초과)는 제외하라

우량한 기업은 번 돈으로 신규투자를 한다. 부채가 많은 경우는 돈을 못 번다는 뜻이다. 빚을 내서 시설 투자를 하는 경우는 그나마 다행이지만, 운영자금으로 쓰는 경우는 치명적이다.

⑧ 대주주 변경, 대주주 지분매각, 대주주 지분율 20% 이하 기업은 피해라

회사가 앞으로 잘 된다면 대주주가 지분을 매각하거나 명의를 변경하지 않을 것이며 지분율도 높을 가능성이 있다.

⑨ 유상증자, 전환사채, 신주인수권부 사채 발행 기업은 주의하라

주주가치를 희석하는 효과가 있으므로 일단 피하는 것이 좋다. 특히 운영자금이 부족해서 사채발행을 하는 기업은 최악이다. 기존에 하던 사업을 확장하기 위해 시설 투자를 하는 것은 오히려 호재이다.

⑩ 리딩방에 가입하지 마라

유료든 무료든 간에 리딩방에 가입하지 않는 것이 좋다. 설사 그렇게 돈을 벌어도 절대 바람직하지 않다. 남에게 의존하는 습관이 되면 스스로 자립하려는 의지를 꺾을 수 있고 아무리 오래 경험을 쌓더라도 실력이 올라가지 않는다. 잘못하면 작전 세력들에게 이용당할 수도 있다.

정(定) : 정신수양을 통해 집중력을 높인다.

정(定)은 선정을 말하며 평소의 산란한 마음을 일정한 대상에 집중함으로써 고요한 가운데 진리를 관찰하게 하는 수행을 말한다. 번뇌는 우리 자신을 포함한 모든 사물의 실상을 파악하지 못하도록 막고 있으며, 끊임없이 그릇된 행위를 계속하게 한다. 정(定)은 진실의 모습을 왜곡시키는 번뇌의 침입을 막고, 그로 인해 자연스럽게 있는 그대로의 세계를 볼 수 있게 해준다. 선정에 드는 방법은 여러 가지가 있으나 종교를 떠나서 누구나 간편하게 할 수 있는 방법이 있다.

1) 단전호흡을 한다.

선정에 드는데 쉬우면서도 효과적인 방법이 단전호흡이다. 단전호흡의 장점은 효과가 빠르다는 점이다. 단전호흡의 주된 목적이 수승화강(水昇火降 : 화기는 내리고, 수기는 올림)이기 때문에 화가 나서 주체를 할 수 없는 경우에도 즉각 안정을 찾을 수 있다. 구체적인 방법은 인터넷이나 유튜브에서 찾으면 관련 영상을 손쉽게 구할 수 있다.

필자가 거액의 손실을 보고 맨붕에 빠졌을 때 사용한 방법이 바로 단전호흡이었다. 사람이 슬퍼지는 것은 슬프다고 생각하기 때문이고, 우울해지는 것은 우울하다고 생각하기 때문이다. 당시 나에게는 일단 안 좋은 생각을 하지 않는 것이 가장 급선무였다. 단전에 굴을 파고 모든 의식을 거기다 묻고 단전호흡을 진행했다. 앉아서 하고, 누워서도 하고, 걸어가면서, 일하면서, 자면서까지 24시간을 했다. 그렇게 하지 않으면 번뇌가 나를 괴롭히기 때문에 살기 위해서는 선택의 여지가 없었다. 단전호흡을 시작하면 얼마 되지 않아 번뇌가 나타나기 시작했다. 망념이구나 하고 알아차리면 저절로 없어졌다가 잠시 후에 다시 나타나기를 반복했다. 그러나 포기하지 않고 알아차리기를 계속 한 결과 차츰 번뇌, 망상이 되살아나는 간격이 길어지고 밤에 잠도 잘 수 있게 되었다. 결국 병원이나 약국 등 그 누구의 도움을 받지 않고 스스로 이겨낼 수 있었다. 그러면서 집중력도 점차 살아나기 시작했다. 단전호흡이 나를 살렸다. 단전호흡을 통해서 근심, 걱정, 불안, 공포를 없애고 집중력을 높이는데 탁월한 효과를 볼 수 있었다.

위기를 맞았을 때의 마음가짐이 중요하다. 큰 손실을 봤을 때 즉각 만회하려다 보면 점점 더 큰 손실을 보게 된다. 일단 멈추고 화기를 가라앉혀야 한다. 이럴 때 필요한 것이 단전호흡이다. 안정을 찾은 다음에 무엇이 잘못인지 분석하여, 해서는 안 되는 것부터 찾아서 끊어야 한다. 왜 나만 이 모양인가 하는 부정적인 생각보다는 긍정적인 사고를 해야 한다. 값비싼 수업료를 냈다고 생각하고 할부로 회수하면 되는 것이니까 손실이 아니고 투자라 생각한다.

성공과 실패는 둘이 아니다. 지금은 실패라고 생각되나 이것을 디딤돌로 삼아서 딛고 일어선다면 더 큰 성공을 거둘 수 있는 것이다. 그렇게 되면 지금의 실패는 성공으로 가는 과정일 뿐이고, 오히려 약이 될 수 있다. 크게 잃을수록 크게 성공할 수도 있다는 큰마음을 먹는 것이 중요하다. 성공과 실패는 비동시적 동거성을 가지고 있다. 즉 성공과 실패는 둘이 아니라 어떻게 생각하느냐에 달려있다. 지금은 아프지만 아픈 만큼 성숙해지고, 강철은 두드리면 강해지듯이 더 강해지는 계기가 될 수 있다.

무엇보다 단전호흡을 통해 화를 가라앉히는 훈련이 필요하다. 그렇게 하면 평생 살아가면서 몸과 마음을 다스려주는 훌륭한 나만의 주치의를 보유하게 되는 것이다.

2) 독서를 한다.

독서를 하면 여러 가지 이점을 얻을 수 있다. 새로운 정보를 얻을 수 있고, 현인들의 지혜를 배울 수 있고, 역사와 문화 등 다양한 간접 경험을 얻을 수 있고, 거인의 어깨 위에 올라설 수도 있다. 무엇보다 중요한 것은 독서를 통해서 정신수양이 가능하다는 점이다.

독서 삼매경이라는 말이 있듯이 독서를 하면 어느 한 곳에 집중을 할 수 있어서 근심 걱정을 잊을 수 있다. 한곳에 집중한다는 것 그 자체가 선이므로 독서선이 되는 것이다. 성경을 읽던지, 인문학 서적이나 고전을 읽어도 좋고, 신간 서적 또는 회사의 사업보고서, 애널리스트들의 리포트를 읽어도 좋다. 무슨 책을 읽든지 읽는 행위 자체가 중요하다. 책이 수면제라고 하는 사람들이 많다. 그만큼 책을 읽으면 마음이 편해진다는 뜻이다.

  온종일 모니터를 들여다보면 온갖 잡생각이 다 들고 시세표의 등락에 따라 만감이 교차하는 경험을 수없이 많이 할 것이다. 장세가 좋을 때는 매매를 해야 하지만 장세가 좋지 않을 때나 오전장에서 수익을 챙겼으면 바로 컴퓨터를 끄고 책을 펴면 정신수양에도 좋고 내공을 키우고, 생각을 키우고, 그릇을 키우는 시간이 될 수 있다. 돈을 벌면 돈을 품을 수 있는 그릇이 만들어져야 한다, 그렇지 못하면 돈의 장난으로 오히려 해를 당하고 돈은 돈대로 잃게 된다. 단시간에 거인의 어깨 위에 올라가서 인생 역전을 시키는 방법은 책을 읽는 수밖에 없다. 책을 읽으면서도 많은 긍정적인 생각을 하고 정신수양을 해야 진정한 고수가 된다. 독서를 통해서 정신수양을 하고, 내공을 키우고, 현명해진다면 일석삼조이다.

3) 규칙적인 운동을 한다.

  운동하면 여러 가지 좋은 점이 있다. 일단 하는 일에서 벗어남으로 잠시나마 복잡한 머리를 식힐 수 있다. 안 보면 마음에서 멀어진다는 속담이 있듯이 모니터를 덮는 그 자체가 중요하다. 특히 온종일 성과가 좋지 못한 경우는 현 상황에서 벗어나기 위해서는 대상을 바꾸고, 장소를 바꾸고, 시간을 바꾸어야 한다. 모니터가 아닌 운동기구로 대상을 바꾸고, 방안이 아닌 헬스장으로 장소를 바꾸고, 적어도 1~2시간 이상 시간을 바꾸어야 한다. 그렇게 하면 머리가 맑아지고 심신이 건강해진다.

운동을 하면 몸이 좋아진다. 몸이 좋아지면 아픈 곳이 없고 지구력이 좋아지기 때문에 오래 앉아 있을 수 있어 집중력이 높아진다. 집중력이 높아지면 성과도 따라서 좋아진다. 무엇보다 규칙적으로 하는 것이 중요하다. 그래야 조금은 귀찮아도 나가게 되고 운동을 하다 보면 금방 적응하게 된다. 지속이 되면 몸이 스스로 반응하게 된다. 땀 흘리며 운동을 하고 샤워를 하면 스트레스가 해소된다. 스트레스가 무서운 점은 누적된다는 것이다. 그러면 조그만 문제가 발생 되어도 신경이 예민해지고 화가 나게 된다. 그러므로 스트레스를 운동으로 풀어주는 것이 악순환을 끊고 선순환으로 돌릴 수 있는 좋은 처방이 된다.

투자는 단거리 경주가 아니다. 평생 해야 하는 마라톤 경기이다. 마라톤은 처음부터 무리하게 달리지 않는다. 무리하다가 오버 페이스를 하면 중도에 하차해야 한다. 페이스를 조절하면서 달리다 보면 오히려 가속도가 붙고 마지막에 스퍼트를 할 수 있는 것이다.

투자에는 정년이 없다. 찰리 멍거나 워런 버핏은 벌써 100세에 가까운 나이지만 아직도 왕성한 투자활동을 하고 있다. 끝까지 완주하기 위해서는 무엇보다 심신이 건강하여야 한다. 그러기 위해서는 운동은 필수이다. 운동을 투자의 한 부분이라 생각해야 한다. 매일매일 루틴을 정하는 것이 좋다. 아침에 일어나서 저녁에 잘 때까지 반드시 운동을 포함해서 시간 배분을 해야 한다. 몸에 익을 때까지는 힘이 들 수 있으나 습관이 되면 오히려 운동하지 않으면 불편함을 느끼게 된다. 성공한 투자자들은 모두가 몸과 마음이 건강한 사람들이다.

혜(慧) : 선견지명을 얻는다

혜(慧)는 진리를 깨달아 아는 바른 지혜이다. 정신수양을 통해 일어나게 되는 지혜·통찰을 말한다. 연기법의 이치를 깨닫고 선견지명을 얻는 방법이기도 하다.

1) 연기관계를 깨닫는 공부를 꾸준히 한다.

> ✅ **붓다의 대각**
>
> 붓다는 6년 동안 살인적인 고행을 하였으나 깨달음을 얻지 못하였다. 그러다가 새로운 방법으로 명상을 통해 중생들의 생멸에는 서로 주고받는 상호 의존적 연기관계를 따른다는 연기법을 발견하였다. 이것을 만유의 생주이멸(生住異滅)과 성주괴공(成住壞空)에 적용하면서 우주적 생멸진화의 존재이법을 정립하고 18시간 만에 대각을 이루었다.

씨앗이 흙을 만나서 열매를 맺듯이, 인(因)이 연(緣)이라는 조건을 만났을 때 과(果)가 일어나는 상호 의존적 관계를 연기관계라 한다. 우주 만물은 생존을 위해 서로 주고받는 연기관계를 통해서 생물인 경우는 생로병사하고, 무생물인 경우는 생주이멸을 하면서 새로운 질서를 만들고 변화하면서 진화해 간다. 생주이멸은 생존을 위한 에너지 최소작용의 원칙을 지키면서 무위적으로 진화하는 과정이다.

연기는 원인에 따라 생성하고 반응이 일어난다는 것으로 자연만물의 존재이법이다. 상호 의존적 관계로 서로 얽매인 개체들 사이에서 일어나는 조건을 통한 작용과 반작용의 관계에 해당한다. 서로 독립된 두 개체 사이의 상대적 관계가 아니라 모두가 함께 서로 얽매여 있는 연속적 연기관계이다.

인간이 다루는 학문이라는 범주는 모두 주고받음을 다룬다. 그러므로 모든 학문은 연기법으로 통섭된다고 할 수 있다. 연기법은 서로 주고받는 상호 의존적 관계의 이법이다. 보편타당한 객관적 사실에 대한 지식과 이들 지식 상호 간의 연기적 관계를 통해서 형성되는 인간 행위에 관련된 타당한 지혜와 감성이 함께 내포된다. 학문의 기본은 열린 시공간에서 어떠한 기존의 제약도 없이 존재자들 사이에서 일어나는 무위적인 상호 의존적 연기관계를 추구하고 이러한 연기적 이법에 따라서 만유와 더불어 삶의 가치와 존재가치를 올바르게 구현하는 데 그 목적이 있다.

만물의 시간과 공간적 변화는 연기적 관계 때문에 일어나는 현상이며, 이러한 연기관계는 인간의 인식에 무관하게 이어지고 있다. 인간이 연기를 이끄는 것이 아니라 연기가 인간을 이끌어 간다. 인간은 만물의 연기적 관계에 얽매여 살아가게 된다. 자연계의 만물은 무위적 연기관계를 따르며 진화하나, 인간계에서는 지성적 의지에 따른 유의적 행에 의해 자연의 무위적 연기관계를 벗어나려 한다.

무위적 인과관계는 항상 에너지가 가장 낮은 상태에 머물고 외부 영향에 대해 최소 에너지로 반응한다. 이를 최소작용의 원리라고 한다. 에너지가 최소로 소모되는 원리는 만물이 안정성을 이루어 가는 진화의 원리이다. 강물은 직선의 길을 따르지 않고 뱀처럼 굴곡이 있는 자연스러운 흐름의 길을 따라가게 된다.

인간은 자유의지에 따른 조작된 유의적 행으로 인해 최소작용의 원리를 잘 따르지 않고 이기적이고 소유적인 방향으로 행동함으로써 무위적 연기법을 따르지 않는다. 인간이 에너지를 많이 쓸수록 자연은 에너지 순환의 균형을 잃게 되며 이에 따른 피해는 고스란히 인간이 되돌려 받게 된다.

연기법의 6가지 원리는 무위성, 변화성, 안정성, 이완성, 평등성, 보편성으로 우주 만물이 연기적 과정을 통한 탄생에서부터 지니는 물질의 근본 속성으로 우주 만물의 본질이다. 이것들은 살아남는데 가장 효율적인 방법들이다.

2) 연기관계로 채워진 벌집 모형의 신경망을 만든다.

✓ 벌집 모형의 신경망

워런 버핏의 위대한 동업자 찰리 멍거는 뇌에 자극을 주면 바람직한 반응을 하고 격자 틀과 같은 모형을 형성한다고 주장했다. 필자는 여기서 한발 더 나아가서 이 격자 틀을 벌집에 비유하였다. 단순한 지식의 집합이 아닌 연기관계로 가공된 빅데이터가 내장된 벌집 모형의 신경망을 뇌에 새긴다면 이 데이터들이 상호작용을 하여 선견지명을 얻을 수 있다.

창의란 하늘에서 뚝 떨어지는 것이 아니라 기존의 정보를 분석 결합해서 새로운 아이디어를 만들어 내는 것이다. 우선 기존의 정보가 많아야 한다. 기존의 정보는 직접 경험을 통해서 얻을 수도 있지만 많은 시간과 비용이 소요된다. 독서를 통해 간접적으로 정보를 얻으면 짧은 시간에 많은 정보를 손쉽게 얻을 수 있다. 독서를 통해서 내가 접해보지 못했던 새로운 정보를 얻게 되고 그것이 기존의 정보와 결합해서 새로운 가치를 만들어 낼 수 있는 것이다. 그러기 위해서는 독서를 할 때 기존의 지식과 어떤 연기관계가 있을까를 늘 염두에 둬야 한다.

요즈음은 오픈북 테스트이다. 고급정보가 차고 넘친다. 인터넷, TV, 유튜브, 정부 홈페이지, 증권사 리서치 센터, 사업보고서, 기업체 홈페이지 등에 마음만 먹으면 얼마든지 좋은 정보를 구할 수 있다. 여기서 중요한 것은 기사 하나를 읽더라도 주식시장이나 산업, 기업 등과의 연기관계를 생각하면서 읽어야 한다는 것이다.

다음으로 일을 하면서 일어나는 사안마다 연기관계를 알아내는 것이다. 또한 내가 속해 있는 분야뿐만 아니라 시야를 조금 넓혀서 과거에 일어났던 사회적으로 중요 사건들의 연기관계를 분석한다거나 선진국의 사례들도 분석하면 많은 통찰력을 얻을 수 있다. 왜냐하면 역사는 반복되고 후진국은 선진국을 따라가는 경향이 있기 때문이다.

이렇게 함으로써 단순한 지식창고가 아닌 상호 연기관계로 가공된 빅데이터가 내장된 거대한 벌집 모형의 신경망을 뇌 속에 만들 수 있다.

3) 삼상(三上)기법으로 선견지명을 얻는다

　빅데이터만 있다고 새로운 아이디어가 나오는 것은 아니다. 이것을 분석하고 결합하는 인공지능이 필요하다. 그렇다고 슈퍼컴퓨터를 사용할 수는 없고 우리가 가진 것을 사용할 수밖에 없다. 이때 사용할 수 있는 좋은 방법으로 우리 선조들이 시상(詩想)을 떠올리기 위해 사용하였던 삼상기법이 있다.

　삼상은 침상(枕上), 마상(馬上), 측상(廁上)을 말한다. 침상은 잠잘 때, 마상은 말을 타고 갈 때 즉 요즈음은 차를 타고 갈 때, 측상은 화장실에 있을 때이다. 그러니까 끊임없이 궁리한다는 뜻이다. 자나 깨나 어디로 가나 끊임없이 생각하는 것이다. 그러다 보면 어느 순간 번개가 스치듯이 아이디어가 떠오르게 된다. 이 아이디어가 빅데이터에 저장되어 다른 데이터와 연계가 이루어지고 또다시 삼상기법을 통해 새로운 융합이 이루어지는 과정을 반복하면 연기관계로 가공된 빅데이터는 기하급수적으로 늘어날 수 있다. 이런 과정들이 일상화가 되고 연기적 데이터가 축적될수록 문제해결에 대한 반응 속도가 빨라지고, 아무리 어려운 문제가 닥치더라도 즉각 해결할 수 있다.

　드디어 문리가 트여 선견지명을 얻고, 어리석음으로 인해 남의 말에 현혹되거나 그릇된 판단을 하는 '투자의 고'에서 벗어날 수 있게 된다.

3. 투자의 중도(中道)

1) 중도는 살아남는 가장 효율적인 방법이다.

　중도(中道)는 어느 한쪽으로 치우치지 않는 도리를 말한다. 중도 전략은 수익 극대화를 위해 레버리지를 활용한 공격적인 투자보다는 돈을 잃지 않는다는 것을 제1원칙으로 하는 안정적인 투자를 지향한다. 그렇다고 단순히 지수를 추종하는 패시브 전략이 아니다. 시장이 기회를 줄 때는 정해진 원칙에 따라 베팅에 들어간다.

　비파의 줄을 너무 팽팽하게 하면 끊어질 수 있고, 너무 느슨하게 하면 올바른 소리가 나지 않는다. 투자의 중도를 지킴으로써 심리적인 안정을 취할 수 있고, 오래 갈 수 있으며, 오히려 높은 성과를 낼 수 있다.

　직무 스트레스가 너무 없는 경우는 나태해지고 무기력해져서 성과가 나지 않는다. 직무 스트레스 수준을 높이면 높일수록 성과는 올라간다. 그러나 일정 한계를 넘어서게 되면 스트레스 증후군에 의해 성과가 급격하게 떨어진다. 그러므로 적정 수준의 스트레스를 관리하는 것이 종업원의 건강을 지키고 성과도 올리는 일거양득의 방책이다. 투자도 마찬가지이다. 너무 느슨하면 마음은 편할지 모르나 성과가 나지 않는다. 너무 한 곳에 모든 것을 걸어서 집중투자 하는 경우 성공하면 대박이지만 그렇지 못하면 쪽박이므로 스트레스가 너무 심해진다. 얼마 못 가서 몸에 이상이 온다. 그러므로 투자의 중도야말로 건강도 지키고 수익도 지킬 수 있는 신의 한 수가 되는 것이다.

　워런 버핏의 "돈을 잃지 마라"라는 투자의 원칙은 공격적인 투자와 수동적인 투자의 중간적인 중도 전략이다. 반드시 이겨라가 아니다. 투자의 목적은 돈을 버는 것이 아니라 돈을 잃지 않는 것이다. 내가 어떻게 하면 벌 것인가를 고민할 것이 아니라 어떻게 하면 잃지 않을 것인가를 고민해야 한다.

　절대적인 법칙은 어디에도 없다. 잘못된 확신은 큰 손해를 초래한다. 무법칙도 위험하다. 상황에 대처할 어떤 수단도, 잣대도, 판단 근거도 갖지 않는 것이 된다. 영원한 것은 이 세상에 없으며 모든 것은 수시로 변화한다. 그러므로 가능하다면 다양한 지식을 포괄적으로 숙고하고, 요소와 요소를 둘러싸고 있는 연기관계를 파악하고, 모든 것은 변화한다는 전제하에 대응책을 마련하자는 것이 '투자의 中道'이다.

2) 손바닥 뒤집기

　자동차 운전은 위험하다. 자의든 타의든 언제 어떻게 될지는 아무도 모른다. 운전에 자신이 없고 사고를 당하는 것이 두렵다면 운전하지 않으면 된다. 그러나 현실적으로 운전을 하지 않으면 생활이 되지 않는다. 어쩔 수 없이 운전해야 한다면 위험을 대비해 자동차 보험에 가입하는 수밖에 없다. 그렇다고 온전히 위험을 피할 수는 없으나 보험에 가입하고 항상 조심하면서 운전한다면 일상생활을 유지하는데 큰 문제는 없다. 마찬가지로 주식투자는 위험하다. 그렇다고 주식투자를 하지 않을 수는 없다. 저금리 시대에 살아가기 위해서는 주식 투자가 필수라고 한다면 위험을 피하기 위해서는 보험에 가입할 수밖에 없다. 주식투자에 있어서 보험이 바로 '투자의 중도'이다.

손등과 손바닥은 동시에 나타날 수 없다. 그러나 언제나 같이 존재한다. 손등과 손바닥이 합쳐져서 하나의 손이 된다. 그러므로 손등과 손바닥은 둘이 아니다. 행복과 불행, 기쁨과 슬픔, 성공과 실패도 마찬가지로 비동시적 동거성을 지니고 있다. 둘은 동시에 나타날 수 없으나 항상 같이 존재한다. 그러므로 둘이 아니다. 오늘의 성공이 내일의 실패가 될 수 있고, 오늘의 실패가 내일의 성공이 될 수도 있다. 그러므로 손바닥을 뒤집으면 실패가 성공이 되고, 불행이 행복이 되고, 슬픔이 기쁨이 될 수 있다. 비가 오면 짚신 장수 아들 걱정, 비가 안 오면 우산 장수 아들 걱정에 바람 잘 날이 없다. 손바닥을 뒤집어서 생각하면 비가 오면 우산 장수 아들이 우산을 팔아서 좋고, 비가 안 오면 짚신 장수 아들이 짚신을 팔아서 좋다. 생각을 바꾸면 항상 즐겁다.

탐욕을 억제할 수 있는 자신만의 원칙과 투자 방법이 있고, 화를 제어할 수 있는 정신수양이 되어있고, 미혹 당하지 않을 선견지명을 갖추고 있으면 더 이상 탐욕은 없고 공포도 없다. 그러므로 주식은 올라서 좋고, 내리면 싸게 살 수 있어서 좋다. 설사 손해를 보더라도 더 많이 벌기 위한 투자라 생각한다. '투자의 중도'

는 손바닥 뒤집기와 같다.

3) 에덴동산에서 '끽다거'

아담과 이브가 에덴동산에서 선악과를 따먹고 무화과나뭇잎으로 몸을 가렸다고 한다. 분별심이 생겼다는 뜻이다. 에덴동산은 분별심과 주착심이 없는 곳이다. 마음이 텅 비어 있는 상태이다. 그러므로 좋고 나쁨, 잘나고 못남, 옳고 그름, 성공과 실패, 기쁨과 슬픔이 없는 곳이다. 색즉시공(色卽是空) 공즉시색(空卽是色), 즉 있음이 없음이요, 없음이 있음이라는 말과 통한다. 여기서 공(空)은 빌 공으로 비어 있다는 뜻이다. 그런데 한자의 모양을 보면 의미심장하다. 구멍 혈 밑에 만든다는 의미의 장인 공자가 들어가 있다. 그러므로 공(空)의 의미는 엄마의 자궁 속이 비어 있을 때 새 생명이 태어난다는 뜻을 담고 있다. 텅 비어 있는 것이 아무것도 없는 것이 아니라 새로운 창조가 일어나고 결국 없는 것이 있는 것이 되는 것이다. 그러므로 비움은 새로운 창조의 시작이 되는 것이다.

인간은 태어날 때부터 손을 꼭 쥐고 태어난다. 부모로부터 쥐는 법은 물려받았지만 놓는 것을 배우지 못했다. 딸이 친정에서 출산하는 바람에 갓난아기를 돌보게 되었다. 어느 날 자고 있던 아이가 갑자기 자지러지는 울음소리가 나서 달려가 보니 자신의 머리카락을 부여잡고 어쩔 줄 모르고 울고 있는 것이었다. 머리가 아프면 손을 놓아야 하는데 미처 놓는 걸 배우지 못해서 아프면 아플수록 더 세게 당기고 있는 것이었다. 이 해괴한 장면의 사진을 아직 보관하고 있다. 인간은 본능적으로 잡을 줄만 알지 놓을 줄을 모른다. 놓아야지 더 크고 더 귀중한 걸 잡을 수 있는데도 말이다.

비우고 놓을 줄 모르면 결국 큰 상처를 남긴다. 주식을 처음 시작하는 주린이(주식 어린이)라면 반드시 명심해야 할 사안이다. 대수롭지 않게 생각했다가는 큰 화를 당할 수 있고, 일을 당한 다음에야 깨닫게 된다. 비움과 놓음을 온전히 알 때 '투자의 중도'는 완성된다.

억만장자 제프 베이조스가 우주여행에 성공했다. 우주에서 본 지구의 모습은 그 어느 별보다 아름다웠으리라 생각된다. 또한 지구에서 가장 아름다운 나라가 대한민국이고, 대한민국에서 가장 아름다운 곳이 내가 살아가고 있는 곳이다. 내 집이 바로 에덴동산이다.

조주 선사의 유명한 일화가 있다. 천 리 길을 마다하지 않고 찾아온 어느 수행 스님이 불법(佛法)이 무엇이냐고 묻자 선사의 답변은 "끽다거(차나 한 잔 하시게)." 단 한 마디가 전부였다. 차나 마시는 평상심이 곧 불법이라는 뜻이다. 에덴동산에서 차 한 잔 마시는 평상심이야말로 '투자의 中道'가 지향하는 바이다.

STEP 02

주식시장의 연기관계

1. 연기(인과)관계
2. 경제의 핵심은 돈이다.
3. 판돈과 주머닛돈
4. 주식시장 변수 간의 연기관계
5. 주식시장의 고전과 격언

STEP_ 02
주식시장의 연기관계

1. 연기(인과)관계

1) 연기관계는 주고받음의 관계

연기관계는 원인과 조건이 갖추어지면 반드시 일어나는 자연의 이치이다. 연기관계는 여러 가지 요소들 사이에 일어나는 서로 주고받음의 관계이다. 만물은 무위적 연기법에 따라 생주이멸(生住異滅)을 거치면서 진화한다.

자연의 연기관계에서와 마찬가지로 주식시장의 연기관계에서도 여러 가지 변수들 사이에 서로 주고받으면서 생주이멸의 과정을 통해 진화한다. 주식시장의 연기관계가 자연의 연기관계와 다른 점은 무위적이 아닌 인위적이고, 에너지 최소작용의 원칙이 지켜지지 않는다는 점이다. 그러므로 연기관계가 더욱 복잡해지고 변화무쌍하게 된다. 자연의 세계에서는 욕심이 없다. 자신이 살기 위해서 상대방에게 최소한의 희생만을 요구할 뿐 상호 공존하는 방안을 모색한다. 그러나 인간의 탐욕은 끝이 없어서 욕심을 채우기 위해서 인위적이고, 에너지를 최대로 사용한다. 결국은 시스템 붕괴로 이어지고 국가에서 개입하는 과정을 반복하게 된다.

2) 주식시장은 카오스의 세계

주식시장은 흔히 카오스의 세계에 비유한다. 과거와는 비교가 안 될 정도의 다양한 변수들이 생겨나고 있다. 정치, 경제, 과학, 기술, 환경, 지역사회, 노사문제를 비롯한 다양한 변수들이 상호 얽혀 연기관계를 형성하고 있어서 한마디로 복잡계라 할 수 있다. 극심한 무질서 속에도 질서가 존재하듯이 생주이멸과 연기의 이치는 항상 변함이 없이 존재한다. 각각의 경제주체들이 살아남기 위해서 서로 주고받고 밀고 당기는 상호 연기관계가 발생한다. 이 과정에서 100년이 넘는 기업이 거의 존재하지 않을 정도로 생주이멸이 발생하나 시장은 언제나 우상향 진화를 한다. 자연인은 죽지만 법인은 진화 여부에 따라 생명 연장이 가능하다. 엄청난 기술혁신과 같은 새로운 무기를 장착한 돌연변이가 출현하기도 한다.

꽃이 있어 나비가 찾아오는 것처럼 인이 준비되면 연은 공식처럼 다가온다. 천지무인(天地無仁), 즉 자연은 자비가 없다는 말이 있다. 자연의 선물인 지수화풍(흙, 물, 불, 바람)도 준비된 자에게는 한량없는 축복이지만 준비되지 않은 자에게는 재앙이 될 수 있다. 주식시장 역시 준비된 자에게는 축복이지만 그렇지 못한 자에게는 재앙이 될 수 있다.

덥다고 화내고, 춥다고 화 내봐야 소용이 없다. 지진이 일어나고 폭우가 오는 것은 일어날 조건이 만들어졌기 때문에 일어나는 것이다. 그런 조건이 무엇인지, 인과 연이 무엇인지, 연기관계를 파악해서 그런 조짐이 나타날 때 사전에 대비할 뿐이다. 세상은 있는 그대로가 거룩하고, 축복이다. 시장은 항상 옳다. 오르고 내림은 그런 조건이 만들어졌기 때문이다. 그러므로 주식시장을 둘러싸고 있는 연기관계를 파악하는 것이 무엇보다 중요하다.

3) 생주이멸은 진화의 과정이다

주식시장은 수없이 많은 기업이 생성, 성장, 쇠퇴, 소멸하는 생주이멸의 과정을 거치면서 꾸준히 성장 진화를 해왔다. 생주이멸은 필연이며 생존하고 진화를 위한 연기의 법칙이다. 살아남기 위한 과정이며 무한 반복하게 되며, 이것이 크고 작은 주기를 만든다. '주기연구회'에 따르면 표면상 아무런 관련이 없는 37가지 현상들이 약 10년의 주기로 나타난다고 한다. 집, 빌딩, 선박, 비행기 등 모든 인공적인 시설이나 제품들은 수명주기가 있다. 정책적이든 시대 흐름이든 대량으로 만들어지고 소멸하는 과정에서 수

명주기에 따라 변동성을 키우는 요인이 된다.

　한국은 IMF 때 수없이 많은 기업이 사망했다. 오늘날 대한민국 기업의 경쟁력이 강한 이유는 이와 같은 대규모 사망이 있었기 때문이라 할 수 있다. 일본이 잃어버린 30년이 된 것은 좀비기업들이 죽지 않았기 때문이다. 자연의 순환 이치를 따르지 않았다. 외환위기를 겪지도 않았다.

　10년에 한 번씩 위기를 맞이할 때 좀비기업을 과감히 청산해야 한다. 미국도 2008년 금융위기로 많은 기업이 사망했다. 10년 이상 호황을 누리는 이유이다. 문제는 최근의 행태이다. 연준과 각국 정부가 돈을 풀어서 좀비기업들을 먹여 살리고 있다. 이렇게 되면 일본과 같은 좀비 국가가 될 수 있다. 자연의 존재이법을 어기는 것이 문제이다.

　주식시장도 마찬가지로 금융위기와 같은 폭락을 거치면서 성장 진화한다. 새로운 산업이 출현하면서 악성 매물이 정리되고 손바뀜이 일어나면서 동학 개미와 같은 새로운 매수 세력이 나타나 신고가를 경신하게 된다. 결국은 죽어야 살 수 있는 것이다. 살기 위해 밀고 당기고 주고받는 과정을 통해 힘이 약한 기업이 힘이 센 기업에 잡아 먹히고 거대한 공룡기업은 새로운 기술로 무장한 유니콘 기업에 어려움을 겪게 된다. IBM과 인텔이 엔비디아와 AMD에 잠식당하고 있다.

　약육강식의 밀림의 세계가 무위의 진화과정을 보여준다. 살기 위해서는 연기의 이법을 받아들이고 끊임없는 변화와 혁신을 해야 한다. 시장은 유기체이다. 살아있기 때문에 생주이멸은 필연이고 주기를 만들고 진화한다. 태양과 달 등 우주 행성의 순환 주기가 겹치면 자연현상의 큰 변화가 나타난다. 마찬가지로 장단기 순환 주기가 겹치고, 산업별 순환 주기가 겹치면 큰 변화가 올 수 있다.

주식시장도 생주이멸을 통한 연기관계의 관점에서 바라보는 것이 요즈음의 카오스적 세상에서 통찰력과 혜안을 얻는 데 도움이 될 수 있다.

2. 경제의 핵심은 돈이다

> ✅ **만유인력의 법칙**
>
> 질량을 가진 모든 물체는 끌어당기는 힘, 즉 인력을 가지고 있다. 인력은 두 물체 사이에 질량의 곱에 비례하고 두 물체 간 거리의 제곱에 반비례한다. 뉴턴의 만유인력과 세 가지 운동법칙인 관성의 법칙, 가속도의 법칙, 작용과 반작용의 법칙 등 자연의 법칙이 경제이론을 설명하는데도 그대로 적용이 된다.

자연 생태계에서 물은 없어서는 안 되는 가장 소중한 존재이다. 돈은 경제에 있어서 물과 같은 존재이다. 돈은 여러 가지 면에서 물과 같은 속성을 가지면서도 또 다른 특성을 가진다. 돈의 속성을 알고 돈을 둘러싼 변수 간의 연기관계를 아는 것은 매우 중요하다.

경제 관계는 돈을 매개로 한다. 요즘 세상은 황금만능주의다. 주객이 전도되었다. 돈을 위해서는 무슨 짓이든 하고, 돈만 있으면 안 되는 것이 없다. 더 이상 객체가 아닌 주체로서 돈의 속성과 흐름을 파악해야 한다. 그렇지 않으면 당한다.

1) 돈의 속성

① 돈은 흐른다.

물은 중력에 의해서 높은 곳에서 낮은 곳으로 흐른다. 돈은 인력 즉 끌어당기는 힘에 따라 낮은 곳에서 높은 곳으로 흐른다. 이자율이나 수익이 높거나, 가치, 기술력, 권력 등 인력이 강한 곳으로 흘러간다. 돈을 벌기 위해서는 돈의 흐름을 파악하고 길목을 지켜야 한다.

② 돈이 장난을 친다.

남자가 갑자기 돈을 벌면 세 가지를 바꾼다고 한다. 차를 바꾸고, 집을 바꾸고 마지막으로 여자를 바꾼다고 한다. 옛말에 돈이 주인을 해친다는 말이 있다. 돈을 지배할 수 있는 그릇이 되지 못한 상태에서 큰돈을 가지게 되면 돈에 휘둘리게 된다. 큰돈을 가지고 있다는 소문이 나면 주위에서 가만히 두지를 않는다. 온갖 유혹을 받게 되거나 외부의 불순한 침입을 받을 수도 있다. 그러므로 돈은 가지고만 있으면 장난을 치므로 베풀든지 아니면 돈이 일하도록 해야 한다.

③ 돈은 천사이자 악마이다.

주인이 어떤 마음을 먹느냐에 따라 천사가 되기도 하고 악마가 되기도 한다. 그러므로 돈을 가졌을 때 마음을 잘 써야 한다. 돈은 나를 위해 쓰는 것보다 남을 위해 쓰는 것이 훨씬 더 가치가 있다.

④ 돈은 충직한 머슴이지만 역으로 악덕 포주가 되기도 한다.

돈이 나를 위해 일을 하게 하면 나의 충직한 머슴이지만, 빚을 지는 순간 악덕 포주인 돈의 노예가 된다.

⑤ 돈에도 뉴턴의 운동법칙이 적용된다.

돈이 한 번 방향을 정하면 지속하려는 관성의 법칙(운동 제1법칙)이 작용한다. 시간이 흐를수록 가속도(운동 제2법칙)가 붙고 마침내 버블이 발생한다. 돈의 쏠림이 극에 달하면 작용 반작용(운동 제3법칙)이 일어나 거품이 꺼지고 원래대로 돌아간다.

⑥ 돈은 소중히 여기는 자에게 보상을 주고, 무시하는 자에게는 보복한다.

티끌 모아 태산이다. 지금 만원이 장래 얼마가 될지 모른다. 돈을 소중한 줄 모르고 물 쓰듯 낭비를 하면 반드시 대가를 치르게 된다.

⑦ 돈은 쫓아가면 도망간다.

돈이 스스로 오게 만들어야 한다. 나에게 인력 즉 돈을 끌어당기는 힘을 키워야 한다. 뭔가 매력이 있든지, 실력을 키워서 돈이 오지 않을 수 없게 만들어야 한다. 아니면 종잣돈을 마련해서 돈이 돈을 벌게 해야 한다.

2) 돈의 기능

① 교환기능
돈은 본래 물건의 교환을 편리하게 하기 위한 도구로 만들어졌다. 처음에는 보이는 물건만 교환 대상이었다. 세월이 흐르면서 노동력이나 서비스 등 무형의 가치도 교환기능이 작용하게 되어 경제생활이 점점 편리하게 되었다.

② 저장기능
물건은 보관하다 보면 썩기도 하고 관리하기도 힘들다. 이것을 돈으로 바꾸어 놓으면 오랫동안 안전하게 보관할 수 있다. 쓰고 남은 돈을 당장 무엇과 바꿔놓을 필요 없이 저축을 할 수도 있다. 돈에는 이와 같은 저장기능이 있다.

③ 증식기능
돈이 돈을 번다. 돈 버는 자산에 투자하면 돈이 돈을 벌어다 준다. 돈은 더 잘 증식할 수 있는 곳, 즉 이자 또는 수익이 높은 곳으로 모이는 성질도 가지고 있다. 돈의 증식기능을 잘 활용하면 나를 위해 돈을 벌어다 주는 머슴을 두는 것이 되고, 반대로 내가 빚을 지면 나는 돈을 위해서 일을 해야 하는 돈의 노예가 되는 것이다. 돈은 자산에 투자해야지 부채에 투자하면 안 된다. 자동차가 자산인가? 부채인가? 사는 순간 돈이 들어오면 자산이고 돈이 나가면 부채이다. 자동차는 사는 순간 돈이 나간다. 그러므로 자동차는 부채이다.

3. 판돈과 주머닛돈

판돈과 주머닛돈은 돈의 흐름을 알기 쉽게 설명하기 위하여 편의상 붙인 명칭이다. 판돈은 우리나라 전체의 통화량을 말하고, 전 세계의 통화량을 글로벌 판돈이라 하였다. 주머닛돈은 판돈이 주식, 부동산, 은행예금 및 채권 등 세 가지 주머니에 분산된 돈을 말한다. 글로벌 판돈이 국내 판돈에 영향을 미치고, 국내 판돈이 주머닛돈에 영향을 미친다. 최근 외환 자유화로 인해 전 세계 금융시장이 하나의 시장이 되어가고 있어서 글로벌 유동성을 반드시 살펴보아야 한다.

1) 글로벌 판돈

글로벌 금융시장에서 큰손은 미 연준(FED), 유럽중앙은행(ECB), 일본은행(BOJ), 중국 인민은행 등이다. 이 중 가장 큰손은 미 연준이다. 미 연준이 돈을 풀면 글로벌 판돈이 증가하고, 미 연준이 돈을 회수하기 시작하면 글로벌 판돈이 줄어든다. 글로벌 판돈이 줄면 각 개별 국가의 판돈도 줄어든다. 국가 간의 판돈은 환율이 약한 곳에서 강한 곳으로 움직인다.

글로벌 판돈의 증가는 미 연준을 비롯한 각국 중앙은행이 금리 인하, 채권매입 등 양적완화를 실시하면 발생한다. 글로벌 판돈의 감소는 미 연준이 테이퍼링을 시작으로 금리 인상, 보유채권 매각 등 긴축을 하면 시작된다. 회사채와 ETF의 매각, 역 레포 등은 테이퍼링의 시작이라 볼 수 있다. 테이퍼링은 양적완화의 규모를 줄이는 것으로 양적 긴축이 아니라 여전히 양적완화이다. 미 연준이 테이퍼링에 이어 긴축을 하게 되면 드디어 글로벌 판돈이 줄고, 이어서 각국의 판돈을 감소시키고 결국은 주머닛돈까지 감소시켜 주식시장이 하락하게 된다. 그러나 미국 주식시장은 잘 빠지지 않고 금리가 높은 이머징 국가에서 먼저 하락한다. 미국 주식이 가장 늦게 빠지는 이유는 긴축으로 달러가 강해지면 이머징에서 미국으로 돈이 몰리기 때문이다.

2) 국내 판돈

우리나라의 판돈은 수출입, 경상수지, 자본수지 동향에 의해서 영향을 받는다. 우리나라의 판돈을 좌우하는 큰손은 외국인인데 외국인 자금은 환율이 강한 쪽으로 움직인다. 원화가 강하면 한국으로 유입되고 달러가 강하면 미국으로 유출된다. 일차적으로 달러 인덱스를 봐야 하고 그다음으로 원화 환율을 봐야 한다. 또한 정부에서 추경하여 재정 지출을 늘리면 판돈이 늘어난다. 국내 판돈이 늘어나면 주머닛돈이 늘어나고 실물자산 가격이 올라간다. 실물자산의 가격이 올라가면 주식도 당연히 올라간다.

3) 주머닛돈

주머니에는 세 가지가 있다. 주식, 부동산, 은행예금 및 채권이다. 주머닛돈의 움직임은 금리가 좌우한다. 금리가 높으면 주식과 부동산에서 은행예금과 채권으로 이동한다. 반대로 금리가 낮으면 은행예금과 채권에서 빠져 주식과 부동산으로 들어가서 거품을 일으킨다.

판돈이 줄어들면 주머닛돈도 줄어든다. 그러나 경기가 좋을 경우는 소비자의 돈이 기업으로 빨려 들어가서 기업의 이익이 늘어난다. 금리가 올라가더라도 이를 상쇄하고도 남을 정도로 기업의 이익이 좋을 경우는 주식시장의 주머닛돈은 오히려 늘어난다. 테이퍼링을 하고 금리가 상승하는 초기에 주식이 올라가는 이유이다.

최근에 가상자산이라고 하는 새로운 주머니가 하나 더 생겼다. 과거에는 그 규모가 미미해서 존재 자체가 의미가 없었으나 지금은 상황이 달라졌다. 코로나 팬데믹 상황에서 넘치는 유동성이 가상자산에 몰림으로써 그 비중이 무시할 수 없게 되었다. 한편으로는 기존 자산의 버블을 억제하는 역할을 한 긍정적인 면도 있었으나, 글로벌 판돈이 줄어들면 가상자산의 거품이 꺼지는 등 부작용도 만만찮게 나타날 것으로 예상된다.

4. 주식시장 변수 간의 연기(인과)관계

1) 핵심 변수

① 금리

예금이나 채권 등의 액면금액에 대한 이자율을 명목이자율이라 한다. 화폐의 가치 변동을 고려하지 않은 표면상의 이자율이다. 명목이자율에서 예상 물가상승률을 차감하면 실질이자율이 된다. 따라서 명목이자율은 일정 기간에 예금이 얼마나 불어나는지를 알려주며, 실질이자율은 예금의 구매력이 얼마나 빠른 속도로 증가하는지를 나타낸다.

금리는 GDP 성장률과 기대 인플레이션율을 반영해 결정된다. 만일 10년물 채권을 매입하는 경우 표면금리에 상당하는 금액만큼 이자가 매년 일정하게 늘어난다. 부동산의 경우는 매년 일정하게 상승하는 것이 아니라 8년을 횡보하다가 2~3년 만에 GDP 성장률과 기대 인플레이션율을 한꺼번에 반영해 상승한다. 주식의 경우는 2~3년 주기로 상승과 하락을 반복하면서 전반적으로 상승한다.

금리가 상승하는 경우는 은행예금과 채권에 돈이 몰리고 부동산과 주식은 하락한다. 금리가 하락하는 경우는 은행예금, 채권에서 돈이 빠져나와서 부동산과 주식에 돈이 몰린다. 이때 주식이 먼저 상승하고 부동산은 6개월 후에 상승한다. 부동산에 비하면 주식이 대체로 6개월 정도 선행하는 셈이다.

금리가 상승하는 경우 은행, 보험 업종에는 유리하게 되고, 건설, 항공 등 대출을 많이 쓰는 업종은 불리하게 된다.

② 환율

외국 돈을 살 때 지급하는 자국 돈의 가격이 환율이다. 달러당 환율이 1,000원이라는 함은 1달러를 살 때 지급하는 가격이 1,000원이라는 것을 의미한다. 상품의 가격이 수요와 공급으로 변동하는 것처럼 외환의 가격인 환율도 외환시장에서 수요와 공급으로 결정된다. 수출이 늘어나거나 외국인들의 한국 여행 그리고 외국인 투자가 늘어나면 외환 공급이 증가하기 때문에 환율이 떨어진다. 상품 가격이 하락하면 돈의 가치가 올라가는 것과 같이 환율이 하락하면 외국 돈과 비교하여 우리 돈의 가치가 올라간다고 할 수 있다.

한 국가의 금리가 다른 나라에 비해서 상승하면 금융자산의 수익률이 높아지기 때문에 자본이 유입된다. 미국이 금리를 인상할 것으로 예상되면 한국의 외환시장에서 달러의 환율이 상승하는데 이것은 국내외 투자자들이 한국과 미국의 금리 차이를 노리고 미국으로 자본을 이동시키기 때문에 나타나는 현상이라 할 수 있다. 한국의 외환시장에서 외환이 빠져나가면 공급의 감소로 인하여 외환의 가격인 환율이 올라가게 된다. 환율 변동에 대한 원인을 외환의 수요 쪽에서도 설명할 수 있다. 한국의 수입 증가, 국민의 외국 여행 증가 그리고 자본의 유출이 일어나면 외환 수요가 증가하기 때문에 환율이 올라간다.

환율은 방향성이 중요하다. 환율이 내려가기 시작하면 원화의 가치가 올라가기 때문에 외국인 자금이 유입되고 주식시장이 상승하기 시작한다. 반대로 환율이 올라가기 시작하면 원화의 가치가 떨어지기 때문에 외국인 자금이 유출되고 주식시장이 하락하기 시작한다. 따라서 원화 평가절하, 원화 가치 하락, 원화 약세는 모두 우리 돈의 가치가 떨어지는 것이면서 환율이 상승한다는 것을 의미하고 상대적으로 외환의 가치는 올라가는 것을 말한다.

환율 상승 즉 원화 약세는 수출에 유리한 영향을 미친다. 환율이 상승하면 수출품의 국제시장 가격이 하락하기 때문에 수출이 증가하고 반대로 수입 상품의 가격은 상승하기 때문에 수입이 줄어들어 국제 수지 개선에 도움을 준다. 따라서 환율 상승은 경제 성장이나 경기회복에 도움을 줄 수 있다.

흔히 불경기에서 벗어나기 위해 이자율을 낮추는 통화정책을 사용하기도 하지만 자국 화폐 가치를 하락시키는 환율정책을 사용하기도 한다. 환율이 상승하면 국제시장에서 가격 경쟁력이 상승하기 때문이다. 그러나 환율이 상승하면 수입 상품의 가격이 올라가기 때문에 물가가 상승하여 인플레이션이 발생할 수도 있다.

③ 유가

연간 원유 수입량이 약 10억 배럴 정도 된다. 유가가 배럴당 10달러가 상승하면 연간 11조의 추가 비용이 발생하여 경상수지에 영향을 미친다. 그러나 전체 경상수지 규모가 늘어났고, 유가 상승분만큼 제품가격에 반영된 석유화학 제품 수출량이 늘어났기 때문에 유가 상승으로 인한 주식시장의 변동성은 과거보다는 현저히 줄어들었다.

유가가 하락하면 유류를 많이 사용하는 항공주가 유리하고, 유가가 상승하면 정제 마진이 좋아지는 석유, 화학주가 유리하다. 금융위기 때와 같이 유가가 폭락한 다음 상승하기 시작할 때가 석유, 화학주의 초과수익률을 낼 수 있는 절호의 기회이다.

2) 거시지표

① GDP

국내총생산이라고 한다. 외국인이든 우리나라 사람이든 국적을 불문하고 우리나라 국경 내에서 이루어진 생산 활동을 모두 포함하는 개념이다. GDP는 한 국가의 영역 내에서 가계, 기업, 정부 등 모든 경제주체가 일정 기간 내 생산 활동에 참여하여 창출한 부가가치 또는 최종 생산물을 시장가격으로 평가한 합계다. GDP는 우리나라에서 생산된 모든 소득을 뜻하므로, 국내에 거주하는 비거주자(외국인)에게 지급되는 소득과 국내 거주자가 외국에 용역을 제공함으로써 수취한 소득이 포함된다.

GDP의 규모가 국가의 경쟁력을 나타내고, 이것의 성장률이 모든 경제지표의 기본이 되기 때문에 대단히 중요한 지표이다. GDP가 성장하면 할수록 그만큼 소득이 늘어나고, 결국 판돈과 주머닛돈이 늘어나기 때문에 주식시장에서도 반드시 챙겨봐야 할 핵심 지표이다.

② 경상수지

경상수지는 상품수지, 서비스 수지, 소득수지, 경상이전수지로 구성된다. 상품수지는 상품의 수출과 수입을 포함하는 일반적인 무역 거래이다. 서비스 수지는 서비스의 수출과 수입을 나타내며, 운송, 여행, 통신 서비스, 금융과 보험 서비스, 특허권 등의 사용료, 사업 컨설팅 서비스, 정부 서비스 및 기타 서비스로 구분된다. 소득수지는 외국 노동자에게 지급하는 소득이나, 내국인의 해외 근로로 인해 수취하는 급료와 기타임금, 그리고 해외자산의 보유와 매매로 인해 발생하는 해외이자 및 투자소득의 수입과 지급을 나타낸다. 경상수지와 반대되는 개념은 자본수지이며, 국제수지는 경상수지와 자본수지를 합하여 체계적으로 기록해놓은 것이다.

경상수지의 흑자는 상품과 서비스의 수출이 수입보다 더 많은 경우이며, 적자는 그 반대의 경우인데, 환율·물가·소득 및 소비 선호의 변화 등으로 발생할 수 있다. 우리나라의 물가와 원화 가치가 비싸지면 수출이 줄어들고 수입이 늘어나면서 경상수지 적자가 발생할 수 있다. 경상수지 흑자가 증가하면 판돈이 증가하기 때문에 주식시장은 상승한다. 그러나 외환 자유화로 자본수지의 비중이 커짐에 따라 과거보다는 영향력이 줄어들었다.

③ 수출 동향

수출이 증가하면 경상수지가 증가하고 결국은 판돈이 증가한다. 수출 증가율이 상승하는지 하락하는지가 중요하다. 현재 수출이 전년 대비 또는 전 분기 대비 증가하였으나 증가율이 줄어든다면 주식시장은 선반영하기 때문에 하락할 가능성이 있다.

  산업자원부 홈페이지에서 매월 발표하는 수출입동향보고서에는 주요 품목에 대한 세부 내용이 들어 있다. 이것을 보면 해당 품목을 수출하는 기업에 대한 분기 실적을 사전에 추정해 볼 수 있음으로 선취매를 통해 시장대비 초과수익을 올릴 수 있다. 수출지표가 코스피 지수와 가장 높은 정의 상관관계를 나타내고 있으므로 수출의 흐름을 파악함으로써 코스피의 방향성을 가늠할 수 있는 선행지표로 활용할 수 있다.

  한국은 제조업 수출 비중이 가장 높은 나라이다. 그러므로 한국의 수출이 늘어난다는 것은 전 세계의 경기가 좋아지고 있다는 신호이다. 한마디로 한국의 수출지표가 전 세계 경기에 대한 탄광의 카나리아 역할을 한다.

④ PMI

  기업의 구매 담당자를 대상으로 신규 주문 · 생산 · 재고 · 출하 정도, 지출 가격 · 고용 현황 등을 조사한 후 각 항목에 가중치를 부여해 0~100 사이의 수치로 나타낸 것이다. 일반적으로 PMI가 50 이상이면 경기의 확장, 50 미만일 경우에는 수축을 의미한다.

  구매관리자지수(PMI)는 경기 전망을 직접적으로 보여주는 지표이기 때문에. PMI가 발표되는 날은 세계 각국의 주가도 크게 영향을 받는다. 미국의 경우 전미구매관리자협회(NAPM)에서 매달 PMI를 발표하고 있는데, 1997년 이후 NAPM이 공급관리자협회(ISM)으로 변경되면서 ISM 제조업지수라고도 하나 PMI가 더 많이 사용되고 있다. 우리나라의 경우 PMI를 산출하지 않고 대신 이와 유사한 기업경기실사지수(BSI)를 발표하고 있다.

⑤ BSI

BSI는 기업체가 느끼는 체감경기를 나타내며 100을 기준으로 이보다 낮으면 경기 악화를 예상하는 기업이 호전될 것으로 보는 기업보다 많음을 의미하고, 100보다 높으면 경기호전을 예상하는 기업이 더 많다는 것을 의미한다.

기업가들로부터 향후 경기 동향에 대한 의견을 조사해 지수화한 것이며 주로 단기적인 경기 예측지표로 사용된다. 경기에 대한 기업가의 판단과 전망, 그리고 이에 대비한 계획서 등을 설문서를 통해 조사, 수치화하여 전반적인 경기 동향을 파악하게 된다.

다른 경기 관련 지표와는 달리 기업가의 주관적이고 심리적인 요소까지 조사 가능하며 정부 정책의 파급효과를 분석하는 데 활용되기도 한다.

⑥ PPI

생산자물가지수이다. 기업 간의 대량거래에서 형성되는 모든 상품의 가격변동을 측정하기 위해 작성되는 것으로, 이 지수의 편제에 사용되는 가격은 제1차 거래단계의 가격을 대상으로 한다. 즉 국내 생산품의 경우는 생산자 판매가격을, 수입품의 경우는 수입업자 판매가격을 원칙으로 하고, 이것이 불가능할 경우는 다음 거래단계인 대량도매상 또는 중간도매상의 판매가격을 이용한다.

소비자물가지수는 소비자의 구매력을 가늠하는 지수라면 생산자물가지수는 기업의 비용증가, 즉 생산원가와 관련이 있다. 생산자물가지수는 국내 생산자가 국내(내수)시장에 공급하는 상품 및 서비스 가격의 변동을 종합한 지수로서 한국은행에서 매월 작성하여 공표하고 있다.

⑦ CPI

소비자물가지수는 소비자가 구매하는 상품과 서비스의 가격변동을 측정하기 위한 지표이다. 일상 소비생활에 필요한 상품 및 서비스를 구매하기 위해 지출하는 가격의 변동을 측정해 주는 소비자물가지수는 일반 국민의 일상생활에 직접 영향을 주는 중요한 경제지표의 하나이다.

소비자물가지수는 통계청에서 매월 작성하여 공표한다. 통계청은 현재 전국 37개 도시에서 481개의 상품 및 서비스 품목을 대상으로 소비자구입가격을 조사하여 기준시점인 2010년의 소비자물가 수준을 100으로 한 지수 형태로 작성·공표하고 있다.

이러한 소비자물가지수는 경기를 판단하는 기초자료로 활용되거나, 화폐의 구매력 변동을 측정할 수 있는 대표적인 물가 지표로서 매년 정부의 재정·금융정책이나 기업의 노사가 임금협상의 기초자료로 널리 이용되고 있다.

3) 정부 정책 변수

 정부 정책에 맞서지 말라는 말이 있다. 반대로 생각하면 정부 정책에 기회가 있다는 뜻이다. 코로나 팬데믹으로 경기가 위축되어 정부에서 BBIG(배터리, 바이오, 인터넷, 게임)를 통한 경기 활성화 정책을 시행하자 관련주가 급등한 바 있다. 정부가 새로운 정책을 시행하기 전에 여러 가지 루트를 통해 사전에 정보가 알려지는 경우가 많아 관심만 가지면 좋은 기회를 포착할 수 있다. 특히 산업통상자원부 홈페이지 고시, 공고, 보도자료를 참고하면 정부 정책에 관한 많은 힌트를 얻을 수 있다.

 최근에는 ESG가 화두가 되고 있다. 1~2년 하고 말 것이 아니기 때문에 투자 의사 결정 때에는 수혜, 피해 여부를 반드시 판단해 봐야 한다. 특히 탄소 배출을 비롯한 환경문제가 중요하게 대두되고 있어서 ESG에 반하는 기업은 장기적으로 생존할 수 없다.

 정부의 시급한 과제가 탄소중립 문제이다. 10년 이상 장기 프로젝트라고 보면 이 분야에서 텐배거 종목이 속출할 가능성이 있다. 이 중에서도 수소가 최후의 종착역으로 보인다. 수소발전, 수소차, 수소 선박 등에 관련된 플랫폼 기업과 여기에 필요한 소·부·장(소재, 부품, 장비) 기업이 시간은 걸리겠지만 유망해 보인다.

4) 정치 변수

 미·중 갈등, 러시아·우크라이나 전쟁, 한·일 분쟁 등 국제정

치적 이슈가 주식시장에 큰 변수로 등장하고 있다. 특히 미·중 갈등은 패권 다툼으로 태양이 둘일 수 없듯이 어느 하나가 치명상을 입을 때까지 장기화할 가능성이 있다. 고래 싸움에 새우 등 터진다는 말이 있듯이 우리나라가 난감한 입장이 되었다.

최근에 중국이 이상하게 돌아가고 있다. 2021.07.01일 공산당 창당 100주년을 기해서 지금까지 견지해 오던 선부론(先富論)을 폐기하고, 공부론(共富論)으로 선회하였다. 그동안 검은 고양이든 흰 고양이든 쥐만 잡으면 좋다고 했으나, 이제는 흰 고양이만 되고 검은 고양이는 안된다는 식이다. 이것은 굉장한 변화이고 주식시장도 검은 고양이와 흰 고양이를 찾아내는 작업이 지속될 것으로 추정된다. 지금은 흰 고양이지만 언제 검은 고양이로 몰릴지 모르기 때문에 불확실성은 점점 커질 것으로 예상된다. 따라서 중국 주식이 싸다고 들어가는 것은 지양하는 것이 좋을 것으로 생각된다.

5) 과학기술 변수

과학기술의 발전은 새로운 기회이지만 적응하지 못하는 기업에는 분명 위협요인이다. 미국의 혁신을 대변하는 리엔지니어링과 일본의 품질개선을 대변하는 카이젠의 결과는 오늘날 팡으로 일컬어지는 미국 기술 기업과 소니로 대표되는 일본 기업들과의 비교에서 결과는 극명하게 갈라졌다.

과학기술의 발달로 패러다임의 변화가 일어나면 게임 체인지가 되기 때문에 기존에 잘나가던 기업이 하루아침에 몰락할 수도 있다. 디지털카메라가 등장하자 잘나가던 코닥 필름회사가 망했고 스마트폰이 등장하자 천하의 노키아가 망했다. 지금 잘나가는 리튬이온 배터리가 전고체를 비롯한 새로운 기술이 적용된 배터리가 출현하면 어떻게 변할지 아무도 장담하지 못한다.

최근에 4차 산업혁명, AI, 메타버스, 자율주행, ESG 등과 관련한 새로운 신기술이 출현하고 있다. 관심을 가지고 관련 종목을 탐색하여 관심 종목에 편입 후 꾸준히 관찰하여야 한다.

6) 해외 주요 지수

① 달러 인덱스

유로, 엔, 영국 파운드, 캐나다 달러, 스웨덴 크로나, 스위스 프랑 등 경제 규모가 크거나 통화가치가 안정적인 6개국 통화를 기준으로 산정한 미 달러화 가치를 지수화한 것이다.

각 통화의 비중은 그 국가의 경제 규모에 따라 결정됐다. 즉 유로 57.6%, 엔 13.6%, 영국 파운드 11.9%, 캐나다 달러 9.1%, 스웨덴 크로나 4.2%, 스위스 프랑 3.6%로 비중이 정해져 있다. 1973년 3월을 기준점인 100으로 하여 미국 연방준비제도 이사회(FRB)에서 작성, 발표한다.

달러 인덱스가 상승하면 미 달러 가치가 오른다는 뜻이다. 달러 인덱스가 오르면 미국 국채 가격이 오르고 수익률은 하락하며, 주식시장과 함께 상품시장 등은 대체로 약세를 띤다.

② DXI

디램익스체인지에서 반도체 현물 가격을 지수화해서 발표하는 지표이다. 현물 가격이 고정거래가의 선행지표이기 때문에 DXI의 추세를 보면 향후 고정거래가를 유추할 수 있고, 고정거래가는 실적에 직접적인 영향을 미치기 때문에 반도체 기업의 추후 실적을 예측할 수 있다.

③ BDI, SCFI 운임지수

BDI는 발틱 운임지수로 석탄이나 철광석, 곡물을 실어나르는 벌크선 운임지수이다. 주로 대한해운, 팬오션 등이 이 지수에 영향을 받는다. 만일 BDI 지수가 오르는데 이들 주식이 오르고 있지 않다면 선취매를 하면 좋은 성과를 얻을 수 있다.

SCFI는 상하이컨테이너 운임지수이다. 중국에서 출발하는 컨테이너선 운임지수로 이 지수가 상승하면 선진국 경기가 좋아진다는 뜻이다. 이 지수와 연동된 기업이 HMM이다. 만일 이 지수가 장기 침체에 있다가 턴어라운드를 시작할 때 HMM 주식을 선취매 하면 큰 성과를 기대할 수 있다.

④ 미국 거시 경제지표

미국의 경제가 좋아지느냐 침체로 가느냐는 우리나라의 수출에 영향을 주지만 무엇보다 외국인의 수급에 영향을 미치기 때문에 미국의 거시 경제지표도 꾸준히 관심을 가지고 지켜보아야 한다. 미 국채수익률의 상승 하락에 따라 안전자산과 위험 자산 선호심리를 파악할 수 있다. 이외에 매주 목요일 발표되는 신규실업수당 청구건수, 매월 첫 주 금요일 발표되는 비농업고용자수 등은 경제의 흐름을 선제적으로 예측해 볼 수 있다. 그림에서 보는 바와 같이 미국의 거시 경제지표의 하나인 ISM 제조업지수와 국내 수출이 매우 높은 연관성을 나타내고 있다.

[미국 ISM 제조업지수와 국내 수출과 연관성]

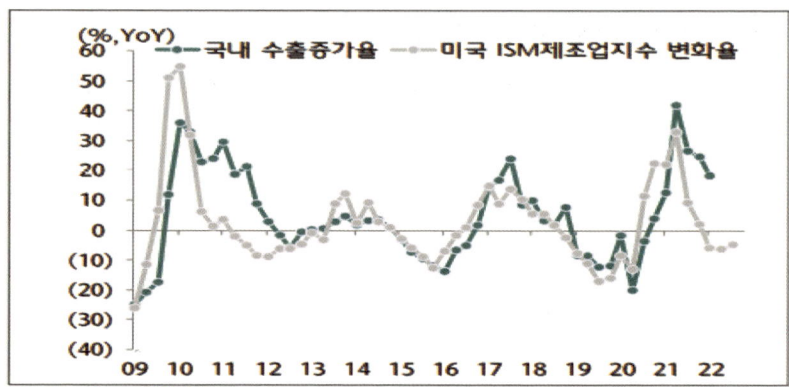

자료: Bloomberg, 하나금융투자

⑤ 위안화 환율

중국의 위안화 환율이 올라가면 중국에서 자금이 빠져나간다는 것을 의미한다. 그만큼 경제가 안 좋다는 신호일 수 있고 중국증시도 안 좋게 된다. 중국경기가 안 좋으면 우리나라의 수출이 위축될 수 있다. 그림을 보면 중국 시중 유동성과 국내 수출이 높은 정의 상관관계가 있는 것으로 나타나고 있다.

[중국 시중 유동성과 국내 수출의 연관성]

⑥ 원화 역외환율

야간의 역외환율은 주간의 환율에 반영이 되므로 평소에는 문제가 되지 않으나 역외환율이 급격히 변화되면 간밤에 무슨 일이 있었고 그 충격이 어느 정도인지 사전에 가늠해 볼 수 있다.

7) 증권시장 관련 변수

① 투자자 매매 동향

수급이 모든 재료와 실적을 우선하기 때문에 수급 동향을 살피는 것은 기본 중의 기본이다. 수급 중에도 메이저급인 외국인, 기관 매매 동향을 살펴보아야 한다. 기관 중에 연기금은 장기 투자성향이 있고, 금융투자는 단기 투자성향이다. 연기금이 연속으로 순매수하는 종목은 장기적으로 오를 가능성이 있다.

② 증시자금 동향

증시 주변 자금은 주식시장이 상승하면 늘어나고 하락하면 줄어드는 후행하는 특성을 보이지만 뒷받침이 되어야 진행 방향으로 계속 갈 수 있으므로 반드시 살펴보아야 한다. 고객예탁금의 증가는 추가로 더 상승하는 힘을 보여주기 때문에 관심 있게 보아야 한다. 신용잔고는 개인투자자들의 빚이기 때문에 늘어날수록 위협이 된다. 그러나 고객예탁금이 동시에 늘어난다면 위험은 일정 부분 상쇄된다. 매물 폭탄을 안고 가는 것이기 때문에 위험은 상존한다. 주식형 펀드 자금은 개인투자자들의 간접투자 자금이기 때문에 이것의 증가는 주식시장의 상승요인이다.

③ 거래량과 미결제 약정

거래량은 가격변화의 강도를 나타내고 가격에 선행하는 특성을 가진다. 지수가 상승추세를 유지하려면 상승할 때는 거래량이 따라서 증가하고 지수가 일시적으로 하락할 때는 거래량이 감소하여야 한다. 상승추세에 있는 지수가 조정을 거치고 직전 고점 돌파를 시도할 때 거래량이 따라주지 못하고 오히려 감소한다면 추세 이탈의 신호로 볼 수 있다. 거래량 폭증은 주로 시장이 천장일 때 발생하고 바닥일 때도 발생한다.

  미결제 약정은 선물의 미결제 약정을 말한다. 거래량과 미결제 약정이 모두 증가하면 코스피 지수의 추세는 상승 또는 하락하는 현재 방향을 계속 유지한다. 그러나 거래량 및 미결제 약정이 모두 감소하면 이러한 동향은 현재 지수의 추세가 곧 끝날 것이라는 예고로 볼 수 있다. 즉 현재 지수가 상승 추세 중이지만 거래량과 미결제 약정이 모두 감소한다면 곧 약세로 전환이 예상되고, 현재 지수가 하락 추세 중에 있으나 거래량과 미결제 약정이 감소한다면 강세로 곧 전환된다는 신호로 볼 수 있다.

5. 주식시장의 고전과 격언

✅ 온고지신

옛것을 익히고 새것을 안다는 뜻으로 과거 전통과 역사가 바탕이 된 후에 새로운 지식이 습득되어야 제대로 된 앎이 될 수 있다는 말이다. 인류의 삶은 시행착오의 연속선상에서 전개되고 있다. 같은 실수를 되풀이하지 않기 위해서는 지나간 일을 제대로 알아야 할 필요성이 제기된다. 이 세상에는 우연히 일어나는 일이란 없다. 일어날 수밖에 없는 조건들이 만들어졌기 때문에 일어나는 것이다. 큰 충격을 주었던 역사들의 연기관계를 파악해봄으로써 앞으로 일어날 일에 대한 힌트를 얻을 수 있고 시행착오를 줄일 수 있다. 역사는 반복되기 마련이다.

1) 주식시장의 고전 이론

① 경기순환주기

경기가 회복기→호황기→후퇴기→침체기 과정을 반복하면서 끊임없이 변동하는 일련의 순환과정을 말한다. 경기 저점에서 고점까지의 구간(회복기와 호황기)은 경기 상승 국면, 고점에서 저점까지의 구간(후퇴기와 침체기)은 경기 하강 국면이다.

경기가 침체에서 벗어나는 양상은 저점에 도달한 이후 급격한 상승세를 타는 'V자형', 저점에 달한 뒤에도 곧바로 회복 기미를 보이지 않고 한동안 침체를 유지하다 서서히 상승세를 타는 'U자형', U자형보다 더 완만하게 회복이 진행되는 '나이키 커브형', 일시적으로 좋아지는 모습을 보이다가 다시 침체에 빠지는 'W자형' 등 다양하다.

경기순환은 10년 주기의 주순환(주글라 파동)이 있다. 주글라 파동의 원인은 기업 설비투자의 변동, 주택건설 등의 간헐적 내구재의 수요 변화, 인구의 일시적인 폭발적 증가, 농산물 작황의 변화 등이 있다. 다음으로는 40개월 단위의 소순환(키친 파동)이다. 키친 파동의 원인은 재고의 변화, 이자율의 변화, 원자재 가격변화 등이 있다. 마지막으로 50년 단위의 대순환(콘드라티에프 파동)이 있다. 콘드라티에프 파동의 원인은 기술혁신, 전쟁과 같은 사회 변동, 새로운 발명에 따른 생산력의 비약적 증가, 대규모 토목 산업 등으로 크게 나뉜다. 보통 경기순환이라 하면 10년 주기의 주순환을 말한다.

[경기순환주기]

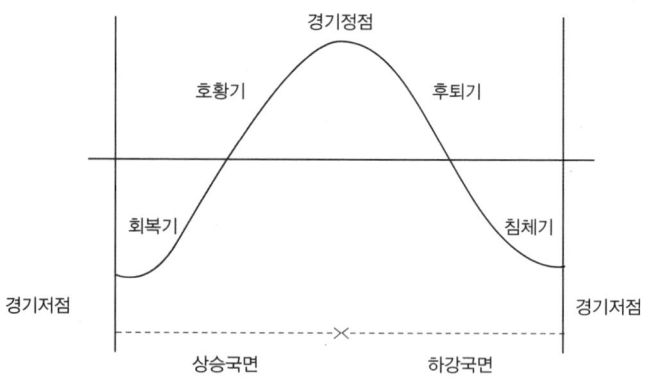

② 주식 장세의 사계

우라가미 구니오가 제창하였으며 금리, 실적, 주가와의 관계를 통해 주식 장세의 순환을 설명하는 이론이며 증권업계 종사자라면 기본적으로 알아야 할 이론으로 전해지고 있다.

봄, 여름, 가을, 겨울의 사계절이 있듯이 주식시장에도 봄에 해당하는 금융장세, 여름에 해당하는 실적장세, 가을에 해당하는 역금융장세, 겨울에 해당하는 역실적장세의 사계가 있다. 주식시장의 상승은 금융장세 때 가장 많이 상승하고 그다음이 실적장세 때 상승한다. 또한 하락할 때는 역금융장세 때 가장 많이 하락하고 그다음이 역실적장세 때이다. 그러므로 현재 시장의 위치가 어느 장세에 해당하는지를 파악하는 것이 주식시장의 대세 판단에도 대단히 중요하다.

[주식시장의 국면 추이]

구 분	금 리	실 적	주 가
금 융 장 세	↓	↘	↑
중 간 반 락	->	->	->
실 적 장 세	↗	↑	↗
역 금 융 장 세	↑	↗	↓
중 간 반 등	->	->	->
역 실 적 장 세	↘	↓	↘

출처 : 주식시장 흐름 읽는 법

금융장세 (금리↓, 실적↘, 주가↑)

● **특징**

불경기로 실업자가 늘고 중소기업은 물론 대기업도 도산이 되는 등 불황의 정도가 심해지면 정책당국은 금융, 재정 양면에서 경기대책을 발동하기 시작한다. 금리를 내리고 예산을 증액하여 공공투자를 확대한다. 이렇게 하면 바닥 진입 양상을 보이던 주식시장은 단숨에 오름세로 돌아서 활황을 보이며 금융장세가 시작된다. 그러나 현실의 경제 환경은 아직 밝은 지표는 보이지 않고 기업수익도 감소가 예상된다.

● **주도업종**

금융장세에서는 경기회복을 위한 충격요법으로 금융. 재정 양면에 경기부양책을 쓰기 때문에 금융관련주와 재정투융자 관련주가 인기이다. 금융관련주로는 은행. 증권을 들 수 있으나 이 중에 증권주가 가장 큰 수혜를 입을 수 있다. 은행주는 변동금리 대출상품이 많아 금리가 내려가면 대출금리도 따라 내려가기 때문에 예대 마진이 오히려 줄어든다. 재정투융자 관련주로는 건설, 토목 등 부동산 관련주가 있다. 이밖에 제약주가 금융장세에서 예상 이상으로 양호한 실적을 내는 경우가 있다. 또한 성장주(기술주)가 저금리를 바탕으로 급등한다.

실적장세(금리↗, 실적↑, 주가↗)

●특징

　금융, 재정 양면에서 실시한 경기대책이 서서히 효과를 발휘하게 된다. 정부의 공공투자 확대로 대규모 아파트 등의 건설이 늘어남과 동시에 주택금융의 금리도 인하되어 민간기업의 주택건설도 늘어난다. 새집을 갖게 되면 가구, TV, 냉장고, 자동차 등 내구소비재의 판매도 늘어난다. 이처럼 공공수요가 늘기 시작하면 목재, 강재, 시멘트, 철강 등의 소재산업이 바닥을 치고 반등한다. 통상적으로 생산 활동이 상승하여 경기가 회복되고 기업 실적이 회복되기까지는 1년 전후의 시간 차이가 있다.

　금융장세는 경기회복과 금리하락이 멈춤으로써 종언을 고하나, 실적장세는 금리가 오름세로 돌아섰음에도 그 상승률을 웃도는 기업 실적의 대폭 증가에 힘입어 상승세를 지속한다. 금융장세와 실적장세의 전환점에서는 어떤 업종은 대 천장을 치고 어떤 업종은 큰 바닥을 만드는 경우를 볼 수 있다.

●주도업종

　실적장세 전반에는 섬유, 제지, 화학, 유리. 시멘트, 철강, 비철금속 등 소재산업이 주역이 되어 상승하고, 후반에는 기계, 전기, 자동차, 조선, 정밀 등 설비투자 관련 가공산업과 내구소비재 관련 산업이 주역이 된다.

　경기 확대가 장기화하면 재무구조가 좋지 않고 기술면이나 판매력에서 떨어지는 동 업계 삼류기업이 인기가 높아진다. 그러나 이런 삼류기업을 실적장세 후반까지 지속 보유하거나 더 나아가 가공산업이 등장하는 후반에 고가권에서 이를 매입함은 매우 위험하다. 경기의 최고조, 물가 상승, 인플레이션 우려에 따른 예방적 긴축정책인 최초의 금리 인상을 계기로 소재산업에서 가공산업, 또는 대형 저가주에서 중·소형, 중·고가주로 상승세가 이동된다.

실적장세는 호황 국면이 영원히 지속될 것 같은 착각에 취해있는 사이에 클라이맥스를 맞이한다. 그것은 인플레이션을 억제하기 위한 강력한 긴축정책에 의한 경우가 가장 많다. 실적장세의 전반은 거래량이 기록적으로 증가한다. 상승업종이 소재산업을 중심으로 한 저가·대형주이고 기관투자가의 활발한 매매로 한층 증폭된다. 이 단계에서는 분산투자보다는 시황 관련 종목에 집중 투자하는 것이 효율적이다.

역금융장세(금리↑,실적↗,주가↓)

● 특징

금융장세, 실적장세와 같은 강세장에 비해 역금융장세, 역실적장세와 같은 약세장은 비교적 기간이 짧은 것이 통상적이다. 약세장은 인플레이션이 표면화하기 시작한 시점에서 강력한 금리의 연속 인상을 계기로 한 금융 긴축정책에 의해 초래된다.

역금융장세에서는 이미 실적장세 전반에서 천장을 치고 그 후 보합권에 있던 소재산업과 외부차입금이 많은 기업이 먼저 하락하기 시작한다. 아직 경기는 최고조에 있고 기업수익도 여전히 증가가 예상된다. 이때 주가가 큰 폭으로 하락하면 상대적으로 싸다는 느낌이 든다. 일단 하락을 멈추고 반등하면 매입할 기회를 놓쳤던 개인 투자가들이 사기 시작한다. 이렇게 해서 재차 상승한 반등장세는 이중천장을 만들게 된다. 이 두 번째 천장의 출현으로 강세장의 종말을 고하게 된다. 물론 긴축정책과 외부로부터의 악재가 겹쳐 폭락하는 경우는 이중천장은 나타나지 않을 수 있다.

● 역금융장세에 대한 대응

역금융장세에서는 거의 모든 종목이 하락하므로 주도업종이 있을 수 없고 장세 대응만이 있을 수 있다. 주식시장 사계에 비유하면 가을에 해당하는 역금융장세는 그것을 알아차렸을 때는 이미 고점에서 큰 폭으로 하락한 뒤이다. 주식을 최고치에서 매각한다는 것이 얼마나 어려운 것인가를 느끼게 하는 국면이다. 그러므로 예방적인 조치로 최초의 정책금리 인상이 시행된 시점에서 역금융장세에 대비하여 신규 주식투자를 보류하고 운용자금을 거의 현금에 가까운 단기 금융상품으로 전환하는 것이 이상적이다.

역실적장세(금리↘,실적↓,주가↘)

● 특징

금리가 반전하여 상승세로 돌아서기는 하였으나 기업 실적이 아직 증가 기조에 있는 등 호황의 여력이 남아 있는 역금융장세 국면이 시간의 경과와 함께 사태가 급속한 악화로 마침내 역실적장세가 된다. 자금 수요가 줄고 금리가 하락 기미를 보임에도 불구하고 경기는 더욱 냉각되고 기업수익은 대폭적인 감소가 예상된다.

역실적장세에서는 주가가 하락하는 이상으로 외부환경이 어둡고 실적의 악화로 장래 전망은 비관적이다. 주가는 바닥에 가까우면 가까울수록 상대적으로 높아 보이고 그러므로 주가가 최고치의 반의반 토막이 되어도 매각하는 사람이 있다. 주가 상승이 사람들의 욕망을 유혹한다고 하면 주가의 큰 폭 하락은 어디까지 내릴지 모른다고 하는 공포심을 불러일으킨다.

● **역실적장세에서의 대응**

주가의 천장은 한순간에 사라져버리는 것이기 때문에 팔고 도망치기는 어려우나 바닥에서 보합세를 나타내는 기간이 긴 역실적장세에서는 매입 기회가 충분히 있는 것으로 생각할 수 있다. 그러나 실제로는 바닥권 근처에서 참지 못하고 팔아버리든가 바닥을 치고 조금 반등한 곳에서 팔아버리는 투자자가 대부분이다. 재무구조가 우수하고 경쟁력도 강한 업종대표주의 매입 기회는 쇼크 재료로 모든 주식이 폭락하는 국면이나 역실적장세와 같은 주식시장의 장기 불황 국면 밖에는 없는 것이다.

역실적장세 국면에서 가장 큰 타격을 받는 것이 증권주일 것이다. 은행도 끊임없는 대손의 위기에 처하고 축소균형의 길을 걷게 된다. 재정투융자 관련 주도 수주격감에 따른 과당경쟁으로 실적 부진을 보이고 게다가 연쇄도산이라는 불안 재료를 안고 있어서 주가의 바닥을 예측할 수 없는 지경이다. 그러나 금융 관련, 재정 투융자 관련 두 업종은 다음에 찾아올 금융장세에서 주역으로 활약할 그룹이다.

장세 부진에 비한다면 신저가 종목이 감소하면 바닥이 임박했다는 신호가 될 수 있고, 상승 종목과 하락 종목의 누적 차이를 표시하는 등락비율도 선행하여 반등하기 때문에 이들을 체크하면 역실적장세의 바닥을 짐작할 수 있다.

③ 엘리엇 파동

주가는 연속적인 8개의 파동이 사이클을 이루며 상승과 하락을 반복한다는 이론으로, 주가 변동을 예측하는 기법으로 사용된다.

1930년대에 미국의 R. N. 엘리엇이 주장한 주가 변동에 대한 이론으로, 주가는 자연의 법칙과 조화를 이루며 일정한 규칙으로 변동한다고 말한다. 시장의 다른 예측들과 달리 1987년 미국의 주식시장 사상 최악의 폭락을 겪은 블랙먼데이의 가능성을 예측한 이론의 토대로 활용되면서 예측 도구로 주목받게 되었다. 엘리엇은 1930년대 초부터 과거 75년간의 주가 움직임에 대한 연간, 월간, 주간, 일간 데이터는 물론 30분 단위의 데이터까지 상세히 분석한 결과 주식시장도 자연법칙에 따라 움직이는 반복적인 법칙이 있음을 발견하였다.

엘리엇 파동이론은 기본적으로 패턴, 비율, 시간이라는 세 가지 요인을 기반에 두고 있으며, 그중 패턴을 가장 중요하게 여긴다. 주가의 변동은 상승 5파와 하락 3파로 움직이며 끝없이 순환하면서 시장의 추세를 이어간다는 것이 이 이론의 골자이다. 다시 말해 주가는 연속적인 8개의 파동(상승 5파와 하락 3파)이 하나의 사이클을 형성하며 상승과 하락을 반복하는 패턴을 보인다는 것이다. 특히 이 이론에서는 피보나치 수열을 근간으로 주가 상승 후 조정의 폭을 분석하여 주가의 향방을 찾고, 주가가 어디까지 오를 수 있는지에 대한 목표가격을 예측한다. 이처럼 주가의 상승과 하락 시점은 피보나치 수열과 관련되어 있다고 본다. 엘리엇 파동이론의 단점으로는 파동의 시작과 끝이 명확하지 않고, 하나의 파동에 걸리는 기간에 대한 언급이 없다는 점 등을 꼽을 수 있다.

엘리엇 파동이론에서 기억해야 할 가장 중요한 원칙 중 하나는 조정은 결코 '5개의 파동으로 나타나지 않는다'는 것이다. 즉 강세시장에서 5개의 하락 파동이 나타나면 더 큰 3파동 하락의 시작을 의미하며 지속적인 하락을 할 수 있음을 뜻한다. 약세시장에서는 하락추세가 시작된 뒤 상승 3파동이 뒤따라야 한다. 5파동 반등은 실질적인 상승 움직임이 있을 것을 예고하며 새로운 더 큰 상승추세의 첫 번째 파동이 될 가능성이 있다.

엘리엇 파동이론의 시사점은 시장예측의 수수께끼를 푸는데 해답의 일부를 제공한다는 것이다. 다른 기술적 이론과 연계하여 사용하면 효용가치를 증대시켜 성공의 확률을 높일 수 있다.

[엘리엇 파동]

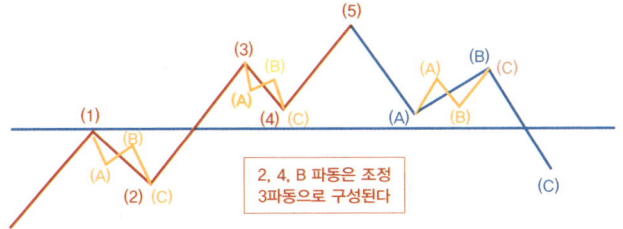

④ 피보나치 수열

피보나치 수열(1, 1, 2, 3, 5, 8, 13, 21, 34, 55 ······)이란 앞의 두 수의 합이 바로 뒤의 수가 되는 수의 배열을 말한다. 이 수열을 처음 소개한 사람의 이름을 따서 피보나치 수열이라고 한다. 피보나치 수열은 항의 개수가 많아질수록 각 피보나치 수에 대한 바로 다음 항의 수와의 비율이 황금비인 1.618034에 수렴하게 된다. 앞 수를 뒷 수로 나누면 0.618(34÷55 = 0.618), 두 단계 뒷 수로 나누면 0.382(21÷55 = 0.382), 세 단계 뒷 수로 나누면 0.236이라는 되돌림 비율이 나온다.

피보나치 수열의 숫자와 비율 하나하나가 자연의 비밀을 푸는 암호와 같은 신비로움이 있다. 자연 속의 꽃잎의 수나 해바라기 씨앗의 개수가 수열과 일치한다. 꽃잎의 수가 피보나치수열일 때 봉오리를 만들기 위해 꽃잎을 겹치기가 가장 효율적이기 때문이라 한다. 사람의 신체 즉 상 하체, 팔의 길이 등이 황금비율로 구성되어 있다. 황금비율일 때 활동하기가 가장 효율적이기 때문이다.

황금비율과 되돌림 비율이 주식투자에도 사용된다. 황금비율은 상승할 때 상승 목표치를 계산하는데 활용되고, 되돌림 비율은 지지 및 저항을 파악하는데 유용하게 사용된다. 엘리엇 파동이론과 결합되기도 한다. 이는 특정 시장 구조의 서로 다른 파동 속의 되돌림 정도를 예측하는 강력한 전략이 될 수 있다. 다른 기술적 지표들과 함께 사용하는 게 좋다. 시장가격이 특정 피보나치 레벨에 닿게 된다면 가격이 되돌아갈 수도 있고, 그렇지 않을 수 있다. 리스크 관리가 필요하며 시장 상황과 다른 요소들을 함께 고려해야 한다.

  황금비율과 되돌림 파동은 세력들에 의해 인위적으로 조작을 하는 경우는 잘 맞지 않을 수 있다. 거래량이 많은 경우는 인위적 조작이 어렵다. 지수가 더 잘 맞는 이유이다. 주식시장은 유기체이다. 그러므로 무위적 피보나치 되돌림이 성립한다.

  효성첨단소재의 경우 대세 상승 후 가격 조정이 진행 중인데 20주, 60주선 지지가 되지 않았으나 피보나치 되돌림 구간에서 지지가 됨을 볼 수 있다.

[피보나치 되돌림 차트]

2) 주식시장의 격언

✅ 화장실 단상

네 잎 클로버의 꽃말은 행운이다. 행운의 네 잎 클로버를 찾기 위해 세 잎 클로버를 마구 짓밟는다. 그러면 세 잎 클로버의 꽃말은 무엇일까? 행복이다. 우리는 흔히 행운을 잡기 위해 인생의 가장 소중한 행복을 등한시하는 우를 범한다.

이 소중한 말을 어디서 배웠을까? 아이러니하게도 화장실에서 배웠다. 화장실에 앉아서 볼 일을 보다가 이 글귀를 보고 무릎을 치면서 깨우쳤다. 배움에는 시간과 장소와 스승이 따로 없구나! 모든 것이 나의 스승이 될 수 있다. 그러므로 이 세상에는 소중하지 않은 것이 하나도 없다. 주식시장의 격언 하나가 나에게 깨달음을 줄 수 있다.

주식시장의 격언은 과거의 연기관계를 나타낸다. 수많은 시행착오 끝에 나온 것으로 간접 경험의 효과를 얻을 수 있고 연기관계를 쉽게 파악할 수 있다.

현실 시장은 격언과 다르게 움직일 수 있다. 격언이 틀린 것이 아니라 새로운 조건이 추가됨으로써 결과가 다르게 나타날 뿐이다. 똑같은 인과 연이 만나면 같은 결과가 나타날 것이다. 격언을 통해 연기관계를 개략적으로 파악하는 것만으로도 큰 수확이다. 격언 하나가 책 한 권의 역할을 할 수 있다.

① 시장 관련
- 천장 3일, 바닥 3개월.
- 산이 높으면 골도 깊다.
- 달리는 말에 올라타지 마라.
- 촛불은 꺼지기 직전이 가장 밝다.
- 강세장은 비관 속에서 태어나, 회의 속에서 자라나며, 낙관 속에서 성숙하고, 행복감 속에서 사라진다.

② 투자 전반
- 쉬는 것도 투자다.
- 주식과 결혼하지 마라.
- 밀짚모자는 겨울에 사라.
- 대중과 반대로 투자하라.
- 떨어지는 칼날을 잡지 마라.
- 전쟁으로 주가가 하락하면 과감히 매수해라.

③ 매매 관련
- 뇌동매매하지 마라.
- 시세는 시세에게 물어봐라.
- 무릎에 사서 어깨에 팔아라.
- 계란을 한 바구니에 담지 마라.
- 첫 번째 눌림목에 사고, 첫 번째 반등에 팔아라.

자세한 내용은 부록 편을 참조 바란다.

STEP 03

주식투자의 기본적 사항

1. 주식분석에 필요한 기본 지식
2. 주식매매에 필요한 기본상식
3. 반드시 체크해야 할 사항

STEP_ 03
주식투자의 기본적 사항

✓ 일의 우선순위

일하는 유형을 중요성과 긴급성에 따라 네 가지로 나눌 수 있다. 첫째, 중요하면서도 급한 일부터 먼저 하는 유형이다. 이런 유형의 사람은 직장에서 모범생으로 불린다. 둘째, 급하지는 않지만 중요한 일을 주로 하는 유형이다. 이런 사람은 맨날 노는 것 같지만 성과가 뛰어난 사람이다. 셋째, 중요하지 않은 바쁜 일부터 먼저 하는 유형이다. 이런 사람은 항상 바쁘지만 해놓은 것이 없다. 넷째, 중요하지도 바쁘지도 않은 일만 하는 유형이다. 직장에서 정리대상 1호이다. 그러므로 무슨 일을 할 때 중요성의 원칙에 따라 하면 시간과 노력을 절약할 수 있고 높은 성과를 얻을 수 있다.

1. 주식분석에 필요한 기본 지식

1) 기본적 분석

① 의의

기본적 분석은 주식의 내재적 가치를 분석해 미래의 주가를 예측하는 방법으로 전통적 증권분석 방법이다. 이 분석에는 두 가지의 전제가 있다. 주가는 내재가치와 다를 수 있다는 것과 주가는 내재가치에 수렴한다는 전제이다. 이 전제에 따라 어떤 기업의 주가가 내재가치보다 저평가되었다고 판단되면 그 주식을 매수하고, 고평가되었다고 생각되면 매도하여 수익을 낼 수 있다는 것이 기본적 분석의 핵심 명제이다.

계량화가 가능하므로 비슷한 산업 안의 종목을 비교, 분석하여 적정 주가를 구할 수 있어서 주가에 대한 평가가 비교적 쉬울 수 있다. 그러나 한계점도 있다. 재무제표는 1년에 네 번밖에 발표되지 않으며, 그 사이에 재무 상태가 어떻게 변하게 될지는 일반투자자들은 파악하기가 어렵다. 또한 계량화된 수치도 중요하나 주가는 생각보다 심리적인 요인이나 기타 상황에 따라 움직이는 경우가 많아 다양한 변수들이 발생할 수 있다.

주가 변동의 요인을 기업 외적 요인과 내적 요인으로 구분하고, 분석 절차는 '경제분석→산업분석→기업분석'의 과정을 밟아 당해 기업의 이익을 추정하고 평가하여 투자하게 된다. 즉, 거시적 관점에서 경기·금리·통화 등의 경제요인을 분석함으로써 주가 흐름을 판단하고, 산업분석에서는 산업 동향을 파악함으로써 투자 유망업종을 선정한다. 그리고 기업분석에서는 경제 및 산업분석을 토대로 개별 기업의 미래 수익성을 예측하고 기업의 내재적 가치를 추정함으로써 투자 유망종목을 선택하게 된다.

특징은 시장에서 저평가된 주식을 찾기 위해 주식의 내재적 가치를 분석한다는 점과 개별 종목 각각에 대하여 개별적으로 분석이 이루어진다는 점이다. 그러나 한계점으로는 주로 재무제표에 근거한 주식가격 평가는 불충분하다는 점, 회계처리 방법의 다양성 때문에 기업 간의 비교평가는 물론 한 기업을 장기간에 걸쳐 비교할 수 없다는 점, 주가는 재무제표상의 요인뿐만 아니라 계량화할 수 없는 심리적 요인들에 의해서도 결정된다는 점 등이 지적되고 있다.

중요성의 원칙에 따라 기본적 분석에서 필수적으로 알아야 할 몇 가지 용어들이 있다.

② EPS

Earnings Per Share라고 하며 주당 순이익을 말한다. 회사의 주식 한 주당 어느 정도의 이익이 나는지를 나타내며 회사가 한 해 동안 벌어들이는 순수익을 총주식 수로 나누는 것이다. 이 EPS를 통해서 회사의 경영실적이 얼마나 양호하고 현재의 주가가 얼마나 고평가되어 있는지 알 수 있다. 증자나 주식전환으로 주식 수가 많아지면 당연히 EPS가 줄어든다.

③ PER

 EPS를 근거로 하여 구하는 값인 PER은 주가수익비율이다. 주가가 1주당 수익의 몇 배인지를 나타내는 지표이다. 현재 주가를 EPS로 나누면 되는데 이것이 낮으면 주당 순이익에 대비해 주식이 싸다는 뜻이고, 높으면 주당 순이익에 대비해 주식가격이 비싸다는 의미이다. EPS와 달리 PER은 그 수치가 낮을수록 주식가격 상승확률이 높다고 보면 된다. 업종별로 차이가 있고 절대적인 기준이 없으나 일반적으로 PER이 10 이하(주가가 1주당 순이익의 10배 이내)일 경우 저PER주로 분류된다. 저PER주가 항상 유리한 것만은 아니다. 성장을 하지 못하는 기업은 만년 저PER주가 될 수 있어서 주가는 오르지도 내리지도 않는다. 그러므로 PER이 높고 낮음은 해당 기업의 역사적인 평균 PER과 비교하여 현재의 위치를 파악하거나, 동종업종의 유사 기업 간의 비교평가에 유용하게 사용할 수 있다.

④ PBR

 기업의 자산가치를 나타내는 것으로 주가를 주당순자산가치(BPS : book value per share)로 나눈 비율이다. 즉, 주가가 순자산에 대비해 1주당 몇 배로 거래되고 있는지를 측정하는 지표이다. 여기서 순자산이란 대차대조표의 총자본 또는 자산에서 부채(유동부채 + 고정부채)를 차감한 후의 금액을 말한다. PBR이 낮을수록 저평가되어 있다고 본다.

 PBR은 장부상의 가치로 회사 청산 시 주주가 배당받을 수 있는 자산의 가치를 의미하기 때문에, 재무 내용 면에서 주가를 판단하는 척도가 된다. 만약 PBR이 1이라면 특정 시점의 주가와 기업의 1주당 순자산이 같은 경우이며 이 수치가 낮으면 낮을수록 해당 기업의 자산가치가 증시에서 저평가되고 있다고 볼 수 있다. 즉, PBR이 1 미만이면 주가가 장부상 순자산가치(청산가치)에도 못 미친다는 뜻이다. 때문에 저PBR 주식은 M&A의 대상이 될 가능성이 있다고 볼 수 있다.

⑤ ROE

Return On Equity이며 자기자본이익률이라고 한다. 기업이 자기자본을 통해서 얼마나 이익을 거뒀는지를 나타낸다. ROE를 구하는 공식은 당기순이익을 자기자본으로 나누는 것이다. 투자의 귀재인 워런 버핏은 이 ROE를 중요시하는데 3~5년 정도 길게 보고 연평균으로 12~15% 정도만 나와도 좋은 회사라고 하였다.

자기자본이익률이 높은 기업은 자본을 효율적으로 사용하여 이익을 많이 내는 기업으로 주가도 높게 형성되는 경향이 있어 투자지표로 활용된다. 투자자의 입장으로 보면 자기자본이익률이 시중금리보다 높아야 투자자금의 조달 비용을 넘어서는 순이익을 낼 수 있으므로 기업투자의 의미가 있다. 시중금리보다 낮으면 투자자금을 은행에 예금하는 것이 더 낫기 때문이다.

2) 기술적 분석

✓ 숫자 3을 조심하라

한국 사람은 유독 숫자 3을 좋아한다. 주식시장에서는 3을 조심해야 한다. 세 번째 상승이 꼭지일 확률이 높다. 특히 세 번째 상승 후에 최고점 대비 3% 하락하는 경우 조심해야 한다. 지지선이든 저항선이든 세 번째 돌파 시도에는 뚫릴 확률이 높다. 뚫린 선은 3일 만에 회복하지 못하면 지지선 저항선이 뒤바뀐다. 만약에 세 번 찍어도 뚫리지 않는다면 강력한 지지선 또는 저항선이 된다.

① 의의

기술적 분석은 주로 차트를 보고 분석하는 방법이다. 주가, 거래량, 추세 등을 이용해 투자심리를 파악하고 매매 타이밍과 주가의 흐름을 예측한다. 이 분석 방법에는 주가는 항상 반복하여 변화하는 속성이 있다는 것과 추세를 파악하면 현재의 기업 재무 상태와 무관하게 변동하는 주가를 예측할 수 있다는 전제가 있다.

장점으로는 차트를 보는 것이 기본적 분석으로 계산하는 것에 비해 직관적이라 한눈에 보기 좋아 매수나 매도 타이밍 잡기가 쉬운 점 등이 있다. 또한 주가는 심리적인 요인도 영향을 끼치는데 거래량과 추세선 등을 통해 현 투자자들의 심리를 파악하고 투자할 수 있어 계량화만 되어있는 기본적 분석을 보완할 수 있다.

한계점으로는 과거에 나온 패턴이라고 해서 언제나 반복되지 않고 상황과 기타 변수들이 다양할 수 있어서 같은 결과가 나오지 않을 오류 가능성을 가지고 있다. 그래서 기술적 분석은 단기투자에나 적용될 만한 이론이며, 차트 분석만으로 장기투자하는 것은 바람직하지 않다. 거래량이 적으면 오차가 발생하기 쉽고, 작전세력이나 뉴스 등에 의해 예측하지 못하는 방향으로 주가가 변동할 수 있다.

차트는 주고받음(공급과 수요)을 표로 나타낸 것이다. 끊임없는 기 싸움을 하나 결국은 힘이 센 쪽으로 몰려간다. 외국인과 기관이 힘이 세다. 해와 달이 일직선이 될 때 밀물과 썰물이 가장 강하게 나타나듯이 외국인과 기관이 동시에 사거나 팔 때 가장 강하게 움직인다.

다음은 기술적 분석에 사용되는 기본적인 도구들을 중요성의 원칙에 따라 나열한 것이다. 이들 모두 외울 필요는 없다. 이런 것이 있다는 정도로 알아두면 된다. 필요가 있어서 좀 더 알고 싶다면 그때 자세히 살펴보면 된다.

② 캔들(봉) 차트

주가 차트는 매일의 주가 변동을 기록해 둔 것으로 주가가 어떻게 흘러가는지를 볼 수 있다. 차트는 매일의 종가를 선으로 연결한 선형차트가 있고, 일별, 주별, 월별 기간을 선택해서 해당 기간의 시가와 종가, 고가와 저가를 한 개의 봉에 담아둔 캔들(봉) 차트가 있다. 거래종료 후 가격을 '종가', 거래 시작 가격을 '시가'라고 한다. 캔들 차트에는 양봉과 음봉이 있다.

　양봉은 종가가 시가보다 높게 끝난 것을 이야기하며, 장이 열려서 시작될 때는 약한 매수세였으나 점차 매수세가 강해지면서 강세로 끝나는 것을 말한다. 양봉은 빨간색으로 표시하며 주로 매수하려는 사람이 매도하려는 사람보다 많을 때 나타난다.

　음봉은 양봉의 반대라고 생각하면 된다. 주식의 종가가 시가보다 낮게 마감되는 것을 이야기하며, 양봉에서와는 반대로 장이 열려서 시작됐을 때는 강세였으나 매도세가 점차 강해지면서 약세로 끝나는 상황일 때 음봉으로 마무리된다. 일반적으로 매도하려는 사람이 매수하려는 사람보다 많을 때 음봉이 형성되고 가격이 내려가는 모습이 나타나게 된다.

[캔들 형태]

　다른 상황 없이 캔들 하나만 그려놓고 주가의 방향을 예측한다는 건 말이 안되지만 각각의 캔들과 나타난 위치 등을 고려하면 전체 흐름 파악에 큰 도움이 된다. 캔들에 나타나는 가격 중 시가와 종가가 가장 중요하다. 시가와 종가는 일반 개미들은 만들 수 없고 세력이 자금력으로 만드는 것이다. 그중에서도 가장 중요한 것이 시가이다.

시가를 보면 알 수 있는 상승 하락의 징후가 있다. 역배열 상태에서 주가가 바로 위의 이동평균선을 넘어 갭 출발하면 상승확률이 높다. 또한 전날 음봉이었는데 갭 상승한다면 상승확률이 높다. 한편 상승하던 주식의 상승이 둔화하면서 시가가 5일 이동평균선 아래로 찍히면 단기 매도 신호이다. 재매수 시점은 10일과 20일 이동평균선 사이가 된다. 또한 시가가 20일 이동평균선 아래로 결정되면 중기적인 관점에서 매도이며 다음 지지선은 45일 이동평균선에서 60일 이동평균선 정도가 된다. 5일 이동평균선이 깨진 상태에서 20일 이동평균선이나 60일 이동평균선 위에서 시가가 형성되고 초반부터 많은 거래량을 동반하면 추세가 상승으로 반전될 확률이 높다.

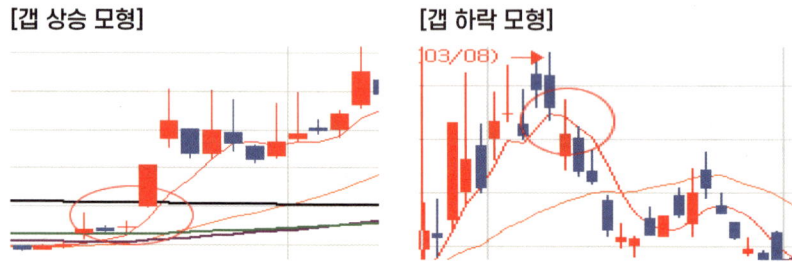

[갭 상승 모형]   [갭 하락 모형]

③ 이동평균선

일정 기간의 주가를 산술 평균한 값인 주가이동평균을 차례로 연결해 만든 선이다. 주식시장에서 주가와 거래량 및 거래대금은 매일매일 변하나 특정 기간을 놓고 보면 일정한 방향성을 지닌다. 이를 수치화한 것이 이동평균선으로 장기(120일), 중기(60일), 단기(5, 20일) 이동평균선이 있다. 5일선을 심리선, 20일선은 생명선, 60일선은 수급선, 120일선은 경기선, 240일선은 대세선이라 부른다.

주가이동평균선은 해당 시점에서 시장의 전반적인 주가 흐름을 판단하고 향후 주가 추이를 전망하는 데 사용되는 주식시장의 대표적인 기술적지표이다. 과거의 평균적 수치에서 현상을 포착하여 장래의 예측에 활용하는 것이 목적이다. 이동평균선은 기술적 분석의 가장 기본에 해당하는 요소이지만 이미 지나가버린 과거 주가를 평균하여 미래의 주가를 예측하는 후행성 지표라는 점에서 그 신호를 지나치게 확신하는 것은 좋지 않다.

이동평균선은 추세의 변화를 하나의 값으로 압축해서 나타낸 것이므로 추세의 변화를 한눈에 알 수 있도록 해준다. 단기이동평균선은 주가의 움직임에 예민하여 추세의 전환을 일찍 알려주나 정확성은 약간 떨어진다. 반면 장기선은 단기선과 비교해 주가 움직임에 상대적으로 둔감하여 추세의 전환을 알려주는 시기는 늦으나 정확하다.

이동평균선은 방향성이 중요하다. 우상향이라는 건 추세가 살아있다는 뜻이고, 우하향이라는 건 추세가 꺾였다는 뜻이다. 추세가 살아있다는 것은 수급이 강력하다는 뜻이므로 웬만한 악재를 이길 힘이 있다. 반면 추세가 꺾인 상태에서는 아무리 큰 호재가 나와도 잘 먹히지 않는다.

이동평균선이 정배열인지 역배열인지 살펴보아야 한다. 정배열이란 단기선이 제일 위에 있고 순차적으로 중기·장기선이 배치된 것을 말한다. 역배열은 이와 반대 상황을 말한다. 정배열인지 역배열인지가 중요한 이유는 이동평균선이 가지고 있는 지지와 저항의 역할 때문이다. 정배열 구간에서는 주가가 상승추세에서 하락할 때 순차적으로 이동평균선의 지지를 받는다. 반대로 역배열 구간에서는 주가가 하락추세에서 반등이 일어날 때마다 순차적으로 이동평균선의 저항을 받는다.

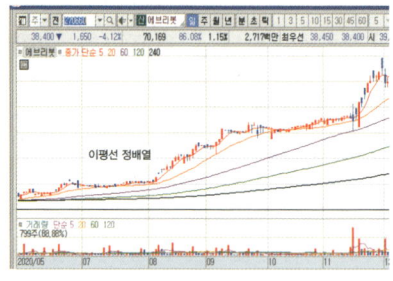

[이동평균선 정배열]

[이동평균선 역배열]

④ 추세선

주가 흐름의 특성 가운데는 일반적으로 어느 기간 동안 같은 방향으로 움직이는 경향이 있는데 이것을 추세라고 하며, 차트에 일정한 직선으로 나타내는 선을 추세선이라 한다. 투자심리의 측면에서 설명하면 주가가 상승할 때는 단지 주가가 상승한다는 사실 자체가 투자자에게 주가가 더욱 상승할 것이라는 확신 또는 희망을 주게 된다. 그 때문에 주가는 현재의 방향으로 계속 진행하려는 경향이 있다. 반대로 주가가 하락할 때도 떨어진다는 사실 자체가 주가 하락을 더욱 부채질하게 되는 것이다. 이처럼 주가는 일정한 추세선을 따라 상당한 기간 상승, 하락을 반복하는 경향이 있다.

상승 추세선은 일련의 연속적인 저점들을 연결한 우상향의 직선이고, 하락 추세선은 연속적인 고점들을 연결한 우하향의 직선이다. 추세선은 조정국면의 저점과 고점을 결정하는데 도움을 줄 뿐만 아니라 추세가 변화하는 시점을 알려준다. 추세선이 돌파되지 않는 한 지지선과 저항선 역할을 하므로 매수, 매도 영역 판단에 이용될 수 있다. 그러나 추세선이 돌파되는 순간 직전 추세에 의존한 모든 포지션의 청산을 요구하면서 추세변화의 신호를 알린다. 추세돌파를 판단하는 지표로는 가격이 추세선에서 1%~3% 하락하고, 일수 기준으로 2일째 회복이 어렵다고 판단되는 두 가지 여과장치를 통과하면 돌파로 간주하고 대응한다.

[추세선 차트]

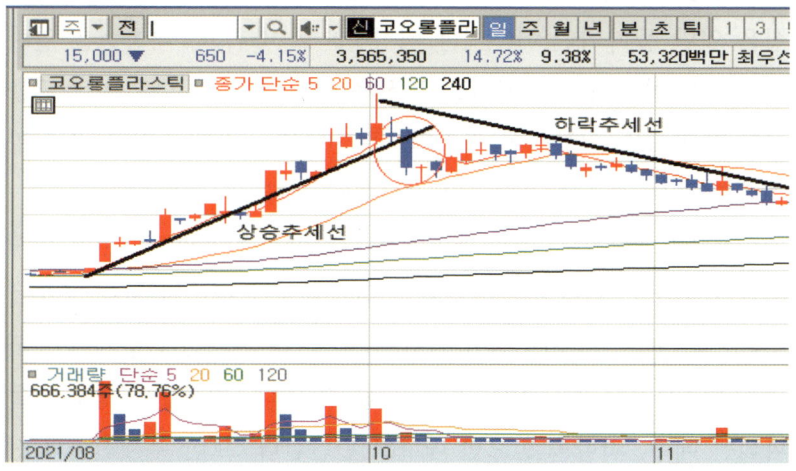

⑤ 지지선과 저항선

지지선은 주가의 저점을 연결한 선으로 추가적인 주가 하락을 떠받칠 수 있을 정도로 매수세가 매도세를 능가하는 현재 주가보다 아랫부분에 위치한다. 저항선은 지지선과 반대이며 주가의 고점들을 연결한 선으로 추가적인 주가 상승을 억제할 정도로 매도 세력이 매수 세력을 압도하는 주가 수준을 의미한다. 현재 주가보다 위쪽에 위치한다.

주가가 박스권일 경우는 박스권 하단은 지지선이 되고 상단은 저항선이 된다. 상승 추세선은 지지선이 되고, 하락 추세선은 저항선이 된다. 가격의 앞자리 수가 변하는 마디 가격은 심리적 지지와 저항 역할을 하게 된다. 이전의 주요 고점은 저항선 역할을 하고, 이전에 주요 저점은 지지선 역할을 한다. 강력한 매물대가 있는 영역은 지지와 저항 역할을 한다.

지지선과 저항선은 돌파와 함께 성격이 정반대로 바뀐다. 지지선은 일단 돌파되면 이후에는 저항선으로 바뀌고, 저항선은 일단 돌파되면 이후에는 지지선으로 작용한다. 예를 든다면 박스권을 상향 돌파하면 저항선이 지지선으로 바뀐다. 반대로 박스권 하향 돌파를 하는 경우는 지지선이 저항선이 된다.

지지선과 저항선은 실전 매매에서 다양하게 활용할 수 있다. 현재 주가가 최소한 어디까지 상승할지 하락할지를 예측하는 데 도움을 준다. 매수매도 시 기준점이 되기도 한다. 즉 지지선에서 지지가 되면 매수, 붕괴할 때는 매도 신호로 볼 수 있다. 저항선의 경우는 돌파되면 매수, 저항을 받으면 매도로 판단한다. 또한 추세전환의 신호가 되기도 한다. 고점과 저점의 봉우리가 많을수록 신뢰도가 커지고, 일봉 차트 뿐만 아니라 주봉 차트에서도 신뢰도가 높다.

[지지선과 저항선]

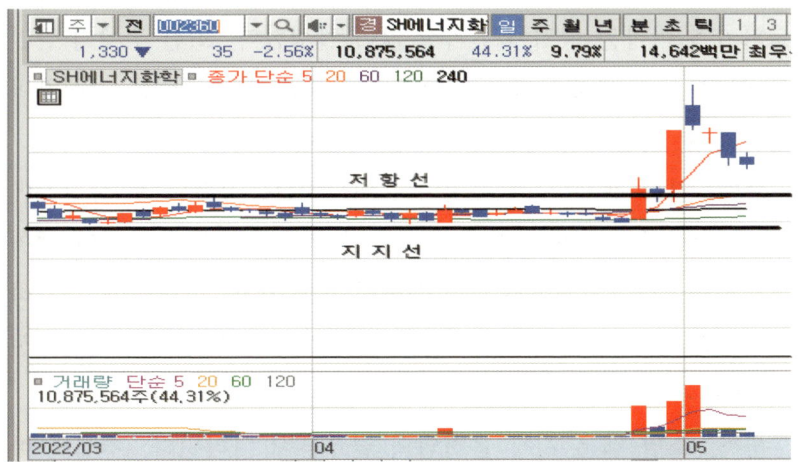

⑥ 캔들 패턴

● **가격 갭**

거래가 발생하지 않은 차트상의 영역을 말한다. 상향추세의 가격은 직전일의 최고점 위에서 시작되어 차트상에 이날의 메워지지 않은 갭 혹은 터진 공간을 남기게 된다. 하락추세에서는 어떤 날의 최고가격이 직전일의 최저가격 이하에서 형성된다. 상승 갭은 상승 시작을 알리는 신호이고, 하락 갭은 일반적으로 하락 시작을 알리는 신호가 된다. "갭은 반드시 메워진다"는 말은 반드시 그렇지는 않다. 발생 위치에 따라 다르게 나타난다.

갭에는 다음과 같은 세 가지 형태가 있다.

첫째, 돌파 갭은 어떤 중요한 가격 패턴의 완성기에 나타나며, 중요한 시장 움직임의 시작을 알린다. 고점과 저점 부근의 주요 돌파가 일어나는 영역에서 가장 많이 발생한다. 또한 추세의 반전을 알리는 주 추세선의 돌파에도 발생한다. 돌파 갭은 거래량이 많은 경우 발생하며 메워지지 않을 확률이 높다.

둘째, 가속 갭은 시장 움직임이 어느 정도 지속된 후 중간쯤에서 가격이 폭등하여 가속 갭이라고 불리는 두 번째 형태의 갭이 형성된다. 상승추세에서는 상승장의 신호이며, 하락장에서는 하락시장의 신호가 된다. 가속 갭은 뒤이은 조정국면에 대한 지지선이 되며 종종 채워지지 않은 상태로 남게 된다.

셋째, 소멸 갭은 시장 움직임의 끝부분에 나타난다. 추세의 마지막 부분에서 가격이 마지막 숨을 몰아쉬면서 폭등한다. 그러나 상승 폭등은 빨리 시들해져 2일 또는 일주일 이내에 가격은 하락하기 시작한다. 상승추세에서 가격이 갭 아래로 떨어지는 것은 하락추세의 의미를 함축하는 전형적인 하나의 예이다.

[갭 차트]

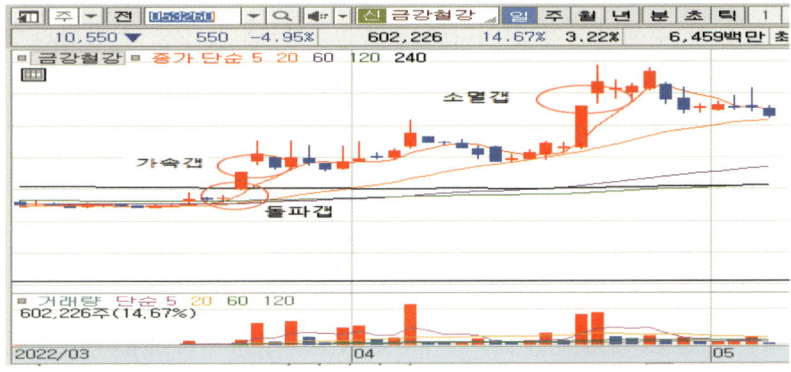

● 섬꼴 반전

　상승 소멸 갭이 형성되고 나면 가격은 종종 하락하기에 앞서 2일 또는 일주일간 좁은 범위에서 움직인다. 이러한 상황은 그 며칠 동안의 가격 움직임을 물에 둘러싸인 섬처럼 보이게 한다. 상승 소멸 갭에 바로 뒤이은 하락 돌파 갭은 섬 모양의 반전 패턴을 완성한다. 이것은 일반적으로 추세반전이 임박했음을 나타낸다.

● **반전형**

중요한 추세반전이 일어나고 있음을 나타낸다. 2중 천장형과 2중 바닥형, 머리어깨형과 역머리어깨형, V자 천장형과 V자 바닥형, 원형 천장형과 원형 바닥형 등이 있다.

머리어깨형은 가장 잘 알려져 있고 가장 신뢰할 만한 패턴이며 대부분의 반전형은 머리어깨형의 변종이다. 모든 가격 패턴에도 마찬가지지만 천장 머리어깨형에서 동반되는 거래량은 상당히 중요한 역할을 한다. 머리의 거래량은 왼쪽 어깨의 거래량보다 적어야 한다. 매수 세력의 약화를 알려주는 초기 경고이다. 가장 중요한 거래량은 오른쪽 어깨의 거래량이다. 앞의 두 봉우리의 거래량보다 현저하게 적어야 한다. 목선이 하향 돌파되면서 거래량이 증가해야 하고, 반등국면에서는 감소하였다가 하락하기 시작하면 다시 증가한다.

2중 천장형과 2중 바닥형은 머리어깨형 다음으로 흔히 볼 수 있는 패턴이다. 첫 번째 봉우리 동안에 거래량이 증가하는 경향이 있고, 두 번째 봉우리에서는 거래량이 감소하는 경향이 있다.

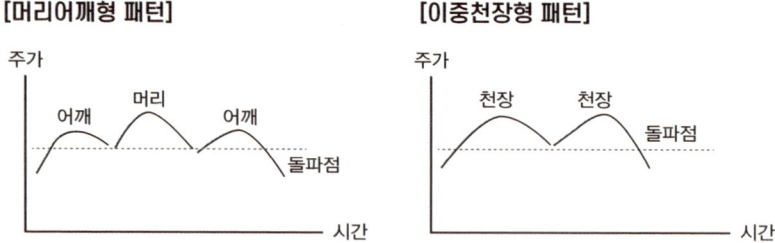

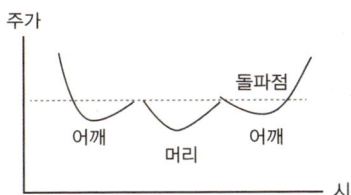
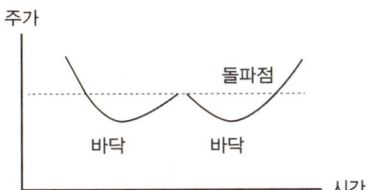

● **지속형**

지속형은 어떤 시장이 기존의 추세를 재개하기에 앞서 일시적인 과매수나 과매도를 조정하기 위해 잠시 정체해 있는 것을 말한다. 기존 추세의 일시적인 중단이며 다음 추세도 직전 추세와 같은 방향일 것임을 나타낸다. 반전형은 일반적으로 주요 추세변화를 형성하여 나타내는데 보다 오랜 시간이 필요하다. 반면 지속형은 시간 주기가 짧으며 단기 중기 패턴으로 분류된다.

지속형에는 깃발형, 패넌트형, 삼각형, 쐐기형, 직사각형 등이 있다. 일반적으로 지속형은 삼각형이다. 때때로 삼각형이 반전형이 되기도 한다.

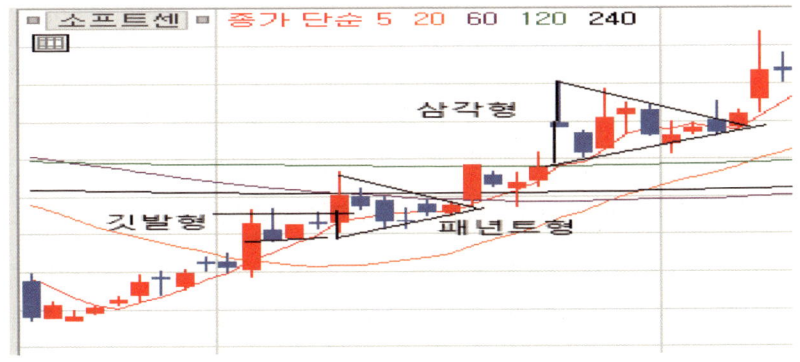

상승 삼각형은 상향의 아랫선과 평행의 윗선을 가지며 상승시장이다. 하락 삼각형은 하향의 윗선과 평행의 아랫선을 가지며 하락시장이다. 패턴이 계속 발전하면서 거래량은 감소하고 돌파 시점에서는 거래량이 증가한다.

3) 보조지표 활용법

① RSI

상대강도지수(Relative Strength Index, RSI)는 주가의 상승압력과 하락압력 간의 상대적인 강도를 나타내는 보조지표다. 일반적으로 70을 넘어가면 매도 타이밍, 30 밑으로 떨어지면 매수 타이밍으로 규정한다.

RSI가 70% 이상으로 높아지면 과 매수권으로 분류하는 것은, 많이 올랐으면 차익실현 매물이 나올 것임을 가정하는 것인데, 실제 상황이 이와 맞아떨어지지 않는 경우도 많다. 호재에 의해 강한 상승을 하는 상황이라면 RSI 값이 70% 이상이어도 계속 상승할 수도 있다. 따라서 이 지표는 독립적으로 사용하기보다는 보조적인 판단 근거로 사용하곤 한다. 예를 들면, 오른다는 확신이 든 주식을 보유하고 있다가, RSI 값이 70% 이상으로 진입하면 과매도 상태에서 단기 하락이 올 수 있음을 예상하고 분할 매도로 대응하는 것이다.

주가는 상승하고 있으나 RSI는 하강하는 식으로, RSI가 가격변동과 역행하고 있는 상태에서 주가가 천장에 다다랐을 때는 추세가 꺾이기 쉽다. 주가 하락 시 RSI가 상승하는 반대의 경우는 추세가 반등하기 쉽다.

RSI 지표와 함께 언급되는 용어로 다이버전스(divergence)가 있다. 다이버전스란 가격은 상승하여 신고가를 갱신하였으나 RSI 지표는 전 고점을 갱신하지 못하는 현상으로, 이는 추세가 약화됨을 의미한다. 다른 지표에 비해 RSI의 divergence는 속임수가 적기 때문에, 강력한 매매 신호로 받아들여진다. 다이버전스는 바닥과 천장을 찾아내는 데 매우 유용하다. 다이버전스를 이용한 매매에 있어서 가장 중요한 것은 다이버전스를 미리 예측해서는 안 되고 반드시 다이버전스를 확인한 후 매매해야 한다는 점이다.

② **ADX**

평균 방향 이동지표는 주가의 추세전환을 판단하는 지표로 방향

이동지표(DMI)를 보조하는 수단으로 쓰이고 있다. ADX는 단순히 추세의 강도만을 나타내며 ADX가 상승하면 추세가 강해지는 것을 의미하고, ADX가 하락하면 추세가 끝나고 조정에 들어서는 것을 의미한다. ADX가 높다는 것은 방향이 상승이든 하락이든 어느 한쪽으로 추세가 강하게 나타난다는 것을 의미한다.

③ MACD

MACD는 장단기 이동평균선 간의 차이를 이용하여 매매 신호를 포착하려는 기법이다. 흔히 주가 추세의 힘, 방향성, 시간을 측정하기 위해 사용된다. MACD의 원리는 장기 이동평균선과 단기 이동평균선이 서로 멀어지게 되면(divergence) 언젠가는 다시 가까워져(convergence) 어느 시점에서 서로 교차하게 된다는 성질을 이용하여 두 개의 이동평균선이 멀어지게 되는 가장 큰 시점을 찾고자 하는 것이다. 이 방법은 장단기 이동평균선의 교차점을 매매 신호로 보는 이동평균 기법의 단점인 시차(time lag) 문제를 극복할 수 있는 장점을 지닌다. 그러나 그만큼 속임 신호량이 늘어난다는 단점도 안게 된다.

장기 지수이동평균선과 단기 지수이동평균선의 벌어진 차이를 산출하여 작성된 MACD곡선과 이 MACD 곡선을 다시 지수 이동평균으로 산출하여 작성한 시그널(signal) 곡선이 교차함으로써 발생되는 신호를 매매 신호로 본다. 이동평균의 차이를 다시 이동평균으로 산출하는 경우 시그널 곡선은 어느 시점에서 두 이동평균의 차이가 가장 최대가 되는지를 쉽게 판단할 수 있게 한다. 그러므로 MACD 곡선과 시그널 곡선이 교차하는 시점이 장기 지수이동평균과 단기 지수 이동평균의 차이가 가장 큰 시점이 된다.

일반적으로 주가의 추세와 MACD 오실레이터의 크기가 역행하면 곧 추세의 전환이 일어난다고 알려져 있다. 주가가 상승하는 추세이지만 전고점과 비교해서 지금 고점에서의 오실레이터 값이 작으면 슬슬 하락세로 돌아설 것에 대비하여야 한다. 당연히 주가가 하락추세이어도 전저점의 오실레이터 값에 비교해 지금의 저점에서의 오실레이터 값이 작으면 곧 상승추세로 돌아설 것에 대비하여야 한다. 일봉 MACD에서의 속임수를 피하려면 주봉의 MACD를, 주봉 MACD에서의 속임수를 피하려면 월봉 MACD를 참조하면 신뢰성이 높아진다.

④ 일목균형표

　일목균형표란 일본에서 개발된 지표이며 주가의 움직임을 5개의 의미 있는 선을 이용하여 주가를 예측하는 기법으로 시간 개념이 포함된 지표를 말한다. 일목산인이라는 필명을 가진 일본의 주가 차트 전문가가 독자 개발한 일목균형표는 서양의 엘리어트 파동 등이 과거의 가격과 트렌드를 중시하는데 비해 일목균형표는 시간을 주체로 하고 가격은 2차적인 개념에 불과하다는 데 기초를 둔 분석 모형이다. 일목산인은 투자 기간의 대부분을 단 3개의 대형 우량주만을 가지고 저점에서 사고, 고점에서 파는 것을 반복했다고 한다. 또한 일봉보다는 주봉을 주로 활용했다고 전해지고 있다.

　종가를 바탕으로 작성되는 이동평균선과는 다르게 특정 기간의 고가와 저가의 평균값을 내어 지표가 작성된다. 대부분 보조지표가 후행성이거나 동행성을 보이지만, 일목균형표는 선행성까지 갖고 있어서 미래를 예측하는 데에 효과적으로 사용된다. 일목균형표를 이용해 기술적 분석을 주로 하는 애널리스트들은 코스피 폭락 장이 오기 전에 폭락 일을 정확히 예견하는 경우가 많았다. 다만 어떠한 지표이든지 미래예측의 부분에 대해서 맹신해선 안 된다. 추세 추종이나 개인 투자 스타일에 따라 일목균형표는 호불호가 매우 갈린다는 점을 인지하여야 한다. 사용자에 따라 차이가 있으나 일목균형표에서 대체로 활용하는 것은 주가가 구름대 아래에 있는지 위에 있는지, 후행 스팬이 주가를 상향 또는 하향 돌파하는지, 선행 스팬이 만드는 구름대가 양운인지 음운인지를 보는 것이다. 주가가 구름대 위에 있고, 선행 스팬이 만드는 구름대가 양운이면서, 후행 스팬이 주가를 상향 돌파할 때 급등하는 경향이 많기 때문이다.

[일목균형표 차트]

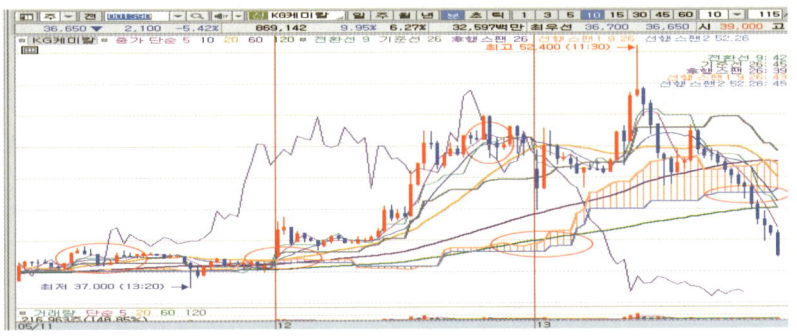

⑤ 볼린저밴드

볼린저밴드는 주가가 상한선과 하한선을 경계로 등락을 거듭하는 경향이 있다는 전제에서 출발한다. 이에 따라 주식가격의 움직임을 포착할 수 있도록 설계된 중간의 이동평균선과 상단 밴드, 하단밴드로 구성된다. 이동평균선을 추세 중심선으로 사용하며 상, 하한 변동 폭은 추세 중심선의 표준편차로 계산한다. 이때 이동평균과 표준편차의 관계는 통계학에서 일반적으로 활용되는 표준정규분포를 가정해 산출하게 된다. 볼린저밴드는 일정 기간 가격에 대한 변동성 측정치이므로 가격변동이 심할 때는 변동 폭이 좁아지는 자기 조정 기능을 발휘하기도 한다.

세부적으로 볼린저밴드는 중심선인 '20일 이동평균선'과 중심선에서 '표준편차×2'를 더한 상한선, '표준편차×2'를 뺀 하한선으로 구성된다. 주가는 90% 이상 볼린저밴드 내에서 수렴과 발산을 반복하면서 움직이게 된다. 가격변동 띠의 폭이 이전보다 상대적으로 크거나, 큰 상태에서 줄어드는 경우 볼린저밴드를 매도와 매수가 과도하게 집중된 상황을 반영하는 지표로 활용할 수 있다.

  볼린저밴드를 활용한 3가지 투자기법은 다음과 같다. 첫 번째, 밴드 자체의 폭이 축소되면서 밀집 구간을 거친 후에는 상단 밴드를 돌파할 때 주식을 사들이고, 하단 밴드에서 하향 이탈할 때 주식을 매도한다. 두 번째 투자기법은 주가가 상단 밴드에 접근할 때 각종 지표가 주가의 강세를 확증하면 매수하고, 주가가 하단 밴드에 접근할 때 지표가 주가의 약세를 확증하면 매도하는 방법이다. 마지막 기법은 주가가 상단 밴드를 여러 번 건드리나 주가 지표는 점진적 약세를 보일 때, 그리고 주가가 하단 밴드를 여러 번 건드리나 주가 지표는 점진적 강세를 보일 때 주가 흐름의 반전을 예측할 수 있다.

[볼린저밴드 차트]

위의 보조지표를 반영한 코스피 일봉 차트이다. 2020.1.28 일자 보조지표들이 일제히 과매도 임계치(ADX 76, DI+ 1.8, RSI 20.7, MACD -161.66)를 나타내고 있다. 단기 저점 신호로 볼 수 있을 정도로 언더 슈팅이 나왔다. 시장이 만드는 이른바 개미지옥이다. 이것이 진 바닥이라고 단언할 수는 없다. 2008년 금융위기 때는 이보다 더 낮은 임계치를 나타내고도 그 후 2차에 걸쳐 추가 하락이 있었다.

[보조지표 반영한 코스피 일봉 차트]

2. 주식매매에 필요한 기본 상식

주식시장의 전반적인 대세 판단을 할 수 있고, 시장의 고점과 저점의 징후들을 파악할 줄 알며, 주식을 살 때와 팔 때를 비교적 정확하게 안다면 주식매매의 성공 확률을 높일 수 있다.

1) 주식시장의 대세 판단

주식시장의 대세 상승기에는 손해를 보기가 쉽지 않을 정도로 고수든 하수든 누구나 돈을 벌 수 있고 별로 차이도 나지 않는다. 그러나 수영장에 물이 빠지면 누가 옷을 입고 있는지 벗고 있는지 알 수 있듯이 유동성이 빠지고 대세 하락기에 접어들면 실력이 있는 사람과 없는 사람의 차이가 극명하게 나타난다. 그러므로 주식투자를 할 때는 항상 대세 판단이 중요하다. 대세 판단은 글로벌 판돈과 국내 판돈의 흐름을 살펴보고, GDP 대비 시가총액 비율과 수익률 비교를 통해 주식시장의 밸류에이션을 평가해보고, 주식시장의 사계 중에 현재의 위치를 판단해 봄으로써 어느 정도 가늠해 볼 수 있다.

① 글로벌 판돈의 흐름

앞으로의 방향을 예측하기 위해 고안한 유용한 도구가 표면장력 테스트이다. 현재의 주식시장이 상승할 것인지 하락할 것인지를 예측해 볼 때 각종 변수의 힘의 강도를 비교하는 표면장력 테스트를 해보면 많은 통찰력을 얻을 수 있다.

글로벌 판돈에 영향을 미치는 모든 요인의 표면장력 테스트를 해봄으로써 글로벌 판돈 흐름의 방향이 어느 쪽으로 향할 것인지를 판단해 볼 수 있다. 2022년 5월 기준으로 볼 때 하락요인의 힘이 갈수록 우세해짐으로 대세 하락이 의심되는 부분이다.

[글로벌 판돈 흐름의 표면장력 테스트]

상승요인		하락요인	
22.03	22.12	22.03	22.12
양적완화------>		양적긴축 ------------->	
테이퍼링		테이퍼링 ------>	
금리인하		금리인상----------------------->	
경기상승----------------------->		경기둔화 ------>	
물가안정 --->		물가상승----------------------->	
유가안정 --->		유가상승----------------------->	
달러인덱스 하락		달러인덱스 상승-------------------->	

　세부 내용에 대해 자세히 살펴보면 글로벌 판돈에 가장 많은 영향을 미치는 것은 미 연준에서 유동성을 푸느냐 조이느냐에 달려있다. 아래 표에 의하면 2020년 코로나 팬데믹 상황에서 미 연준의 자산규모가 급격하게 증가했음을 볼 수 있다. 시중에 유동성을 공급하기 위해 무제한으로 채권을 사들였기 때문이다. 이 엄청난 유동성 덕분에 주식시장의 붕괴와 경기침체를 막을 수 있었다.

[미 연준 대차대조표]

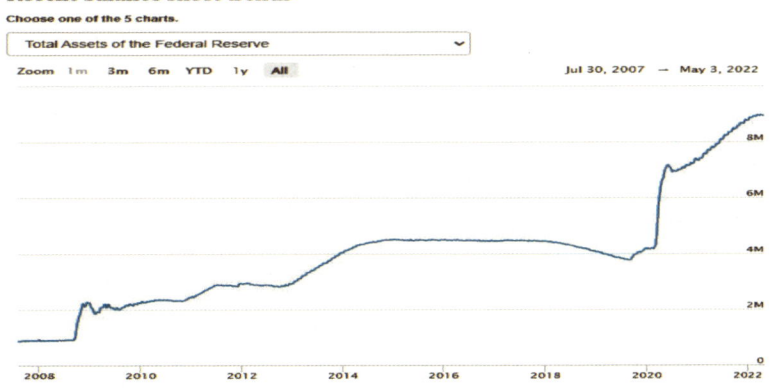

문제는 과잉 유동성으로 주식, 부동산을 비롯한 원자재 가격을 폭등시켰다는 점이다. 자산 가격 폭등에 파생되어 주택임대료, 중고차 가격, 휘발유 가격, 인건비, 식자재 등 생활용품까지 올라가지 않은 품목이 없을 정도로 물가가 올라갔다. 급기야 40년 내 최대물가 상승률인 8.54%를 기록하게 되었다. 2022년 4월에는 유가 하락에 힘입어 8.26%까지 내려갔으나 연준의 물가상승률 목표치인 2%에 비하면 엄청나게 높은 수준임을 알 수 있다.

[미국 인플레이션율]

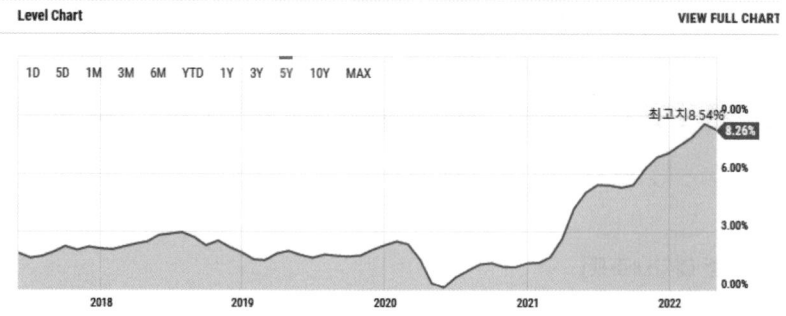

이렇게 물가가 오르도록 방치한 것은 한마디로 연준의 판단 착오라고 볼 수 있다. 연준에서는 단순히 공급 부문에서 문제가 발생했고 일시적일 것으로 판단한 것이다. 그러나 우크라이나 전쟁과 중국에서 코로나 재발로 인한 도시 봉쇄의 장기화가 진행되면서 공급 문제도 조기에 해결될 기미를 보이지 않게 되었다. 부랴부랴 테이퍼링을 실시하고 금리를 0.5% 빅 스텝으로 올리기 시작했다. 이뿐만 아니라 양적완화를 종료하고 양적 긴축에 돌입하기로 발표하기에 이른다. 바야흐로 증가일로에 있던 판돈이 줄기 시작하는 것이다. 이외에 글로벌 판돈에 영향을 미치는 요인은 미국의 금리 인상과 양적 긴축에 따른 달러 인덱스의 상승이다. 이들이 전 세계의 달러를 흡수하기 때문이다. 댐의 물이 줄면 지대가 높은 곳부터 물이 마르기 시작하듯이 글로벌 판돈이 줄면 금리가 높은 국가, 기업, 가계부터 유동성 즉, 돈이 부족하게 된다.

판돈의 흐름과 현재 주가지수와 대비해 보면 표에서 보는 바와 같이 2021년 11월의 고점이 대세 하락의 시발점이 될 것인지 아니면 다시 한번 고점 갱신이 될 것인지가 관건이다. 과거 역사적으로 볼 때 금리 인상 시기의 초반에는 주식시장 상승이 일반적이었다. 왜냐하면 금리 인상은 경기가 너무 좋아서 하는 것이고 경기가 좋으면 기업 실적이 호전되고, 기업 실적이 호전되면 주식가격은 상승하기 때문이다. 그러나 지금은 주가지수가 기술적인 조정을 넘어서는 등 이전과 다른 모습을 나타내고 있다. 그것은 앞에서 본 이전에는 없었던 두 가지의 변수 때문으로 추정된다. 바로 미 연준의 대차대조표 자산의 과대한 증가와 엄청난 물가상승률이다. 이것들을 해결하기 위해서는 급격한 금리 인상과 긴축 강화를 할 수밖에 없다. 그렇게 되면 경기가 위축되고 소비가 줄고 이에 따라 기업 실적이 나빠지면 주가도 하락하게 된다. 지금으로서는 직전 고점 갱신은 어렵고 대세 하락에 접어들었을 가능성이 크다. 그렇다면 다시 상승하더라도 대세 상승의 연장이 아니라 기술적 반등에 그칠 가능성이 있다. 한가지 가능성은 공급망에 문제를 일으켰던 우크라이나 전쟁과 중국의 봉쇄조치가 조기에 해결이 된다면 단숨에 반전될 가능성은 남아 있다. 미국의 경기가 아직 죽지 않았다는 점이 이를 뒷받침 한다.

아래 표에 나타나는 글로벌 판돈의 흐름을 봤을 때 대세 하락의 확률이 여전히 높아 보인다. 국내시장은 또 다른 모습을 보일 수 있으므로 여러 가지 요인을 종합해서 판단해 보아야 한다.

[글로벌 판돈 흐름표]

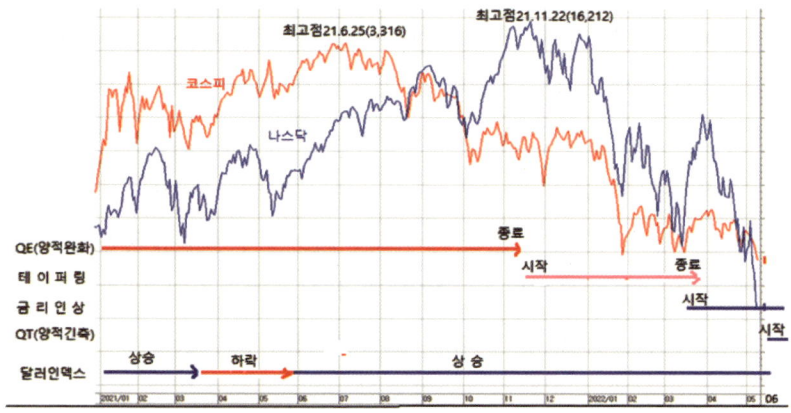

② 국내 판돈의 흐름

국내 판돈 흐름에 영향을 미치는 모든 요인의 힘의 강도를 표면장력 테스트를 해보면 흐름의 방향을 예측해 볼 수 있다. 2022년 5월 현재 국내 판돈 흐름 역시 하락요인이 강한 것으로 나타나고 있다. 금리 인상을 4차에 걸쳐 실시하였고, 환율이 급상승하고 있으며, 유가를 비롯해 수입 물가 상승으로 무역수지가 적자로 돌아선 점이 국내 판돈의 흐름을 하락시키는 요인으로 손꼽히고 있다. 무엇보다 유가, 원자재, 곡물 가격을 비롯한 수입 물가의 안정이 급선무인데 우크라이나 전쟁, 중국의 봉쇄조치가 해결돼야 반전이 예상된다.

표면장력 테스트를 봐서는 일단은 대세 상승보다는 대세 하락 확률이 높은 것으로 나타나고 있다.

[국내 판돈 흐름의 표면장력 테스트]

상 승 요 인		하 락 요 인	
	22.03　　　　　22.12		22.03　　　　　22.12
수출증가율 상승		수출증가율 감소	→→→→→→→
무역수지 흑자		무역수지 적자	→→→→→→→
경상수지 증가		경상수지 감소	→→→→→→→
금 리 인 하		금 리 인 상	→→→→→→→
환 율 하 락		환 율 상 승	→→→→→→→
유 가 안 정		유 가 상 승	→→→→→→→
GDP성장율 상승		GDP성장율 하락	→→→→→→→
물 가 안 정		물 가 상 승	→→→→→→→
정부 재정 확대	→→→→→→→	정부 재정 긴축	

세부 내용에 대해 종합주가지수와 비교해 보면 코스피는 2021년 6월 25일 고점을 찍고 하락하다가 2개월 후 전고점 돌파를 시도하였으나 실패하고 때마침 금리 인상이 시작되면서 1년 가까이 하락하고 있다. 판돈에 직접적인 영향을 미치는 수출 증가율이 하락하고 있고, 유가는 배럴 당 100$가 넘어가는 등 지속적인 상승을 하고 있어서 무역수지도 마이너스를 기록 중이다. 달러 인덱스 강세에 영향을 받아 환율이 지속적인 상승을 함으로써 외국인이 빠

져나갈 수밖에 없는 환경이 만들어지고 있다.

코스피 지수에서 나타나듯이 이미 대세 하락이 진행 중에 있으며 반등하더라도 기술적인 반등 즉 하락 5파 진행 후 상승 3파 정도는 나올 수 있고 그 후 또 다른 하락 5파가 진행될 수 있음을 간과할 수 없게 하고 있다. 왜냐하면 금리 인상과 유가 상승 등 인플레이션이 기업 실적에 반영되기 시작하면 어닝쇼크가 일어날 수밖에 없고, 그야말로 역실적장세가 도래함에 따라 한 번 더 가격 조정이 발생하기 때문이다.

[국내 판돈 흐름표]

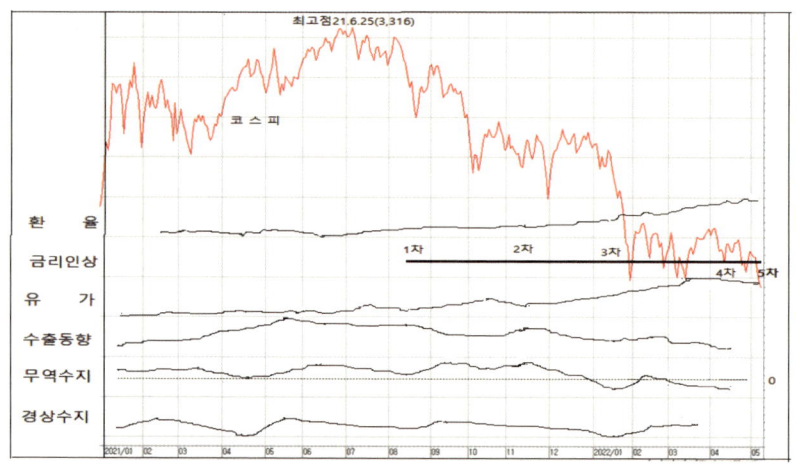

③ GDP 대비 시가총액 비율

버핏 지수라 불리는 GDP 대비 시가총액을 비교해 봄으로써 현재의 주식시장이 과열인지 아닌지, 현재 어느 정도의 위치에 있는지, 대세 상승 중인지 하락 중인지를 가늠해 볼 수 있다. 물론 버핏 지수도 절대적이지는 않다. 최근에 인터넷 플랫폼, 게임, 메타버스, 4차 산업혁명 관련, 제약 바이오 등 과거와 다르게 GDP에 반영 정도가 낮은 멀티플이 높은 산업군이 시가총액에 큰 비중을 차지하고 있어서 산업화 시대에 최적화된 버핏 지수가 왜곡되어 있을 수 있다. 그렇다 하더라도 대세의 흐름을 판단하는 데는 많은 시사점을 얻을 수 있다. 표에서 보는 바와 같이 코로나 팬데믹 이후에 비율이 급격히 올라갔음을 알 수 있다. 이것은 전 세계에 동시다발적으로 유행하는 전대미문의 코로나로 인한 금융시장의 붕괴와 경기침체를 막기 위해 천문학적인 유동성을 공급한 것에 기인한다. 2020년도 GDP 대비 시가총액 비율이 140%를 넘어서더니 2021년도에는 최고 150% 이상을 기록하게 되었다. 단순히 GDP 규모에 비하면 주식시장이 고평가되었음을 알 수 있고, 그 후 거품을 해소하는 과정에 있음을 알 수 있다.

[시가총액/GDP 비율] 단위 : 조원 (환율 1,000원)

구 분	2008	2009	2010	2011	2012	2013	2014	2015	2016	2017	2018	2019	2020	2021 최고치	2021 연말	2022.5.11 (예상치)
GDP금액	1,049	1,188	1,265	1,311	1,278	1,370	1,484	1,466	1,499	1,623	1,725	1,651	1,637	1,798		1,851
GDP성장률(%)	-10.49	0.76	6.48	3.63	2.28	2.9	3.33	2.8	2.86	3.1	6.3	-4.3	-0.8	9.8		3.0
코스피 시총	576	887	1,140	1,041	1,154	1,185	1,192	1,242	1,308	1,605	1,343	1,475	1,980	2,339	2,203	2,040
코스닥 시총	46	85	95	105	109	119	143	201	201	282	228	241	385	439	446	385
합 계	622	972	1,235	1,146	1,263	1,304	1,335	1,443	1,509	1,887	1,571	1,716	2,365	2,778	2,649	2,425
GDP/시총(%)	59.2	81.8	97.6	87.4	98.8	95.2	90	98.4	100.7	116.3	91.1	103.9	144.5	154.5	147.3	131.0

출처 : 한은경제통계시스템 18.1.4.2(GDP), 금융투자협회(시가총액)

④ 수익률 비교

주식시장 수익률과 무위험 채권수익률과 비교를 통해 상대적인 투자 매력도를 분석해 보고 주식시장의 고평가 여부를 판단해 볼 수 있다. 주식시장 수익률은 주가수익비율(PER)의 역수에 100을 곱해서 %로 나타낸다. 즉, 주식시장 수익률(%) = (1÷PER)×100으로 나타낸다. 무위험 채권수익률은 3년물 국고채 수익률로 하되 2배를 곱하여 계산하였다. 적어도 무위험 자산수익률의 2배는 되어야 위험 자산에 투자할 매력을 느낄 것으로 예상한 결과이다.

주식시장 수익률이 높다는 것은 주식자산 가격이 싸다는 의미이다. 한편 주식시장 수익률이 낮다는 것은 주식자산 가격이 비싸다는 뜻이다. 그러므로 주식시장은 고평가되어 있고 위험 자산인 주식을 팔고 채권으로 이동할 것이므로 조만간 수익률 정상화 과정인 주식시장 하락이 나타날 수 있음을 의미한다.

표에서 보는 바와 같이 2009년과 2010년도 외에는 주식시장 수익률이 항상 높음을 알 수 있다. 2009년과 2010년도에는 미국발 금융위기 후 상장기업의 이익이 올라오지 않은 상태에서 주식 가격은 유동성 효과로 빠르게 상승하는 바람에 시장수익률은 하락하고, 채권수익률은 크게 변동이 나타나지 않아 스프레드가 마이너스를 기록하게 되었다. 코로나 팬데믹 이후인 2020년도에도 비슷한 결과가 나타났다. 2020년도에는 주식시장 수익률은 역대 최저를 기록하는 등 고평가 상태였으나 기준금리가 0.5%로 워낙 낮아서 덩달아 국고채 금리가 최저수준을 기록하여 스프레드는 평균 수준에 머무는 결과로 나타났다. 주식시장의 고평가 여부는 금리 수준에 따라 달라질 수 있음을 알 수 있다.

문제는 2022년도에 보다시피 채권금리가 빠르게 올라가므로 시장수익률도 빠르게 올라가고 있다는 점이다. 시장수익률이 올라간다는 것은 주식가격이 하락하고 있다는 의미이다. 인플레이션이 쉽게 잡히지 않는다면 금리는 올라갈 수밖에 없고 주식시장도 대세 하락이 좀 더 진행될 수 있음을 보여준다.

한편 시장배당수익률과의 스프레드는 항상 마이너스를 기록하고 있다. 개별 종목에 따라 다를 수는 있으나 시장 전체로 보면 배당투자는 바람직하지 않음을 알 수 있다. 한국의 상장기업들이 배당 기피 성향이 반영된 결과이다. 다만 스프레드의 흐름을 보면서 주식시장 전체의 대세 판단에 참고할 수는 있다.

참고로 시장 PER과 PBR을 보면 종합지수가 큰 폭으로 하락했으나 당시 기업의 EPS가 빠르게 하락하는 경우 PER은 내려가지 않거나 오히려 올라갈 수도 있다. 그러나 PBR은 주가순자산비율인 만큼 순자산가치는 급격하게 변화하지 않으므로 시장 지수 하락을 온전히 반영할 수 있어서 지수 최저점 예측에 유용하게 사용됨을 알 수 있다. 2020년도 팬데믹 때가 2008년 금융위기 때보다 시장 PBR이 더 낮게 나타났다. 이것은 금융위기 후 순자산가치가 그만큼 상승한 요인이 크다고 할 수 있다.

[수익률 비교표]

구 분	2008 최저	2008 연말	2009	2010	2011	2012	2013	2014	2015	2016	2017	2018	2019	2020 최저	2020 연말	2021	2022 4월
국고채3년물(A)	5.09	3.97	4.04	3.72	3.62	3.13	2.79	2.58	1.79	1.44	1.80	2.09	1.52	1.09	0.98	1.39	2.94
AX2.0(B)	10.18	7.94	8.08	7.44	7.24	6.26	5.58	5.16	3.58	2.88	3.60	4.18	3.04	2.18	1.96	2.78	5.88
주식시장수익률(C)	13.5	11.79	4.22	5.61	9.17	7.73	6.68	6.52	6.63	7.18	7.69	10.43	5.49	8.27	3.39	7.86	8.13
차이(C-B)	3.32	3.85	-3.86	-1.83	1.93	1.47	1.10	1.36	3.05	4.30	4.09	6.25	2.45	6.09	1.43	5.08	2.25
시장배당수익률(D)	3.15	2.75	1.17	1.12	1.54	1.33	1.14	1.13	1.33	1.52	1.36	1.93	2.02	3.03	1.48	1.14	1.89
차이(D-B)	-7.03	-5.19	-6.91	-6.32	-5.7	-4.93	-4.44	-4.03	-2.25	-1.36	-2.24	-2.25	-1.02	-3.06	-0.48	-1.64	-3.99
시장 PER	7.40	8.48	23.68	17.8	10.9	12.92	14.95	15.32	15.07	13.92	12.99	9.58	18.20	12.09	29.47	12.72	12.30
시장 PBR	0.78	1.00	1.34	1.5	1.19	1.25	1.20	1.11	1.10	1.00	1.11	0.87	0.89	0.59	1.16	1.82	1.10

출처 : 한은경제통계시스템 4.1.2(국고채 수익률), 한국거래소 정보데이터시스템(시장 배당 수익률, PER, PBR)

⑤ 주식 장세의 사계

앞장에서 설명한 바와 같이 경기순환이 4단계로 구성되어 있듯이 주식 장세도 4단계로 순환한다는 이론이다. 현 장세의 위치가 경기순환에 있어 어느 단계에 속해 있는지 다음 단계는 어떻게 진행될 것인지에 관해 알 수 있다면 주식시장의 대세를 판단할 수 있는 통찰력을 가질 수 있다.

경기는 「회복기」에서 「확장기」를 거치면서 상승을 하다가 정점에 도달하면 「후퇴기」를 거쳐 「수축기」에 들어가는 4개의 사이클을 가진다. 주식 장세도 마찬가지로 4개의 국면으로 나눌 수 있다. 우선 금융완화를 배경으로 불경기 하의 주가 상승이라 불리는 「금융장세」로 상승장세가 시작된다. 이어서 경기가 회복세를 보이면 「실적장세」가 전개되고, 경기 과열이 되어 인플레이션이 우려되는 전후에 주가가 정점에 가까워지면 금융긴축에 의해 주가가 큰 폭으로 하락하는 「역금융장세」라 불리는 하락장세가 시작된다. 긴축정책에 의해 경기가 후퇴하고 기업수익이 마이너스로 돌아서면 주식 장세는 드디어 주가가 바닥권인 「역실적장세」로 돌입한다.

경기순환과 주식 장세는 연동성이 높으나 반드시 일치하지는 않는다. 주식은 기대감으로 움직이므로 주식 장세가 경기순환보다 통상 6개월 정도 선행하는 것으로 알려져 있다. 예를 들어 경기는 아직 침체기에 있으나 정책당국에 의해 공공투자 확대와 금리 인하 등과 같은 금융완화정책이 실시되면 주가는 이를 호재로 받아들여 반등하기 시작한다. 이처럼 불경기 한가운데서 주가는 바닥을 찍고 반전하여 강세 장세로 돌아서고, 활황기가 최절정에 달할 때 주식 장세는 천장을 만들고 하락하기 시작한다.

2022년도 5월 현재 글로벌 증시는 금리 인상이 본격적으로 진행되는 등 역금융장세가 진행되고 있다. 금리 인상에 따른 기업이익이 감소되는 역실적장세가 아직 도래하지 않았다는 점에서 가격 조정과 기간 조정이 남아 있다고 할 수 있다.

2) 고점 징후

주식시장의 고점을 정확하게 예측하기는 불가능에 가깝다. 미국의 경우 그 유명한 투자은행인 제이피 모건 조차도 최근 5년 동안 줄곧 주식시장이 고점을 치고 폭락할 것을 경고했으나 미국 주식시장은 여전히 최근까지 상승했다. 주식시장 고점은 결국은 지나고 봐야 알 수 있다. 그러나 만일의 경우를 대비해서 미리 준비는 할 수 있으므로 투자의 구루들이 이야기하는 고점의 징후들을 살펴볼 필요가 있다. 수많은 지표를 다 보라는 것이 아니라 자신에게 맞는 지표를 선택하면 된다. 펀드매니저나 큰손들은 자기 나름대로 고점과 저점 판단 기준을 가지고 있다.

① 거시경제 지표

- 금리 인상의 끝은 언제나 시장 붕괴로 이어졌다. 미 연준의 금리 인상 초기에는 여전히 절대금리가 낮고 경기가 뒷받침되므로 주식시장이 상승했으나 인상 횟수가 늘어남에 따라 결국 시장 대폭락의 결과로 나타났다. 그러므로 미 연준이 기준금리를 인상하기 시작하면 시장 탈출을 준비하여야 한다.
- 장단기 금리 차이가 마이너스가 되면 대부분 경기침체가 오고 뒤이어서 위기가 찾아왔다. 국고채 10년물과 2년물의 금리가 역전이 되는 것을 말한다. 통상적으로 장기국채의 금리가 높은 것이 정상이나 오히려 단기국채 금리보다 낮다는 것은 장래 경기가 좋지 않다는 것을 의미한다. 그러므로 장단기금리가 역전이 되었다면 증시가 고점일 확률이 점점 높아진다.
- 달러화 강세가 지속되면 안전자산 선호심리가 높아지고 위험자산인 주식시장에서는 자금이탈이 가속화된다. 달러 인덱스가 100을 넘기면 주식 비중을 줄이는 등 위험관리에 착수해야 한다.
- 경기 호황으로 기업들이 과잉 설비투자를 하는 경우 과잉생산으로 이어져서 결국 경기침체를 초래하게 된다. 기업체들이 경쟁적으로 설비투자를 하는 경우 조만간 경기 피크 아웃

을 의심해 봐야 한다.
- 경기선행지수 하락, 교역조건 악화, 수출지표 부진 등 전반적인 경제지표가 나빠지는 경우 대세 하락을 대비해야 한다.

② 시장 지표
- 전통적인 버블 지표인 시가총액/GDP 이른바 버핏 지수가 2배 이상, 시장 PER·PBR(한국거래소/정보데이터시스템/주가지수)이 사상 최고치를 기록 중일 경우는 비중 조절을 고민해야 한다.
- 미국 주식시장 VIX지수가 30 이상, 탐욕과 공포지수(Fear & Greed Index)가 80 이상이면 단기 쇼크가 올 가능성이 크다.
- 풋/콜 레이쇼가 1.5 이상, 대량거래를 수반한 급등락을 반복, 외국인의 대량 선물 매도, 대량의 거래량과 함께 장대 음봉이 발생하는 경우 등은 주포들이 빠져나가는 신호이다. 풋/콜 레이쇼가 1.9 이상 되었을 때는 다음날 급락했다가 급반등 사례도 있음을 참고하는 것이 좋다.
- IPO가 급증하고, 우선주, 동전주, 관리종목 등 부실 잡주들이 이상 급등하는 등 이상한 행동이 출현하면 대세 상승의 에너지가 다 되었음을 의미한다.
- 버블의 마지막 단계에서는 경기 낙관론과 함께 대규모 자금 유입이 따르며 시장의 급등이 있다.

③ 인간지표
- 자사주 매도, 내부자의 주식매도, 주가 사상 최고치 상승 소식이 저녁 9시 뉴스에 방영되거나, 증권사 애널리스트들이 멀티플 상향 조정할 때 등이 고점 징후이다.
- 주식시장에 새로운 참가자가 급증하거나, 신용잔고, 주식 담보대출이 급증하는 경우 증시 과열의 신호이다.
- 택시를 타는 등 어디 가도 주식 이야기를 하거나, 의사·회계사 등 전문직을 버리고 주식시장에 뛰어들거나, 주식시장에 관해 회의적 의견에 화를 내거나, 신용과 대출로 주식을 사서 수익이 난 것을 자랑하는 주식 성공담을 커뮤니티에 올리는 등이 거품 징후의 인간지표들이다.

④ 차트 신호
- 종합주가지수가 200일 이동평균선보다 100% 이상 갭이 벌어진 경우는 조만간 반전이 일어날 가능성이 있다.
- 대량의 거래량이 실린 장대 음봉 또는 긴 윗꼬리 출현, 쌍봉 또는 쓰리봉이 만들어지거나, 월봉 상 RSI 과열 신호, DMI 마이너스와 플러스 신호 역전, 헤드엔숄더 모양이 출현하면 고점 징후이다.
- 주봉 상 3차 상승 후 더 이상 가지 못하면 고점일 가능성이 있고 빠질 일만 남았다.

3) 바닥 징후

증시의 바닥을 예측하는 것 또한 불가능에 가깝다. 바닥 밑에 지하실이 있고, 과연 지하 몇 층까지 내려갈지 그 누구도 알 수 없다. 어쩔 수 없이 과거의 사례들을 참조하고 투자 구루들의 얘기를 종합해서 나름대로 판단 기준을 만들 수밖에 없다.

① 거시경제 지표
- 정부의 1차 부양책은 바닥이 아니다. 2차, 3차 연속적인 부양책이 나와야 바닥을 만든다.
- 공매도 금지조치가 내려지고 금리 인하를 한두 번이 아니라 제로금리 수준으로 대폭 인하를 단행하면 반응하기 시작한다.
- 미 연준에서 회사채 매입까지 단행하는 무제한 양적완화를 선언하는 경우는 바닥 신호다.
- 환율 방어를 위해 미국 또는 기축통화국과 통화 스와프를 체결하는 경우 환율이 안정된다. 환율이 안정되면 외국인이 들어오고, 공매도 세력들이 숏 커버를 하지 않을 수 없게 된다.
- 경기선행지수, 월간수출액, BDI(발틱운임지수), SCFI(상하이컨테이너선운임지수), DXI(디램 현물지수) 등 각종 지수가 상승하기 시작하는 경우 등이 바닥 징후이다.

② 시장 지표
- 시장 PER(7배)·PBR(0.6배) 등 최저수준 도달 시 아무리 큰

위기라도 항상 바닥이었다.
- 진정한 바닥은 "더 이상 희망이 없다고 주식을 내 던질 때" 라는 증권 속설이 있듯이 3차 투매가 일어나면 바닥일 확률이 높다.
- 개인 신용잔고가 30% 이상 큰 폭 감소한 경우
- 삼성전자를 비롯한 우량주의 패닉 셀링으로 40% 가까이 하락한 경우
- 현물 거래대금보다 선물 거래대금이 늘어나는 경우
- 중소형주 중심의 빠른 순환매가 일어나는 경우 등이 바닥에 가까워졌다는 신호들이다.

③ 인간지표
- 종합일간지 1면 머리기사에 주가 폭락 기사가 자주 실리면 바닥에 가까워진다.
- 여기저기 아이고 곡소리가 나고, 증권사 영업직원과 투자자 자살 소식이 들릴 때가 진 바닥일 확률이 높다.
- 경기가 최악이라는 말이 나오고, 주식 투자하면 왕따 당하는 사회 분위기라면 더 내려가기가 쉽지 않다.
- 투자 설명회가 설렁해지고, 좋은 호재가 나와도 투자자들이 뜨거운 반응을 보이지 않고 냉소주의에 빠지는 경우 팔 사람은 이미 다 팔았다는 신호다.
- 애널리스트들이 이익 추정치를 낮추고 목표가를 본격 하향 조정할 때가 주가는 이미 바닥을 치고 올라가는 경우가 많았다.

④ **차트 신호**
- 주봉 상 RSI 침체 신호가 세 번 이상 출현하거나, DMI 신호가 역전이 되는 경우 바닥일 확률이 높다.
- U자형 바닥, 쌍 바닥, 쓰리 바닥 등 바닥 패턴이 출현할 때 상승으로 반전될 확률이 높다.
- 지수가 5개월 연속 음봉을 기록했다면 다음은 양봉일 가능성이 있다.
- 지수가 20% 이상 하락한 다음 대량거래 수반 장대 양봉 또는 아래 꼬리 양봉 출현하는 경우는 반전의 가능성이 있다.
- 지수가 더 이상 안 빠지면 바닥이다. 임의의 저점을 찍고 그 이하로는 절대로 빠지지 않는다면 그 지점이 바닥이다. 팔 사람은 이미 다 팔았다는 뜻이고 이제 곧 사겠다는 의미이다.

4) 주식을 사야 할 때

그렇다면 주식은 언제 사야 할까? 사용하는 기법에 따라 다르겠지만 일반적인 관점에서 투자 구루들이 말하는 주식을 사야 할 때를 정리해 본다.

① **질적 측면**
- 증시에 부정적인 시각이 팽배할 때
- 시장 변동성(주가 등락 폭)이 클 때
- 증시에 투매 현상이 나타날 때

- 기업 실적과 관계없이 시장 상황에 따라 주가가 폭락한 경우
- 회사 내부자(임원)가 주식을 살 때 등이 매수 시점이다.

② 양적 측면
- 매출과 순이익이 꾸준히 성장할 때
- 현재 PER 〈 과거 5년 평균 PER × 0.7 or 0.8
- 개별 기업의 5년 내 최고 PER 대비 40% 이하 가격
- 현재 PBR 〈 과거 5년 평균 PBR × 0.7 or 0.8
- 우량 기업의 경우 PBR 0.8~1이하의 경우가 사야 할 시점이다.

③ 매수 시점 선택의 원칙
- 주가가 하락 추세선을 벗어나 저항선을 상향 돌파할 때, 파동 이론 상 저점을 높이는 두 번째 파동이 있을 때
- 주가가 이동평균선을 아래에서 위로 뚫고 올라갈 때, 이동평균선이 수렴한 상태에서 몸통이 긴 장대 양봉을 그릴 때 5일선을 돌파하면 1차 매수 20일선을 돌파하면 추가매수
- 바닥에서 대량거래가 나온 후 일정 기간이 지나 2차 거래량이 증가할 때 등의 경우에 매수 시점을 정하는 것이 유리하다.

5) 주식을 팔아야 할 때

① 질적 측면
- 스스로 투자가 가장 성공적이라 생각할 때

- 보유 중인 주식을 대체할 수 있는 더 좋은 주식을 발견했을 때
- 주식시장 성장이 끊임없이 지속될 것이라는 낙관론이 득세할 때
- 주식시장 신규공모(IPO)가 급증할 때
- 과대평가된 기업의 주가가 소폭 하락했을 때 등이 팔아야 할지 고민할 시점이다.

② **양적 측면**
- 매출과 순이익 성장이 멈출 때
- 최근 5년 내 평균 PER의 1.3배 이상
- 최근 5년 내 최고 PER의 90% 이상
- 개별 기업의 PER이 15배 이상(단, 성장률 감안 수정 가능)
- 최근 5년 내 평균 PBR의 1.3배 이상
- 최근 5년 내 최고 PBR의 90% 이상
- PER×PBR이 22.5이상(그레이엄 지수) 등이 매도 신호이다.

③ **매도 시점 선택의 원칙**
- 주가가 추세선을 벗어나 지지선을 하향 돌파할 때, 파동이론상 고점을 낮추는 두 번째 파동이 있을 때
- 주가가 이동평균선을 위에서 아래로 뚫고 내려올 때, 천장권에서 장대 음봉 또는 긴 꼬리가 달린 역 망치형이 나타날 때, 5일선을 돌파하면 1차 매도, 20일선을 돌파하면 추가 매도한다.
- 이격률이 120% 이상이거나 투자심리지표가 80% 이상일 때
- MACD와 스토케스틱 지표가 매도 신호를 보낼 때

- 매수한 이유가 잘못되었다고 판단할 때 등이 대표적인 매도 시점이다.

6) 역사적 임계점

물의 온도가 100℃에 도달하면 수증기로 변하고, 0℃이하로 내려가면 얼음으로 변하게 된다. 어떤 물질의 구조와 성질이 다른 상태로 바뀔 때 온도를 임계점이라 한다. 마찬가지로 주식시장에도 임계점이 존재한다. 상승 임계치를 넘어서면 폭발하고, 하락 임계치를 넘으면 끝을 모르는 대폭락이 일어나기도 한다. 지수나 가격이 어떤 지점 근처에 가면 어김없이 되돌림이 나타나는 임계점도 있다. 그러나 이 임계점을 돌파하면 그 끝이 어디일지 모르는 새로운 영역이 열리게 된다. 그러므로 사전에 임계점을 알아두는 것은 현재의 추세가 어디에서 멈출 것인지, 더 갈 것인지를 판단하는 데 도움이 될 수 있다. 한편 상방의 임계치를 넘으면 끝을 알 수 없다. 왜냐하면 인간의 탐욕은 끝이 없기 때문이다. 10배~20배까지 가는 종목을 보면 탐욕의 끝판왕을 보는 느낌이다. 하락에는 청산가치라고 하는 버팀목이 존재한다. 물론 일시적으로는 청산가치 밑으로 하락할 수 있지만 결국 회복한다. 청산가치가 없는 전액 자본잠식 주식이나 가상자산의 경우는 문제가 다르다. 특히 가상자산의 경우는 하루아침에 99%까지 하락할 수 있다.

임계점을 알아야 하는 또 다른 이유는 알고리즘이 연결되어 있기 때문이다. 헐크가 평소에는 얌전한 사람이나 임계점을 넘어서면 괴물이 되어 버리듯이 알고리즘은 임계점을 넘어서면 괴물이 되어서 있는 대로 다 쏟아낸다. 최근에는 파생상품과 레버리지, ETF 등이 연결되어 있어서 증폭 효과는 점점 커지고 있다. 그러므로 과거 시장 지수의 역사적 고점과 저점 때 각 지표의 임계치를 파악해 놓는다면 위기 상황에서 대응력을 높이는 방안이 될 수 있다.

극단의 역사적 임계점도 있지만 낮은 위치의 임계점도 존재한다. 직전 고점, 직전 저점, 연고점, 박스권 상단, 시·고·종·저가 모두가 임계점이 될 수 있다. 왜냐하면 이것들은 세력이 만들고, 단타용 알고리즘이 연결되어 있을 수 있기 때문이다. 그러므로 임계점을 돌파하는 시점을 매매기준으로 삼는 임계점 매매가 데이트레이딩에서는 유용할 수 있다.

표에서 보는 바와 같이 역사적인 위기 상황에서 시장 PER, PBR, 환율은 임계치를 잘 반영하고 있으나 RSI, MACD 등 보조지표 수치들은 임계치를 제대로 반영하지 못하고 있다. 보조지표의 임계치는 며칠 전 또는 수개월 전에 이미 만들어지고 시장이 바닥을 칠 때는 반전을 하고 있음을 볼 수 있다, 한마디로 다이버전스가 발생했다는 뜻인데 이것이 오히려 지수바닥이 가까워졌음을 확신할 수 있게 한다.

단순히 PBR 수치만 봐서는 코로나 팬데믹 때가 가장 충격이 클 것 같지만 직전 고점 대비 PBR 하락률을 감안하면 미국발 금융위기(-58%) 때가 코로나 팬데믹(-49%) 때보다 훨씬 충격이 컸음을 알 수 있다.

[역사적 임계점]

구 분	카드대란	미국발 금융위기		코로나 팬데믹 위기		인플레이션 위기	
	최저점	직전고점	최저점	직전고점	최저점	직전고점	최저점(진행)
	03.03.17	07.11.01	08.10.27	18.01.29	20.03.19	21.06.25	22.5.12
코스피	512	2,085	892	2,607	1,439	3,316	2,546
상승(하락)률		307.2	-57.2	192.2	-44.8	130.4	-23.2
PER	12.96	18.21	7.46	13.66	12.09	18.41	10.56
PBR	0.85	1.90	0.78	1.17	0.59	1.30	1.02
원/달러	1,247	903.5	1,443	1,065	1,285	1,127	1,288
달러인덱스	97.3	76.1	86.7	90.5	103.5	91.8	104.8
DI+	16.75	38.04	7.98	49.94	1.8	37.84	10.98
ADX	48.12	30.32	55.06	36.2	76	25.31	36.62
RSI	17.36	54.63	22.31	74.23	20.7	62.41	21.5
MACD	-21.01	31.15	-111.95	22.56	-161.62	25.98	-31.29

3. 반드시 체크해야 할 사항

1) 네 박자 체크(차/수/재/실)

 모든 주식을 매입할 때는 차트/수급/재료/실적의 네 박자 체크를 반드시 해야 한다. 실적보다 재료가 우선하고, 재료보다 수급이 우선하고, 차트는 모든 것을 우선한다.
 차트는 반드시 우상향해야 한다. 우상향이란 저점이 점차 올라가고, 고점도 올라가는 형태를 말한다. 한편 차트는 속임수일 경우가 허다하고 역이용하는 수도 많다는 단점이 있다. 특히 시총이 작고 거래량이 적은 종목은 조작하기가 쉽다. 그러므로 수급, 재료, 실적을 반드시 병행해서 체크를 하여야 한다.

수급은 외국인과 기관이 들어오는지를 확인하여야 한다. 수급도 언제든지 변할 수 있다. 특히 외국인 중에는 메릴린치, JP모건, UBS가 단타를 많이 하고, 기관 중에는 금융투자가 프로그램 매수가 많아서 오늘 대량으로 매수를 하더라도 언제든지 매도가 나올 수 있음을 고려하여야 한다. 그러나 재료와 실적이 뒷받침되는 종목이라면 이들의 매도는 땡큐다.

재료(모멘텀)가 있는지 확인한다. 재료가 있는 주식은 꿈이 있어서 관심이 집중되고 돈이 몰릴 수 있다. 그러나 실적이 뒷받침되지 않는 종목은 주의해야 한다. 왜냐하면 재료가 먼 미래에 해당하는 것이라면 오르더라도 실적이 뒷받침되지 않으면 제자리로 돌아가기 때문이다.

실적은 당장에는 후 순위로 밀리는 것 같지만 장기적으로 보면 결국은 가장 중요하다. 왜냐하면 매출액과 영업이익 등 실적이 꾸준히 성장하는 기업은 머지않아 시장이 제값을 쳐주기 때문이다. 실적이 깡패라 실적이 좋은 주식은 무슨 수를 써서라도 올라간다. 말은 풀을 먹고 달리지만, 주식은 실적을 먹고 달린다. 충분히 먹을수록 빠르고 멀리 달린다. 첫째도 실적, 둘째도 실적, 셋째도 실적이다.

네 박자 체크 즉 차/수/재/실을 모르면 주식투자를 할 자격이 없다. 네 박자 체크가 주식투자의 시작이자 전부요 끝이기 때문이다.

2) 일일 체크 사항

　전반적인 시장흐름을 파악하기 위해서는 다음 사항들을 매일매일 체크를 하여야 한다. 처음에는 많은 시간이 걸리고 힘이 들겠지만 체크 리스트를 만들어 놓고 매일매일 하다 보면 익숙해지고 시간도 단축이 된다. 전업투자자가 아니라면 주말을 이용해서 일주에 한 번씩이라도 해보는 것이 필요하다. 각 항목에 최고치 및 최저치 즉, 임계치를 적어 놓고 매일매일 찍히는 숫자를 통해서 현재의 위치 파악이 중요하다. 만일 임계치에 가까워진다면 큰 변화가 일어날 수 있으므로 예의주시해야 한다. 또한 수치가 올라가는지 내려가는지 한눈에 볼 수 있으므로 흐름을 파악할 수 있어 투자 판단에 많은 도움이 된다.

(시장 전반에 관한 사항)
　① 해외 주요 지수로는 미국 증시 3대 지수, 상하이 종합, 미국 국채금리, BDI, 달러 인덱스, 중국 위안화 환율, 상품 시세(WTI, 금, 구리), 역외 원화 환율, DXI(디램 현물지수) 등이 있다.
　② 국내 자금 동향으로 고객 예탁금, 신용융자 잔액, 주식형 수익증권 잔액 등 증시 주변 자금흐름을 파악한다.
　③ 외국인, 기관 수급 동향을 확인한다. 기관 중에는 연기금과 금융투자의 변동상황이 중요하다. 평소와 다른 점이 있는지, 연속성이 있는지 등을 체크한다.
　④ 종합지수 차트 및 보조 지표(RSI, MACD 오실레이터, 일목균

형표, 이동평균선 등) 등에서 추세이탈 등 변곡점 출현 여부를 확인한다.

⑤ 기타 발표될 때만 체크할 사항으로 미국 비농업고용자수, 실업률, 주간 실업수당 청구 건수, PPI(생산자물가지수), CPI(소비자물가지수) 등이 있다.

[일일 체크 관련 사이트]

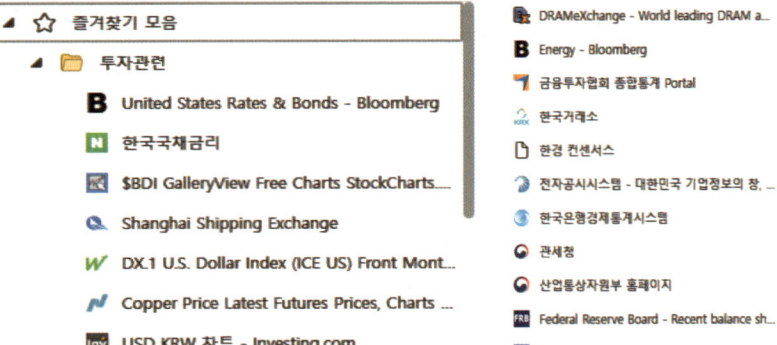

(보유종목 관련)

⑥ 종목별 매수, 매도 목표가 도달 여부를 확인하고 후속 조치 취한다.

⑦ 종목 뉴스 플로우를 수시로 보고 호재와 악재가 있는지 살핀다.

⑧ 종목별 전자공시 내용을 확인하고 주가에 미칠 영향을 검토한다.

⑨ 종목별 분기 실적 보고서, 연간 사업보고서를 확인한다. 변

동사항이 있는 경우에 보유 비중을 어떻게 할 것인지를 검토한다.
⑩ 종목별 증권분석 리포트(증권회사 사이트, 한경컨센서스)를 수시 확인하고 신규 매수 또는 보유 비중 조절에 활용한다.

3) 고점에서 체크할 사항

① 삼성전자를 비롯한 시가총액 상위 주식에 대한 대차 잔고, 기관·외국인 매매 동향을 체크한다.
② 보조지표인 RSI가 75 이상이고 다이버전스 발생하면 매도 신호이다.
③ 스토케스틱이 85% 이상이고, %K %D가 교차하며, 다이버전스가 발생하는 등 3가지가 겹치면 매도 신호이다.
④ 볼린저밴드 상한선 돌파 시 매도 신호이나 거래량 동반 돌파한다면 추가 상승할 수 있다. 볼린저 밴드 하한선이 위로 꺾일 때 매도 신호이다.
⑤ VR(주가 상승 일의 거래량을 하락 일의 거래량으로 나눈 비율)이 450% 이상이면 과열이다.
⑥ 투자심리도(PL)가 75% 이상이면 매도 신호이다.

4) 저점에서 체크할 사항

① 보조지표인 스토케스틱 %K선이 15이하이고, %K %D가 교차하면 매입 신호이다.

② 투자심리도(PL)가 25% 이하이면 매입 신호이다.
③ 미결제 약정이 증가하면 현재의 추세가 지속될 가능성이 있고, 미결제 약정이 감소하면 추세의 변화 가능성이 있다.
④ OBV가 바닥에서 상승하기 시작하면 조만간 주가도 상승한다.

5) 조심해야 할 이벤트 데이

과거 사례를 봤을 때 확률적으로 변동성이 높아지는 이벤트들이 있다. 이들 날짜가 다가오면 사전에 대비하는 것이 유리하다.

① 미국 FOMC(연방준비제도이사회)가 글로벌 판돈을 풀었다 조였다 하는 역할을 하므로 FOMC 회의 날은 항상 주목해야 한다. 특히 통화정책의 변곡점에 가까우면 미 연준 이사들 말 한마디가 시장을 뒤흔드는 위력이 있다.
② 매 분기 선물·옵션 동시 만기일은 매수매도 거래자 간에 한 푼이라도 더 벌기 위해서 포지션에 따라 치열하게 경쟁하기 때문에 변동성이 크다.
③ 연말에는 산타 랠리, 연시에는 1월 효과가 있어서 주식이 오를 확률이 비교적 높다. 그러나 반드시 그렇게 되는 것은 아니고 그전에 얼마나 올랐느냐에 따라 달라질 수 있음을 명심해야 한다.
④ 월말, 분기 말에 기관투자가들이 실적평가를 대비해서 자신이 많이 보유하고 있는 종목에 대해 가격을 끌어올리는 경향이 있다. 이것을 윈도 드레싱이라 한다.

⑤ 2, 5, 8, 11월 말일에는 MSCI 리밸런싱이 있는데 국가 간의 비중 조절과 개별 종목의 편입 또는 편출에 따른 변동성이 일어날 수 있으므로 주의가 필요하다.

⑥ 미국의 CPI, PPI, 실업률, 제조업지수, 비농업고용자수, 신규실업수당 청구 건수 등이 쇼크 또는 서프라이즈 수준에 따라 미국 지수가 움직일 수 있다. 미국 지수가 움직이면 한국 지수도 영향을 받는다.

⑦ 중국의 양회, 3중전회 때 중국의 정책 방향이 정해지기 때문에 한국 지수도 영향을 받는다. 중국의 GDP 성장률, 지준율, 금리 발표 등도 영향을 미칠 수 있다.

STEP 04

단계별 투자 방법

- 제 1단계 : 공모주 청약
- 제 2단계 : 간접투자
- 제 3단계 : 장기투자
- 제 4단계 : 중기투자(SS기법)
- 제 5단계 : 단기투자(스윙트레이딩)
- 제 6단계 : 단기투자(데이트레이딩)

STEP_ 04
단계별 투자 방법

✅ 노인과 청년

어느 노인이 산길을 가다가 땀을 뻘뻘 흘리며 나무를 자르는 청년을 발견하였다. 그런데 자세히 보니 날이 망가진 톱으로 열심히 톱질하고 있었다. 노인이 톱날을 세워서 할 것을 제안하자 그 청년은 일하기도 바쁜데 언제 톱날을 세우느냐고 반문하였다. 과연 누구의 말이 옳은가? 일은 열심히만 한다고 옳은 것은 아니다. 일을 하기 전에 무슨 일을 어떻게 할 것인가를 생각해서 하는 것이 훨씬 효과적이다. 주식투자도 마찬가지다. 사전에 무엇을, 어떻게, 왜 그리고 누가, 언제, 어디서 할 것인가를 생각해서 하는 것이 시간과 노력과 시행착오를 줄일 수 있고 성공 스토리를 만들 수 있다.

제1단계 : 공모주 청약

1. 개요

어떤 기업의 주식이 증권시장에서 공식적으로 거래되기 위해서는 우선 상장이라는 과정을 거쳐야 한다. 기업이 주식을 상장하는 방법 중 가장 많이 사용하는 방법이 IPO인데 IPO는 우리나라 말로 기업공개이다. 기업공개를 할 때 자금 조달을 위해 외부 투자자가 공개적으로 주식을 살 수 있도록 내놓는 주식을 공모주라 한다. 공모주에는 새롭게 발행하는 신규주와 보유하고 있던 구주가 있다. 이 공모주를 사기 위해 신청하는 절차를 공모주 청약이라 한다. 기업공개는 큰 규모의 자금을 조달할 수 있고 기업 홍보 효과의 장점도 있지만, 비용이 많이 소요되고 적대적 M&A의 표적이 될 수 있는 단점도 있다.

그동안에는 공모주를 청약하기 위해서는 많은 돈이 필요했다. 비례배정방식이라서 자금이 많은 사람이 절대 유리했으나 2021년부터 균등배정방식이 추가되었다. 균등배정방식은 개인에게 배정되는 공모주 물량의 절반을 증거금 액수와는 상관없이 신청 인원수로 나누어서 똑같이 배정하는 방식이다. 그러므로 신청만 하면 배정을 받을 수 있게 되었다. 단, 최소 신청 수량 이상은 신청을 하여야 한다. LG에너지솔루션의 경우 최소청약 주식 수가 5주로써 액면가 30만 원을 고려하면 최소한 150만 원은 있어야 청약할 수 있었다. 균등배정방식으로 최소 1주를 배정받는다면 첫날 따 상은 아니더라도 50%만 올라도 15만 원은 벌 수 있어서 통닭 몇 마리 값은 된다. 수익이 확실히 보장된 대형 우량주인 경우는 이것저것 따질 것 없이 무조건 청약하면 된다. 신청하는 데 단 10분만 투자하면 통닭 몇 마리가 생긴다면 안 할 이유가 없다.

2. 공모주 청약의 장점

투자위험이 크지 않다는 점이 매력적이다. 기관경쟁률이 1,500:1 이상이면 손실이 날 확률은 제로에 가깝다. 거의 무위험 수익률이라 할 수 있다. 또한 처음 할 때는 귀찮은 게 사실이나 한 번만 해보면 적은 시간과 노력으로 손쉽게 할 수 있다. 무엇보다 가장 큰 장점은 수익률이 짭짤하다는 점이다. 하기에 따라서는 연간 기준으로 총운용자금의 5~10% 정도의 수익률을 올릴 수 있어서 정기예금의 5배 이상의 투자성과가 되는 셈이다. 그러므로 예비자금을 운용하는 수단으로 사용할 수 있다. 주식투자에는 일정 비율 이상의 현금을 항상 보유해야 한다. 이때 보유한 현금의 활용도를 높이기 위한 수단으로 공모주 청약이 대안이 될 수 있다. 예탁금 계좌나 CMA 계좌에 두는 것보다는 공모주 청약자금으로 활용하는 것이 훨씬 수익률을 높일 수 있다.

주식투자에 대한 지식이 없어도 누구나 쉽게 따라 할 수 있다는 점이 또한 큰 장점이다. 재무제표를 볼 줄 몰라도 간단한 몇 가지만 확인하면 큰 문제 없이 성공을 거둘 수 있다. 적은 돈으로 균등배정방식을 활용하여 몇 번 시행해 보면 요령이 생겨서 다음부터는 큰돈으로 비례배정방식을 활용해도 실수 없이 진행할 수 있다.

3. 주의할 점

공모주 청약에서 가장 중요한 것은 청약할 기업을 선정하는 것과 청약한 후 상장 시에 어떻게 파느냐의 문제이다. 여기에 따른 주의할 점은 다음과 같다.

첫째로 공모주 청약도 기업을 잘못 선정하면 손해가 날 수 있다. 2021년도 공모주 청약으로 두 건이나 손해를 봤다. 프레스티지바이오파마 -19.5%, 씨엔씨인터내셔널 -10.2% 손해를 경험했다. 프레스티지바이오파마는 기관경쟁률 819.76:1, 의무보유 확약은 19.31%, 청약경쟁률은 237.13:1 이었다. 프레스티지바이오파마는 췌장암 항체치료제 개발회사로서 재료가 괜찮고, 의무보유 확약도 15% 이상이었으나 기관경쟁률 1,000:1이 안된 것이 결국 사고를 치고 말았다. 씨앤씨인터내셔널은 기관경쟁률 1,029.14:1, 의무보유 확약은 5.28%, 청약경쟁률은 898:1, 순이익 6,637백만 원이었다. 씨앤씨인터내셔널은 의무보유 확약이 5% 정도라서 일단 의심을 해봐야 했는데 기관경쟁률이 1,000:1을 넘는 것만 믿고 청약한 것이 실수였다. 실적은 비교적 괜찮은 편이나 색조화장품 회사로써 화장품 산업 전체가 코로나 상황에서 전반적으로 부진을 기록한 점에서 재료로서 역할을 하지 못했다.

둘째로는 배정받은 주식은 장기 보유목적이 아니라 단기 이벤트 전략이기 때문에 반드시 당일 매도를 원칙으로 해야 한다는 것이다. 공모주의 경우 상장을 통해 최대한 높은 가격에 팔아먹기 위해 재무제표를 마사지했을 가능성이 있으므로 상장 시점의 가격이 최고로 높을 때일 경우가 대부분이다. 그러므로 오래 갖고 있을수록 불리하므로 당일 처분하는 것이 가장 유리하다. 단, 따 상에 들어가서 상한가가 풀리지 않는 경우는 풀릴 때까지 들고 가는 것이 유리하다.

4. 활용 방법

초급자에게는 균등 배정방식을 활용하는 것이 좋다. 최소청약자금만 있으면 되기 때문에 적은 돈으로 시작할 수 있다. 용돈으로 시작해서 주식 투자가 어떤 것인지를 배울 수 있고 통닭값 정도는 벌 수 있다. 실제 매도하는 방법도 배울 수 있고 종목에 관해서도 공부가 된다. 공모 분석 자료를 통해서 사업 현황 정도는 읽어 보고 신청하면 어떤 주식이 상장해서 많이 가는지, 못 가는지를 알 수 있다. 이런 데이터가 쌓이면 전반적인 주식투자의 개념을 잡는 데 도움이 된다.

상급자인 경우는 비례 배정방식을 활용한다. 수익률이 연간 기준으로 5~10% 이상 나오기 때문에 마이너스 대출금리 이상은 된다. 그러므로 LG에너지솔루션 같은 우량주의 경우는 은행 대출을 하는 한이 있더라도 자금을 동원할 수 있는 최대한으로 청약한다. 그야말로 영혼까지 끌어들인다는 소위 영끌투를 시도해 볼 만하다. 개미들에게 주어진 특권을 포기할 이유가 없다.

5. 청약 절차

1단계로는 주관 증권사 계좌를 만든다. 공모주 청약을 하려면 대부분의 증권회사 계좌를 가지고 있어야 한다. 그러나 보이스 피싱 예방 차원으로 20영업일에 하나밖에 계좌를 개설할 수 없도록 하고 있어서 IPO를 많이 하는 증권회사부터 미리미리 틈이 날 때마다 증권 계좌를 개설해놓는 것이 좋다. 요즈음은 비대면으로 신규계좌 개설이 가능하므로 시간이 날 때 언제든지 만들 수 있다. 단 청약 시작일 전날까지 개설하여야만 청약할 수 있으므로 주의하여야 한다.

2단계로는 청약 대상 종목을 선정한다. 공모주 청약도 종목을 잘못 선정하면 손실이 발생 될 수 있으므로 신중해야 한다. 경쟁률이 낮은 종목은 그만큼 배정을 많이 받을 수 있어서 좋긴 하지만 만일 상장 시 공모가 이하로 시초가가 시작된다면 큰 손해를 입을 수 있다. 그러므로 세부 항목을 꼼꼼히 살필 필요가 있다. 모든 자료는 기업 공시 채널 KIND(한국거래소 전자공시)나, '38커뮤니케이션'에서 확인할 수 있다. 필자의 경우는 '38커뮤니케이션'

Ⅳ. 단계별 투자 방법   **149**

을 주로 이용하고 있다. 그동안에 계속 이용하다 보니 눈에 익어서 사용하고 있는데 각자 취향에 맞는 사이트를 선택하면 된다.

'38커뮤니케이션' 사이트에 들어가서 IPO/공모를 클릭하면 수요예측결과/공모주청약일정/신규상장/증시캘린더 등이 나온다. 증시캘린더에 들어가면 매일매일 청약, 상장, 수요예측하는 종목들이 게시된다. 매일 확인하는 것이 어렵다면 다이어리에 메모하거나 스마트폰에 알람을 설정해서 날짜를 놓쳐 낭패를 당하는 일은 없도록 한다.

공모주청약일정에 들어가서 해당 종목을 클릭하면 기업 개요, 공모 정보, 청약 일정, 의무보유 확약 비율, 공모 분석 등 세부 내용이 나온다. 세부 내용을 검토하여 청약 가능 종목 선정기준에 부합한다면 다음 단계로 넘어간다.

3단계로는 증거금 마련 및 청약하기이다. 균등배정방식을 선택하는 초보 투자자는 최소청약 수량만큼 신청한다. 최소청약 수량은 통상적으로 10주 정도 하는데 주당 금액이 큰 경우에는 5주 정도까지로 줄이는 수도 있다. 비례배정방식을 선택하는 경우는 동원할 수 있는 자금 범위 내에서 개인별 청약 한도까지 신청하면 된다. 과거에는 여러 증권회사에 중복 청약이 가능했으나 지금은 불가하다. 따라서 배정 수량이 많은 주간사 증권회사에 신청하는 것이 유리하다.

4단계로는 환불금 확인하기이다. 환불금은 2영업일 후에 나오기 때문에 은행 이체 신청하되 실제로 이체되었는지를 반드시 확인 하여야 한다.

직장생활을 한다거나 여러 가지 바쁜 일이 많아서 '38커뮤니케이션'을 통해 세부 사항을 분석하기가 힘이 든다면 공모주 청약 분야의 파워 블로거에 의존하는 것도 괜찮은 방법이다. 이들이 기본적인 투자 정보부터 청약 성공 가능성까지 짚어주기 때문에 이들의 글을 한 번만 읽어도 훨씬 수월하게 청약할 수 있다. 공모주 청약은 주식 장기투자와 달라서 기업의 내밀한 정보를 그다지 깊이 공부하지 않아도 된다. 공모주 청약의 유명한 블로그로는 '박회계사의 투자 이야기', '재테크의 여왕 슈엔슈' 등이 있다. 공모주 청약에만 만족하지 않고 앞으로 실제 주식투자를 계속할 생각이라면 파워 블로거에 의존하지 말고 본인이 직접 분석해 보는 것이 실력향상에 도움이 된다. 몇 번만 해보면 숙달이 되고 시간도 단축할 수 있다.

6. 공모주 청약 가능 종목선정 기준

모든 자료는 '38커뮤니케이션' 사이트에 들어가서 IPO/공모를 클릭하고 공모주청약일정에 들어가서 종목명을 클릭하면 상세하게 볼 수 있다. 굳이 홈페이지나 DART(금융감독원 전자공시 시스템)에 들어가지 않더라도 청약에 필요한 정보를 대부분 확인할 수 있다. 얼마나 꼼꼼하게 살피느냐의 문제이다.

① 수요예측 결과 기관경쟁률이 1,300 : 1 이상인 경우만 들어가고 그 이하는 포기하는 것이 좋다. 공개기업이 재무 상태가 좋지 않더라도 기관경쟁률이 높을 경우는 일반청약자 청약경쟁률이 200 : 1 이하가 아니면 들어가는 것이 좋다. 왜냐하면 기관들의 분석 능력이 뛰어나서 우리가 모르는 뭔가 있을 수 있기 때문이다.
② 의무보유 확약률은 15% 이상을 기준으로 한다. 의무보유 확약이 낮다는 것은 상승할 확률을 낮게 본다는 뜻이다. 반대로 의무보유 확약률이 높으면 높을수록 유리하다.
③ 유통 가능 물량은 30% 이하이면 적당하다. 공모주 물량만 있고 기준 주주 물량이 없는 것이 유리하다. 공모주 물량보다 기존 주주 물량이 많다면 자금 마련이 목적이 아니라 기존 주주들이 보유주식을 팔고 빠져나오기 위한 목적이라 볼 수 있다.
④ 재무제표상 매출액과 순이익이 연도별로 성장하는지를 확인한다. 현재 적자이지만 적자 폭이 점점 줄어든다면 긍정적이다.
⑤ 사업 현황도 읽어 보고 계속해서 성장 가능한 사업인지, 최

근 트렌드에 맞는지를 확인한다. 현재의 재무 상태가 안 좋아도 사업 아이템이 좋으면 프리미엄을 받기 때문이다. 또한 해당 기업에 특별한 재료(모멘텀)가 있는 경우는 재무제표에 상관없이 들어가는 것이 유리하다.

이와 같은 기준에 부합하지 않더라도 기관경쟁률이 1,300:1 이상이고, 청약 마지막 날 일반청약자 경쟁률이 400:1 이상의 경우라면 모든 것을 무시하고 청약을 노려볼 만하다. 기관과 일반경쟁률이 높다는 것은 보고서에 나타나지 않은 뭔가 있을 수 있어서 잘못하면 수익의 기회를 날리는 결과를 초래할 수 있기 때문이다.

2021년도 공모주 청약사례를 보면 시초가가 공모가 대비 -9% 이상 하락한 경우는 어김없이 기관경쟁률이 1,000:1 이하인 것을 확인할 수 있다. 기관경쟁률이 1,000:1 이상인데 시초가가 공모가 이하로 하락한 경우는 씨앤씨인터내셔널 하나밖에 없다. 색조화장품 제조회사로서 코로나 상황이 장기간 개선되지 않아 최대 피해업종으로 인식되어 있으나 여전히 개선될 기미가 보이지 않아서 투자자들의 관심을 받지 못한 측면이 있었다. 그러므로 기관경쟁률이 1,000:1 이상이라도 업황이 안 좋은 경우는 손해가 날 수 있다는 걸 염두에 두는 것이 좋다. 더욱 안전하게 하기 위해서는 기관경쟁률이 1,300:1 이상인 경우에만 들어가는 것이 유리하다.

공모사항	확정공모가	17,000 원		주당액면가 : 500 원	
				희망공모가액 : 11,000 ~ 14,000 원	
	총공모주식수	1,774,967 주		공모금액 : 30,174 (백만원)	
	그룹별배정	우리사주조합	주		청약증거금율 : 100%
		기관투자자등	1,242,477~1,331,225 주 (70~75%)		최고한도 : - 주
		일반청약자	443,742~532,490 주 (25~30%)		청약증거금율 : 50%
			청약 최고한도 : 22,000~26,000 주		최저 : - 주
IR일정	IR일자	2022.04.14	IR장소/시간	기관 : 온라인-유투브(AM 10:00 일반 : 한국IR협의회-온라인 PM 04:30	
수요예측결과	기관경쟁률	1846.32 : 1	의무보유확약	55.52%	
신규상장	신규상장일	2022.04.28	현재가	34,500 원 (-7.13%)	

▶ 공모 분석

1.사업현황

- 당사는 자체 개발 영상 콘텐츠 화질 개선 솔루션 ("PIXELL")을 기반으로, 초고화질 콘텐츠, 뉴미디어 콘텐츠 등의 영상 콘텐츠를 제작하고, 초고화질 영상 콘텐츠를 유통하는 플랫폼을 운영하는 비주얼 콘텐츠 전문 솔루션 기업

- 당사는 향후 다양한 분야에서의 실감콘텐츠 제작, 버추얼휴먼 기반 뉴미디어 콘텐츠 개발 및 운영 등 사업 영역의 확장을 추진, 자체 콘텐츠 유통 플랫폼 'KEYCUT STOCK'에서 유통하는 콘텐츠의 카테고리 및 고객군 확대를 통한 외형 확대를 계획 중

- 당사는 독보적인 비주얼 구현 역량과 크리에이티브 역량을 기반으로 높은 실감도를 필요로 하는 초고화질콘텐츠나 뉴미디어 실감형 콘텐츠를 다수 제작

2021년 공모주 청약 사례

종목명	수익률 (%)	기 관 경쟁률	의무보유 확약률	유통가능 물량	순이익	사업현황
선진뷰티사이언스	148.7	1,491:1	17.83	-	4,333	화학제품제조
모비릭스	145.5	1,407:1	5.73	-	6,189	소프트웨어 개발
솔루엠	120.6	1,167:1	20.79		38,483	전자제품제조
프레스티지바이오파마	-19.5	819.7:1	19.31	-	-	바이오 항체치료제
SK바이오사이언스	183.1	1,275:1	59.92	25.57	14,677	바이오, CDMO
자이언트스텝	160	1,691:1	24.42	30.86	-4,430	영상콘텐츠제작
엔시스	112.7	1,467:1	21.73	29.21	1,912	2차전지검사장비
이삭엔지니어링	126.1	1,427:1	20.73	26.4	2,679	공장자동화 솔루션
씨엔시인터내셔널	-10.2	1,029:1	5.28	24.26	6,637	색조화장품
에이디엠코리아	158.1	1,515:1	12.35	19.9	653	임상시험 수탁기관
맥스트	338	1,587:1	39.13	34.19	-8,921	AR원천기술
플레티어	208.2	1,631:1	18.29	29.1	2,685	플렛폼 구축
아주스틸	145.1	1,776:1	16.33	22.91	11,709	컬러 강판
일진하이솔루스	159.8	1,471:1	61.52	24.0	15,579	수소저장용기
와이엠텍	128.8	3,866:1	31.59	-	3,866	전기제어장치
지아이텍	145.6	2,068:1	25.28	30.83	4,165	2차전지 장비
카카오페이	121.7	1,714:1	70.44	38.91	-25,051	핀테크 기업
디어유	138.8	2,011:1	37.46	23.56	-2,250	팬덤 비즈니스
알바더블유	129.9	1,719:1	15.98	32.36	3,719	K-POP 한류콘텐츠
미 청 약						
에치피오	-9.9	252.1:1	4012	26.51	8,761	건강기능식품
에브리봇	-9.95	576.7:1	0.67	34.69	-902	로봇청소기
크래프톤	-9.94	243.1:1	22.05	41.47	556,267	게임소프트웨어
에스앤디	-10	173.1:1	0.01	57.56	7,359	건강기능식품소재
케이카	-10	40:1	0	28.00	24,130	중고차 판매
리파인	-10	64.19:1	3.22	46.40	16,067	부동산금융서비스
지니너스	-10	66.03:1	0.1	31.74	-9,152	생물정보분석

(시초가/공모가)

IV. 단계별 투자 방법

7. 공모주 매도전략

최근 1년간 상장기업의 주가를 분석해보면 '따 상'(공모가 대비 100% 상승으로 시작해서 30% 추가 상승)을 기록한 기업을 빼고는 상장 당일의 주가가 최고가였다. 상장 당일 '따 상'에 들어갔더라도 일단 상한가가 풀리면 다시 상한가로 가는 경우는 거의 많지 않다. 그러므로 따 상에 들어가지 못한 종목은 상장 당일 매도하는 것이 최상책이다.

당일 매도 방법은 다음과 같다. 따 상에 들어가지 못한 종목은 균등배정방식을 비롯해 소량의 물량을 배정받은 사람들이 시초가에 시장가로 던지는 경향이 있어서 일시적으로 급락하는 경우가 발생한다. 이 경우 한 템포 늦추어서 주가가 일시적으로 반등했다가 다시 밀리는 순간에 매도하는 것이 유리할 수 있다. LG에너지솔루션과 같은 시가총액이 큰 초대형 종목은 청약자가 워낙 많아서 대형 증권사라도 온라인 시스템에 과부하가 걸려 체결이 잘 안 되는 경우가 발생할 수 있다. 그러므로 개장 전에 미리 지정가로 주문을 내는 것이 유리하다. 시초가가 나오기 전에는 시장가 매도가 안 되기 때문에 호가창을 보고 따(공모가 대비 100% 상승)가 아니라면 체결 예상 가격에서 −20% 이상을 낮추어서 지정가 주문을 한다. 주문가격이 낮아도 동시호가에 단일 가격으로 체결되기 때문에 상관이 없다. 초대형주는 따가 아니라면 시초가가 고가일 가능성이 있다.

그림에서 보는 바와 같이 시간이 갈수록 따 가격에 매수 잔량이 줄어든 것을 볼 수 있으며 개장하자마자 시초가 아래로 급락하는 것을 볼 수 있다.

[체결 창 화면]

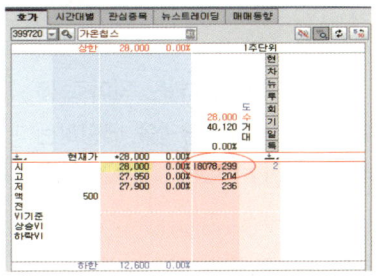 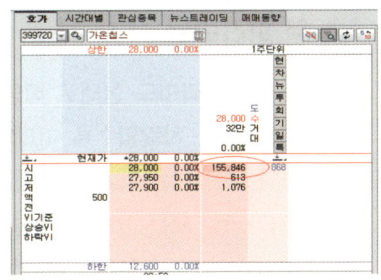

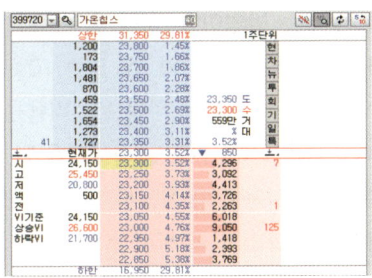

'따 상'에 들어간 종목은 따 상이 풀리는 순간 던지는 것이 유리하고, 만일 풀리지 않으면 이튿날까지 들고 가는 것이 좋다. 다음날도 상한가가 풀리지 않으면 계속 들고 간다. 상한가가 언제 풀릴지 모르고 계속해서 지켜볼 수 없다면 상한가 가격에서 100원을 뺀 금액에 서버 자동 매도주문을 걸어 둔다. 상한가가 풀리면 쭉 밀릴 수 있으므로 서버 자동주문을 걸어 두면 높은 가격에 즉각 매도할 수 있다.

제 2 단계 : 간접투자(ETF)

✅ 역 피라미딩

올라가면서 피라미드 형태로 베팅하는 피라미딩과 반대되는 의미로 붙여진 명칭이다. 하락할수록 피라미드 형태로 더 많은 금액을 베팅하는 방법이다. 여기에는 '**1234 기법**'과 '**123... 기법**'이 있다. '**1234 기법**'은 주가가 5% 또는 10% 하락할 때마다 추가 투입 가능 금액의 10%, 20%, 30%, 40% 순차적으로 베팅하는 방법이다. 추가 매수할 때 평균단가를 효율적으로 낮추는 방법이다. 하락 폭과 베팅 비율은 적절하게 조절할 수 있다. '**123... 기법**'은 주가가 5% 또는 10% 하락할 때마다 추가 투입금액을 소액으로 시작해서 순차적으로 비율을 늘리면서 무한대로 계속해서 베팅하는 방법이다. 언제 돌아설지를 알 수 없고 한꺼번에 많이 넣기도 어려운 경우 사용한다. 적립식 매수의 진화된 방법이다. 지수 ETF의 경우 개별 주식과 달리 주식시장이 부도날 염려 없고 시간이 걸릴 뿐 언젠가 올라온다고 보면 내려갈수록 호재가 된다. 하락에 대한 스트레스가 전혀 없고 감사하는 마음으로 베팅한다.

1. 간접투자란?

증권회사에서 주식을 직접 사는 것을 직접투자라 하고, 펀드나

ETF를 사는 것을 간접투자라 한다.

 펀드는 투자자산운용사가 펀드 판매회사를 통하여 일반인들로부터 돈을 모아 증권투자를 하고 여기서 올린 수익을 다시 투자자에게 나눠주는 금융상품이다. 펀드에는 액티브펀드와 패시브펀드가 있다. 액티브펀드는 펀드매니저의 판단에 따라 시장 평균수익률을 초과하는 수익률을 목표로 적극적인 운용전략을 쓴다. 패시브펀드는 지수를 추종하는 소극적인 펀드로서 지수와 수익률 간 편차를 조절해주는 것 이외는 특별한 노력을 하지 않는다. 따라서 액티브펀드에 비해 패시브펀드 운용비용이 저렴하다. 패시브펀드의 대표적인 상품이 인덱스 펀드이다. 펀드는 실시간으로 거래를 할 수 없을뿐더러 환매 시 이틀 뒤에나 대금을 받을 수 있는 단점이 있다.

 ETF(Exchange Traded Fund)는 우리말로 '상장지수펀드'라고 한다. 즉 거래소(Exchange)에 상장되어 거래되는(Traded) 인덱스 펀드이다. 지수를 추종하는 인덱스 펀드이면서, 증권시장에서 자유롭게 매매할 수 있으므로 주식이기도 하다. 따라서 투자자들이 개별 주식을 고르는데 수고를 하지 않아도 되는 펀드 투자의 장점과 언제든지 시장에서 원하는 가격에 매매할 수 있는 주식투자의 장점을 모두 가지고 있는 상품으로 지수를 추종하는 인덱스 펀드와 주식을 합쳐놓은 것이라 할 수 있다.

2. ETF 투자의 이점

지수를 추종하는 펀드의 특성과 주식의 특성을 모두 가지고 있는 ETF는 주식처럼 쉽게 매매할 수 있으면서 개별종목투자에 따르는 위험을 줄여주기 때문에 개인투자자에게 다양한 이점을 제공한다.

첫째. 적은 금액으로 우량주에 분산 투자할 수 있다.

ETF를 단 1주만 매입해도 우량주 200개 종목에 분산 투자하는 것과 같은 효과를 얻을 수 있고, 해외 주요 증시에도 손쉽게 투자할 수 있다. 개별 기업에 투자하는 것이 아니기 때문에 비체계적 위험 즉 기업 고유의 위험을 회피할 수 있다. 그러므로 종목 선택에 시간과 노력을 투입할 필요가 없고, 주식투자에 대한 특별한 지식이 없어도 투자할 수 있다.

둘째. 투자 비용이 저렴하고 중도환매 수수료가 없다.

ETF도 펀드의 일종이므로 펀드 운용비용이 있다. 그러나 일반 펀드보다는 월등히 저렴하다. 펀드 운용비용이 전체수익에 큰 비중이 아니라서 간과하기 쉬우나 투자 기간이 길어지다 보면 수익률에 영향을 미칠 수 있다. 또한 ETF는 예상하지 못한 사정이 있는 경우는 언제든지 매도해서 현금화할 수 있다. 반면 일반 펀드는 일정 기간 이내 환매할 경우는 중도환매 수수료를 부담해야 한다.

셋째, 투자수익률에서 유리하다.

개인투자자들의 평균적인 투자수익률은 항상 시장수익률보다 낮다. 확률적으로 개인투자자가 지수수익률 이상의 수익을 낼 가능성은 10%에도 못 미친다. 그러므로 지수를 추종하는 ETF에 투자하는 것이 실패를 줄이고 성공 투자에 이르는 지름길이라 할 수 있다.

넷째, 펀드의 운용이 투명하다.

ETF의 가격은 대상 지수의 움직임을 충분히 반영할 뿐만 아니라, 펀드를 구성하고 있는 현물 주식의 내역과 순자산가치(NAV)를 매일 공표하기 때문에 상품 운용이 투명하다.

다섯째, 실시간으로 쉽게 매매할 수 있다.

ETF는 주식과 똑같은 방법으로 거래되므로 장중에 거래가격, 주가지수, 주당순자산가치(NAV) 등을 실시간으로 확인하고 매매할 수 있다.

이외에도 지수를 추종하는 ETF에 주목하는 이유는 역사적으로 볼 때 종합주가지수는 아무리 큰 위기가 와도 결국은 우상향하기 때문이다. 또한 ETF 투자를 통해 주식시장의 흐름을 파악할 수 있고, 주식을 언제 사고 어떻게 베팅을 해야 하는지 경험을 축적할 수 있다.

3. ETF 투자에도 위험은 있다.

1) 가격하락 위험

ETF 역시 원금이 보장되지 않는 금융투자상품이다. 개별 주식에 관한 위험은 없으나 시장변동에 따른 지수 하락 위험에는 그대로 노출된다. 특히 레버리지/인버스2X는 높은 수익을 노릴 수 있는 만큼 위험도 크다.

레버리지/인버스2X ETF는 정기예금처럼 일정 기간의 수익률이 아니라, '일간' 수익률의 배수를 추종하기 때문에 상승과 하락이 반복되면 될수록 기초지수 수익률과 차이가 점점 벌어진다. 이것을 '마이너스 복리 효과'라 한다. 투자원금이 깎여나간다고 해서 '침식 효과'라고도 한다. 추세적 하락 기간이나 박스권 장세가 길어지면 수익률에서 심각한 결과를 초래할 수 있다.

아인슈타인은 복리를 인간이 생각해낼 수 있는 가장 위대한 발견이라 하였다. 그러나 '마이너스 복리 효과'는 인간이 생각해낼 수 있는 최악의 발견이라 할 수 있다. 복리라고 하면 통상적으로 연복리를 말한다. ETF의 복리는 '일 복리'이므로 그 파괴력은 엄청나다. 그러므로 2배 또는 3배짜리 레버리지/인버스는 단기투자에만 활용하고, 욕심을 자제하며 투자금액 배분에 신중하여야 한다.

2) 가격 괴리 위험

기본적으로 ETF의 가격은 ETF의 순자산가치(NAV)에 최대한 근접해 있는 것이 바람직하다. 가격 괴리 위험은 ETF의 적정가격보다 비싸게 사거나 싸게 파는 위험을 말한다. 2020년 코로나 팬데믹 때 원유 ETN 가격 괴리율이 50% 이상 되는 사건이 있었다. 원유가격이 마이너스까지 하락하자 너도나도 원유 ETN에 돈이 몰리면서 유동성 공급업자가 물량공급이 여의치 않아 큰 폭의 가격 괴리가 발생했다. 이렇게 되면 실제 순자산가치보다 월등히 높게 산 것이 되므로 원유가격이 상승하고 순자산가치가 회복되더라도 ETF 가격은 오르지 않는 결과가 될 수 있다. 그러므로 ETF 매입시는 가격 괴리율을 반드시 확인할 필요가 있다.

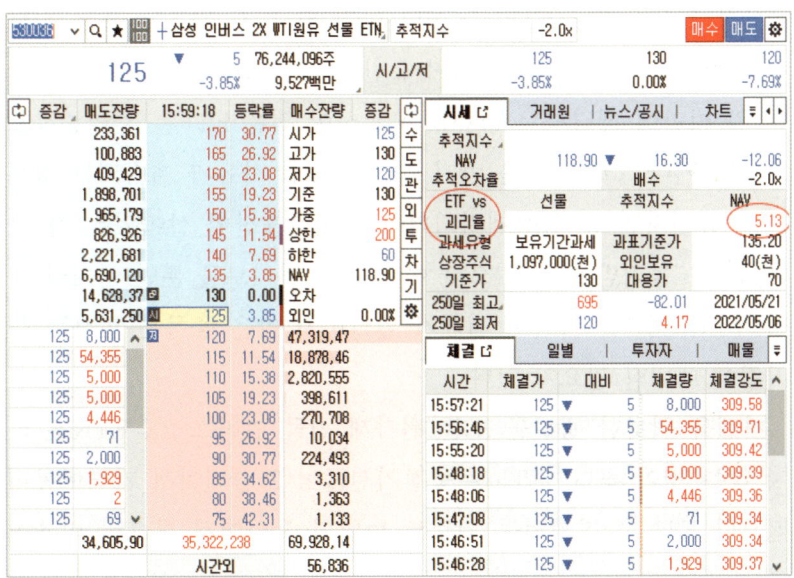

3) 추적오차 위험

지수와 순자산가치 간의 수익률의 차이를 추적오차율이라고 한다. 추적오차율이 발생하는 이유는 지수 구성 내역과 실제 ETF 포트폴리오 간의 차이, 보수율 및 거래비용 등이 있기 때문이다. 코스피200 ETF의 경우에 전체 종목을 편입하지 않고 비용 절감을 위해 부분 복제하는 경우 편입되지 않은 종목이 급등락하면 추적오차율이 확대될 수 있다. 또한 지수에는 현금성 비용 등이 포함되지 않기 때문에 추적오차가 발생한다.

4) 상장폐지 위험

상장 1년이 지난 ETF 중 해당 반기 말 현재 자본금 또는 신탁원본액이 50억 원 미만이 되거나 반기의 일 평균 거래대금이 500만 원 미만에 해당하는 소규모 유동성이 적은 ETF는 관리종목으로 지정된다. 그 후 다음 반기 말에도 해당 사유가 계속되는 경우는 상장폐지된다. 상장폐지되더라도 신탁재산이 살아있는 한 잔여재산은 돌려받을 수 있으나 여러 가지 번거로울 뿐만 아니라 손실 우려도 있다. 따라서 거래가 활발하지 않은 종목은 피하는 등 사전에 대비할 필요가 있다.

니켈을 비롯한 광산물 또는 원자재 선물 인버스 2X ETN은 하지 않는 것이 좋다. ETF는 중장기선물이 포함되어서 가격변동이 적으나 ETN은 단기선물 위주로 편입되어 있어서 롤오버 비용이 클 뿐만 아니라 가격변동이 심하다. 특히 희귀 금속광물은 몇 배로 움직이기 때문에 인버스 2X의 경우는 기초자산이 50% 이상 상승하면 지표 가치가 0에 수렴하게 되어 상장폐지가 될 수 있다. 그러므로 원자재 레버리지/인버스 2X ETN은 아예 접근하지 않는 것이 좋다.

[ETN 상장폐지 사례]

대신증권(주) 발행 상장지수증권 매매거래정지 지정 (2022.03.08)

1. 대상 종목 : 대신 인버스 2X 니켈선물 ETN(H)
2. 매매거래정지일 : 2022년 03월 08일 부터
3. 정지 사유 : 기타 공익과 투자자보호 및 시장관리상(ETN)
4. 정지근거 : 유가증권시장상장규정 제153조
5. 기타 : 위 종목은 해당 ETN의 기초지수 종가가 0이 된 사실이 확인되어 투자자보호 및 시장관리상 사유로 거래를 정지함

대신증권(주) 발행 상장지수증권 투자주의 안내 (2022.03.08)

1. 종목명 : 대신 인버스 2X 니켈선물 ETN(H)
2. 투자유의 사유 : 기초자산 50% 상승에 따른 지표가치 안내
3. 내용 : 3월 7일, LME 니켈 선물 정산가 기준 50% 이상 상승하여 해당 ETN의 기초지수 종가가 0이 되었으며, 이에 따라 지표가치가 0으로 수렴하게 됩니다. 지표가치가 0으로 수렴하게 되면 이후 기초자산의 변동과 무관하게 지표가치는 0이 됩니다.

출처 : 한국투자증권 홈페이지

4. 투자대상 종목

1) 국내 ETF

　국내 시장대표지수를 추종하는 ETF로는 코스피200 지수를 추종하는 KODEX200 ETF가 있고, 코스닥150 지수를 추종하는 KODEX 코스닥150 ETF가 있다. 코스피200 ETF는 비교적 안정적이고, 코스닥150 ETF는 변동성이 조금 높은 편이다. 생애 첫 투자이거나 왕초보인 경우는 경험 삼아 시도해 볼만 한 종목이다.

　조금은 공격적, 적극적으로 수익을 높이고자 한다면 특종 업종이나 테마에 투자하는 섹터/테마 지수 ETF가 있다. 여기에는 KODEX 반도체, Fn시스템반도체, 2차전지산업, k-메타버스액티브, k-미래차액티브 등이 있고, TIGER 글로벌자율주행 등이 있으며 비교적 유망한 ETF로 추천되고 있다.

　변동성을 선호하는 투자자에게 적합한 지수의 2배수로 움직이는 레버리지 ETF가 있다. 코스피 지수의 2배수로 움직이는 코덱스 레버리지 ETF가 있고, 코스닥 지수의 2배수로 움직이는 코스닥150 레버리지 ETF가 있다. 국내 주식의 경우는 2021년 대세상승이 마무리되면 장기간 박스권에 갇힐 가능성이 있어서 지수 추종 ETF 투자는 당분간 큰 성과를 내기가 쉽지 않아 보인다.

2) 해외 ETF

미국 주식은 끊임없이 올라간다. 기축통화의 이점, 수없이 많은 유니콘 기업, 세상을 바꾸는 혁신기술, 세계의 돈과 권력을 움직이는 유대인, 세계에서 가장 큰손 미 연준이 있기 때문이다. 미국 시장은 아무리 폭락해도 기다리면 다시 올라온다. 미국 시장에 투자해야 하는 이유이다.

초보이거나 안정적인 수익을 원하는 경우는 S&P500 추종 ETF인 SPY, 나스닥 추종 종목인 QQQ 등이 있다. 섹터지수 ETF로는 DRIV(글로벌 자율주행차 및 전기차), CLOU(클라우드) 등이 있다. 변동성이 있더라도 고수익을 원하는 경우는 S&P500 지수 추종이면서 2배 레버리지 상품인 SPUU와 3배 레버리지 상품인 SPXL, 나스닥 지수 추종이면서 2배 레버리지 상품인 QLD와 3배 레버리지 상품인 TQQQ 등이 있다. 일시적으로 큰 폭의 마이너스가 나더라도 견딜 수 있는 변동성을 즐기는 투자자에게 적합한 나스닥 중에서 등락이 심한 3배 레버리지 상품인 기술주 TECL과 반도체 관련주 SOXL이 있다.

레버리지 ETF 상품은 가격이 올라갈 때는 큰 수익을 낼 수 있지만 내려갈 때는 무서운 속도로 내려간다. 초보자이거나, 경험이 있는 사람도 강심장이 아니면 버티기가 힘들다. 그러므로 레버리지 상품 선택은 신중에 신중을 기해야 한다.

5. 투자 방법

> ✅ **쌍칼 기법**
>
> 이익을 실현하는 방법이다. '쌍칼 기법'은 하방에는 손절가를, 상방에는 최고가 대비 5% 또는 10% 하락 시 익절가를 동시에 잡는 트레일링 스탑을 말하는데 서버 자동주문 등록을 하면 된다. 이미 목표 달성을 했고 더 올라갈 룸이 크지 않은 경우 이익을 극대화하기 위해 사용한다. 생선 머리는 고양이에게 준다는 마음으로 과감하게 짜른다. 쌍칼만 잘 써도 큰 폭으로 수익이 났다가 원위치되는 우를 범하지는 않는다.

1) 적립식 매수

누구나 주가가 낮을 때 매수하고 높을 때 매도하고 싶지만 실제로는 그렇게 되지 않는다. 주가가 올라갈 때는 끝없이 올라갈 것 같아 추격 매수하고 싶고, 주가가 하락할 때는 계속 하락할 것 같아 팔고 싶어지는 것이 인간의 심리이다. 그 결과 고점일 때 사는 실수를 반복한다. 그러므로 적립식으로 매수하면 이런 실수를 막을 수 있다.

목돈마련이 필요한 급여생활자, 증권에 대해 잘 알지 못하거나 시간 여유가 없는 경우, 마음 편하게 투자하고 싶은 경우에 매월 일정한 날짜에 정해둔 금액으로 투자하는 적립식 투자가 가장 효과적이다. 시장이 하락하는 경우 평균단가를 낮추는 효과가 있어서 일시에 매수하는 것보다 유리하다.

한편 적립식 매수의 가장 큰 단점은 시장 상승기에 수익률이 시장보다 뒤처지는 것이다. 일시에 매수하면 시장 상승 시 상승하는 만큼 수익률이 올라가지만, 적립식은 올라가면서 매수를 하므로 평균 매입 단가가 높아지고 상대적으로 수익률도 떨어지는 효과가 있다.

이익 실현 방법은 10% 이상 수익이 났을 때 '쌍칼 기법'으로 서버 자동주문 등록하고 추가 상승의 경우는 손절가를 높이면서 대응한다. 손절가에 도달해서 매도 처리되면 처음부터 다시 시작한다.

꾸준히 적립식으로 투자하다가 기회가 왔을 때 추가 자금을 과감하게 임의식으로 투자하여 수익률을 높이는 방법이 있다. 즉 시장이 급락하여 수익률이 -30% 이상 하락하는 경우 여유자금으로 추가 베팅을 하면 수익률을 극대화할 수 있다.

2) 1주 매수

유망종목에 정찰병으로 1주 매수한 다음 움직임을 지켜본다. 단순히 지켜보는 것과 단 1주라도 사놓고 보는 것은 차이가 있다. 1주라도 사면 일단 관심이 가서 유심히 살펴보게 되고 어느 정도 하락했는지 가늠해 볼 수 있다. 종목의 움직임을 보면서 해당 종목의 특성을 파악한 후에 갑자기 -20~30% 이상 하락하는 경우 역 피라미딩 기법인 '1234전략' 또는 '123…전략'을 사용하여 본격적으로 분할 매수를 시작한다.

이익 실현 방법은 10% 이상 수익이 나면 '쌍칼 기법'으로 하방에는 손절가를, 상방에는 직전 고점 대비 5% 하락하면 매도되는 트레일링스탑 서버 자동주문 등록을 한다.

1주 매수 방법은 매수 후 조정을 거치지 않고 급상승해버리면 기회비용이 클 수 있다. 그러므로 처음 투자를 시작하거나 신상품이 출시되어 시험 삼아 해보는 경우는 괜찮은 방법이다.

3) 핵심/주변 전략

핵심/주변 전략은 일정부분 시장수익률을 확보하면서 'α 수익률'을 얻고자 하는 투자전략이다. 시장대표지수에 투자해 안정적인 수익을 확보하고, 나아가 주변 종목에 투자해 추가 수익률을 얻고자 하는 방법이다.

'핵심'이란 말은 코스피200과 같이 시장 전체수익률을 추적하는 ETF를 말하고, '주변'이란 섹터지수 ETF, 스타일지수 ETF, 해외지수 ETF, 기타 레버리지 ETF 등 비교적 위험이 큰 종목이 될 수 있다. 구체적인 방법은 포트폴리오를 구성하되 핵심 ETF에 기본적으로 반 이상 투자하고, 나머지로 주변 ETF에 투자하는 것이다.

구체적으로 핵심과 주변을 어떤 종목으로, 어떤 비율로 배정하는 것이 좋을 것인지는 다음과 같다. 첫째로, 시장대표지수를 추적하는 1배짜리 ETF, 즉 코스피200, SPY, QQQ 등에 50~70%를 배정한다. 둘째, 나머지 30~50%를 시장 평균 이상 초과수익이 가능하다고 판단되는 주변 ETF, 즉 반도체, 이차전지, 메타버스 등의 섹터지수 ETF 또는 기타 레버리지 ETF에 투자한다. 이때 주변 ETF 중 하나를 선택해도 되고, 금액이 클 때는 2~3개 종목으로 분산해도 된다. 배정 비율은 시장 상황이 바뀔 때마다 투자 비중을 적절히 변경하는 것이 훨씬 효과적이다.

2021년부터 투자자 보호조치의 일환으로 국내 ETF인 레버리지/인버스 2X를 매매하기 위해서는 기본 예탁금 1,000만 원을 내고 사전교육을 받아야 하는 등 진입장벽이 높아졌다.

4) 반분할 매수

ETF 투자는 지수 추종 상품이기 때문에 시장이 상승해야 수익이 나는 구조이다. 전 세계적으로 가장 많이 상승하는 곳은 미국 주식시장이다. 그렇다면 국내에서 굳이 할 것이 아니라 미국 ETF를 사는 것이 유리하다. 미국 주식시장은 하락보다는 올라가는 기간이 길고, 기업이익을 자사주 매입 등으로 주주 환원하는 기업문화도 있어서 크게 하락하지도 않는다. 그러므로 미국 주식시장에서는 하락을 기다려서는 안 된다. 특히 하방에 베팅하는 인버스는 최악이다. 적립식 투자나, 1주 매수를 하고 하락하기를 기다리는 방법은 수익의 기회를 놓치는 결과를 초래한다.

상승하는 시장에서 수익 기회를 놓치지 않기 위해서는 기본 투자금으로 즉시 매수하고 지수 하락 시 추가 매수하는 전략이 가장 효과적이다. 즉 투자금액의 50%는 일시에 매수하고 나머지 50%는 10%, 20%, 30%, 40% 하락할 때마다 '1234전략'으로 베팅한다. 이익 실현 방법은 10% 이상 상승 시 매도를 하고 처음부터 다시 시작한다.

처음 투자하거나 안정적인 투자를 원한다면 1배짜리 SPY(S&P500), QQQ(나스닥) 등이 적합하다. 투자 경험이 있고 변동성을 즐기는 투자자라면 TECL, SOXL, TQQQ 등을 활용해 공격적인 투자를 할 수 있다. 반분할 매수법은 만일의 하락을 대비해 베팅자금을 준비하기 때문에 변동성이 큰 3배짜리 ETF를 사용하는 것도 수익률을 극대화하는 방법이다. 단, 3배 레버리지 ETF는 가격이 상승할 때는 단기에 높은 수익률을 실현할 수 있지만 하락할 때는 3배의 손실을 볼 수 있다. 미국 주식시장은 대세 상승 기간이 전 세계에서 가장 길어서 3배 레버리지 상품을 적용하기에 가장 적합하다. 그러나 2000년 닷컴 버블이 꺼지면서 3년 연속 하락할 때와 같은 대세 하락기에는 치명적일 수 있다.

반분할 투자의 핵심은 어떻게 하면 대세 하락기와 10년에 한 번씩 찾아오는 대규모 위기를 피하면서, 수익률은 극대화할 수 있느냐이다. 우선 생각할 수 있는 것이 이익이 났을 때 이익금은 투입원금을 전액 회수할 때까지 인출하는 것이다. 그런 다음에 이익이 날 때마다 반만 인출해서 반은 투입원금을 늘리는 데 사용하고, 인출 금액은 추가 베팅 자금으로 활용한다. 이렇게 하면 다 잃어도 본전은 이미 챙긴 것이므로 어떤 위기가 오더라도 마음의 안정을 찾을 수 있다. 다만 10년 만에 찾아오는 위기를 극복하는 방법은 사전에 마련해 둘 필요가 있다.

3배수 상품은 훈련이 되지 않은 사람은 시장하락 시 압박을 견디지 못한다. 그러므로 소액으로, 핵심이 아닌 주변 전략으로만 활용하는 것이 좋다. 단 10년 만의 대위기로 시장이 40% 이상 폭락한 직후 2~3년간은 3배수와 같은 레버리지 상품에 비중을 더 실어도 괜찮은 전략이다.

5) 양방향 투자

미국 주식시장은 특히 기술주 중심의 나스닥의 경우는 끊임없이 성장하는 성장주에 가깝다. 그러므로 하락에 베팅하는 인버스 투자는 낭패를 당할 수 있다. 반면에 한국 주식시장은 크게 오르지도 내리지도 않는 가치주에 가깝다. 한국 경제는 철강, 자동차, 조선, 석유 화학, 중공업, 건설 등 구경제 중심이다. 경기민감 업종이 주가 되다 보니 꾸준한 성장이 아니라 경기에 따라 부침이 심하고 박스권에서 등락을 거듭할 수밖에 없다. 그래서 코스피를 박스피라 부르기도 한다. 박스권에 가장 맞는 전략이 양방향 투자이다. 내려가면 레버리지를 사고 올라가면 인버스 2X(일명: 곱버스)를 사는 전략이다.

매수는 기본적으로 '1234기법'을 사용한다. 만일 종합지수의 상승을 예상하고 레버리지를 매입하려 한다면 총 매수금액의 10%를 1차 매수한다. 그 후 −5~10% 하락하면 총매수 예정 금액의 20%를 2차 매수한다(하락 비율과 추가매수 금액은 임의 조정 가능). 또다시 −10~20% 추가 하락하면 총매수 예정 금액의 30%를 추가로 매수한다. 코스피는 3차 이내에 반대로 돌아설 확률이 높다. 여기서 또다시 하락한다면 대세 하락에 들어가지는 않는지를 체크해 봐야 한다. 만일 그게 아니라면 일단 바닥 신호를 확인하고 마지막 40%를 투입한다.

목표수익률은 3~5%로 하고 그 이상 수익이 나는 경우는 목표가격에 손절가를 설정하여 목표수익률을 확보한다. 그 후 계속 상승한다면 '쌍칼 기법'을 활용하여 상한선은 열어 두고 최고가 대비 2% 이상 하락 시 매도하는 트레일링스탑 서버 자동매도 주문을 등록한다. 일단 매도 처리되면 곧바로 인버스 2X를 1차 매수한다. 이후 절차는 레버리지 때와 같은 방법으로 반복하면 된다. 레버리지에서 이익을 실현했다면 이미 종합지수가 많이 올라온 상태이다. 이미 오른 상태에서 인버스를 사면 이익을 볼 확률이 높아진다. 거기에다가 역 피라미딩으로 분할로 매입한다면 성공할 확률은 점점 더 높아진다.

수년간 만들어진 박스권 상단을 돌파하거나, 10년 만에 찾아오는 위기 직후에는 대세 상승장일 가능성이 높음으로 인버스 투자는 위험하다. 이럴 때는 과감하게 손절매하고 레버리지 위주로 전환하는 것이 바람직하다. 반대로 박스권 돌파 후 주봉 기준으로 상승 3파를 완성하는 등 대세 상승을 완성한 다음 대세 하락기에 접어들 경우는 레버리지를 청산하고 인버스 위주로 전환한다. 투자를 진행하다가 간혹 불확실성이 증대되고 앞이 보이지 않는다면 쉬면서 지켜보는 것이 가장 상책이다.

6. 10년에 한 번 찾아오는 위기 회피 전략

ETF 투자, 특히 3배수 ETF 투자에서 가장 위험한 것은 10년에 한 번 찾아오는 'MDD(Maximum Draw Down: 최대 하락) 위험'이다. 코로나 팬데믹 때 나스닥 32% 하락에, 3배수 ETF는 83% 하락하였다. 2008년 금융위기 때는 나스닥 55% 하락에, 3배수 ETF는 95% 하락하였다. 2000년도 닷컴 버블이 터졌을 때와 대입하면 3배수 ETF는 99%까지 하락할 수 있다. 만일 원금이 1%로 줄어든다면 지수가 회복되어 10배가 오르더라도 최초 원금의 10%밖에 되지 않는다. 그러므로 어떻게 하든지 'MDD 위험'만은 반드시 피해야 한다. 최악의 '마이너스 복리 효과'인 'MDD 위험'만 피할 수 있다면, 3배수 ETF의 경우는 인간이 생각해 낼 수 있는 가장 위대한 발견이라는 엄청난 '복리 효과'를 누릴 수 있다. 코로나 팬데믹 때 3배수 ETF는 저점 대비 13배나 상승했다.

MDD 위험을 피하기 위해서는 단계별 전략을 수립하여 그때그때 상황에 맞게 활용하는 것이 필요하다. 아무런 대책 없이 일을 당한 후에 발만 동동 굴러봐야 소용이 없다.

[코로나 팬데믹 때 3배수 ETF의 하락과 상승 사례]

구분	일자	직전 고점	하락			상승			
			일자	가격	%	일자	가격	저점비	고점비
SOXL	20.01	22.06	20.03	3.56	-83.8	21.02	47.85	13.4배	2.16배
SOX	20.01	267.93	20.03	167.79	-37.4	21.06	455.09	2.71배	1.69배
TQQQ	20.02	59.4	20.03	16.13	-72.8	21.07	134.08	8.31배	2.25배
QQQ	20.02	237.47	20.03	164.93	-30.5	21.07	365.49	2.21배	1.53배

1) 하락의 유형

주식시장이 하락하는 유형을 크게 다섯 가지로 나누어볼 수 있다. 첫째, '기술적 조정'은 10~20% 내외의 하락을 보이며 일 년에 몇 번씩 일어난다. 일시적 방향 전환이나 기대감 후퇴가 주된 요인이다. 둘째, '대조정'은 20~30% 내외의 하락을 보이며 강한 대조정은 3~5년에 한 번 정도 일어난다. 대세 흐름이 바뀌며, 주도주 역시 바뀌게 된다. 셋째, '대폭락'은 30~45% 정도의 하락이 일어나며 7~10년에 한 번 정도 일어난다. 코로나19 팬데믹 때 -32.6% 하락한 경우가 해당된다. 넷째, '금융위기'는 시스템 붕괴로 나타나며 20~30년에 한 번 정도 일어나고 45~60% 정도 하락한다. 미국 서브프라임 모기지로 촉발된 2008년 금융위기 때 -55.8% 하락하였다. 다섯째, 대공황은 60~80%나 하락하는 재앙에 해당하는 버블 붕괴이다. 미국 주식시장 역사에 두 번이 있었다. 한 번은 1929년 대공황 때였고, 다른 한 번은 닷컴 버블 붕괴였다. 우리나라에서도 단 한 번 있었는데 바로 1997년 IMF 때 -75.8%나 하락했다. 금융위기나 대공항은 잘 일어나지 않는다. 여기서 중요한 것은 10년에 한 번씩 오는 대폭락을 어떻게 피하는가가 중요하다. 대폭락을 피할 수 있다면 더 큰 위기도 피할 수 있다.

2) 대폭락 장의 징후

세 가지 조건이 겹쳐졌을 때 대폭락이 나타난다. 통상적으로 대폭락이 있기 전 6~12개월 전에 신호가 나타난다.

첫째로 전고점 대비 2.5~3배 이상 상승하면 대폭락이 임박했다는 신호이다. 버블 규모가 높을수록 대폭락 규모가 크고, 시기가 가까워졌음을 나타낸다.

둘째로 경제성장률이 하락하기 시작한다. 경기선행지수가 하락하거나 경제성장률의 둔화 조짐이 나타나면 주가는 이미 꺾이기 시작한다. 그 후 경제성장률이 하락하면 주가는 본격적으로 하락하기 시작한다. 정부에서 금리를 인하하는 등 경기부양책을 발표하면 주가는 추가로 더 하락한다.

셋째로 기준금리 인상 후반부에 접어들어 이자 부담이 최고조에 다다른다.

이미 전고점 대비 2.5~3배 이상 상승해 있고, 기준금리 인상이 상당한 폭으로 진행되어 중립 금리 수준에 이르러 이자 부담 압박이 고조되는 상황에서, 경제성장률 하락이 겹치면 대폭락이 일어난다.

이외에도 대폭락이 근접했다는 것을 알려주는 부가 신호로는 정부 재정적자, 장단기금리 역전, 하이퍼 인플레이션 등이 있다.

3) 단계별 대책

역사적으로 미 연준에서 통화 긴축에 들어가면 결국에는 시장 붕괴가 있었다. 그러므로 연준의 통화 긴축 단계에 따라 단계별 대책을 미리미리 수립해 놓는 것이 꼭 필요하다.

[연준의 통화 긴축과 완화 단계에 따른 주식시장 변화]

❶ 긴축 1단계 (테이퍼링 시작) : 주식시장 조정 후 추가 상승
❷ 긴축 2단계 (테이퍼링 종료) : 주식시장 조정 후 추가 상승
❸ 긴축 3단계 (기준금리 인상 시작) : 주식시장 조정 후 추가 상승
❹ 긴축 4단계 (기준금리 인상 지속 : 중립 금리 수준까지) : 주식시장 조정 후 추가 반등
  -> 실업률 4% 이하(완전고용)
❺ 긴축 5단계 (기준금리 인상 중단) : 주식시장 조정 -> 기업이익 감소 -> 경제성장률 하락 -> 실업률 상승 전환 -> 주식시장 대폭락 -> 실업률 상승, 물가 침체 조짐 발생
❻ 완화 1단계 (기준금리 대폭 인하) : 주식시장 추가 하락
❼ 완화 2단계(자산매입 확대) : 주식시장 기술적 반등 -> 유동성 증가 -> 달러 가치 하락 -> 체감물가 상승 -> 기업이익 증가 -> 경제성장률 증가 -> 주식시장 추가 상승, 실적 장세 -> 실업률 6% 도달 -> 지표상 물가 상승 -> 장기채 금리 인상

출처 : 부자들의 3배수 ETF 투자 시크릿

 미 연준에서 긴축 1단계인 테이퍼링을 시작하면 테이퍼 텐트럼(긴축발작)이 일어난다. 테이퍼링은 기존에 진행하던 국채매입 규모를 줄이는 것이지 유동성 회수는 아니다. 그러므로 규모는 줄어드나 여전히 유동성 완화이므로 주식시장은 잠시 발작을 일으키나 다시 상승을 시작한다. 그러나 금리를 인상하기 시작하면 본격적인 대비를 시작해야 할 때이다. 단계별 3배수 ETF 전략은 다음과 같다.

 제1단계 : 첫 번째 금리를 인상하면 3배수 상품은 전액 줄이고 1배수 상품인 SPY로 갈아탄다. 또한 목표수익률을 5%로 낮춘다.

통상적으로 금리 인상기에는 주식이 하락한 적이 없었다. 그러나 코로나 팬데믹 때 워낙 많은 유동성이 풀려서 인플레이션 우려 때문에 긴축속도가 빨라질 가능성이 있다. 언제 긴축발작을 일으킬지 알 수 없으므로 1배수 상품으로 갈아타면 위험은 대폭 줄이고, 다소 수익률은 낮으나 지수 상승효과는 여전히 누릴 수 있다.

제2단계 : 기준금리가 중립 금리(2.5% 내외) 수준으로 인상되면 1배수 상품도 전량 매도한다.

각각의 경제주체들이 워낙 부채가 많아서 기준금리가 1.5% 이상으로 인상되면 이자 부담이 급격히 늘어난다. 소비가 줄고 경기가 위축돼서 주식시장도 대세 하락으로 전환될 가능성이 있다. 전량 매도한 현금은 20년 이상 장기채권 ETF인 TLT 매수를 고려할 수 있다. 경기 하강 시에 가장 안전하고 금리하락에 따른 채권가격 상승효과를 노릴 수 있다.

제3단계 : 금리를 내리기 시작하고, 마침내 제로금리를 비롯한 무제한 양적완화를 실시하면 3배수 상품에 1차 투입한다.

금리 인하를 시작하면 주식시장은 오히려 하락하기 시작한다. 거듭되는 금리 인하에도 하락하던 주식시장이 무제한 양적완화에는 반응을 보일 수 있다. 대량거래와 함께 아래 꼬리 달린 음봉이나 양봉이 출현할 가능성이 있다. 이때 1차 분할 매수를 시도한다.

제4단계 : 전형적인 바닥 신호(역헤드앤숄더, 이중바닥, RSI 두 번째 침체 신호)가 나오면 본격적으로 자금을 투입한다.

확실한 바닥이 확인되고, 3배수 상품이 직전 고점 대비 -80% 이상 하락하면 본격적으로 매입한다. 보유하고 있는 주식 중에 하락 폭이 작고 회복이 더딜 것으로 예상되는 종목은 3배수 상품으로 갈아타는 것도 고려해 볼 수 있다.

제5단계 : 주식시장이 본격적으로 상승하기 시작하여 3배수 상품이 5배 이상 상승 시 1배수 상품인 SPY로 갈아탄다.

금융위기급 하락이 있은 다음 2년간은 급격하게 상승하는 경향이 있으므로 5배 이상 상승할 때까지 참고 견딘다. 목표치에 도달하면 '쌍칼 기법'으로 하방에는 5배 가격에 손절가를 잡고, 상방에는 고점 대비 10% 하락 시 매도하는 트레일링스탑으로 서버 자동 주문을 건다. 가는 데까지 가보다가 매도 처리되면 1배수 상품으로 갈아탄다.

4) 현재 상황(2022년 5월)

미국의 나스닥 지수를 2021년 11월 기준으로 봤을 때 코로나19 저점 대비 2.4배까지 올랐기 때문에 대폭락이 언제 온다 해도 할 말이 없을 정도의 위치에 있다. 과거 사례를 살펴보면 금융위기 후 네 차례의 기술적 조정 또는 대조정이 있었다. 코로나 팬데믹이 있기 전 2018년 12월에 -23.6%의 대조정이 일어난 후 저점 대비 58%, 직전 고점 대비 21% 추가 상승이 있었다.

[금융위기 후 코로나 팬데믹 직전까지 기술적 조정 사례]

회차	일자	나스닥 전고점	일자	나스닥 저점	하락률
1	10.04.30	2,535	10.06.25	2,061	-18.7%
2	11.07.08	2,878	11.10.07	2,298	-24.2%
3	15.12.14	5,176	16.02.12	4,209	-18.7%
4	18.10.05	8,107	18.12.28	6,190	-23.6%

문제는 미국 주식시장이 금융위기 후 10년 넘게 상승한 후 충분한 되돌림이 나오지 않았다는 점이다. 우리나라의 경우는 코로나 팬데믹 때 10년 동안 상승분의 61.8%의 되돌림이 있었다. 그러므로 앞으로 10년간은 대조정은 있겠지만 대폭락이 있을 가능성은 거의 없다고 볼 수 있다. 반면에 미국은 코로나 팬데믹 때 무제한 양적완화로 61.8%의 되돌림이 나오지 않았다. 거품이 꺼지다 말았고 좀비 기업들이 하나도 죽지 않고 살아 있다.

2022년 5월 중순인 현재 상황은 금리를 2회 인상한 긴축 3단계를 지나 긴축 4단계 초입에 있는 것으로 추정된다. 그러나 이전의 정상적인 긴축 단계와 다른 점은 금리 인상을 0.25%씩 점진적으로 하는 것이 아니라 0.5%라는 빅 스텝으로 진행되고 있다는 점이다. 과거에 없던 하이퍼 인플레이션이 우려되는 상태라 정책당국에서는 경기침체를 걱정할 단계가 아니라 인플레이션부터 잡아야 하므로 급격하게 금리 인상과 양적 긴축을 하지 않을 수 없게 되었다. 그러므로 이전에 정상적인 금리 인상 시기에 나타났던 기술적 대조정 이후 대세 상승을 이어갔던 과거 사례와는 다르게 진행될 확률이 높아졌다. 최근 하락의 형태를 보더라도 이를 뒷받침하고 있다. 2022년 5월 20일 기준 장중에 -30% 넘어가는 대폭락장에 버금가는 하락이 나왔다. 물론 마감 종가기준으로는 30% 이내로 되돌려 놓았으나 코로나 팬데믹 상황에 거의 근접한 수준까지 하락률을 기록했다. 이것은 기술적인 대조정 수준은 이미 넘어섰고, 여기서 돌린다고 하더라도 대세 상승이 아니라 기술적인 반등에 지나지 않을 가능성을 보여준다. 차트의 모양을 봐도 이미 하락 5파가 나왔기 때문에 여기서 쌍바닥을 만들고 상승 3파를 만드는 베어마켓 랠리가 나올 수는 있다. 그러나 더 큰 하락 5파가 기다리고 있다는 것을 명심하고 기술적인 반등은 즐기되 언제든지 뛰어내릴 준비를 하여야 할 것으로 보인다.

[나스닥 역대급 하락 사례]

구분		나스닥 지수	구분		일자	나스닥 지수	배수	
							고점비	저점비
98. 07.24	고점	2,028	닷컴 버블	직전고점	00.3.10	5,132	2.5배	3.8배
	저점	1,343		직후저점	02.10.11	1,108		
	하락률	-33.8%		하락률		-78.4%		
닷컴 버블	직전고점	5,132	금융 위기	직전고점	07.11.02	2,861	-44.3%	2.5배
	직후저점	1,108		직후저점	09.03.13	1,265		
	하락률	-78.4%		하락률		-55.8%		
금융 위기	직전고점	2,861	코로나 19	직전고점	20.02.21	9,838	3.4배	7.7배
	직후저점	1,265		직후저점	20.03.27	6,631		
	하락률	-55.8%		하락률		-32.6%		

구분		나스닥 지수	구분		일자	나스닥 지수	배수	
							고점비	저점비
코로나 19	직전고점	9,838	현재	직전고점	21.11.26	16,212	1.6배	2.4배
	직후저점	6,631		직후저점	22.05.20	11,035	(5.6)배	(12.8)배
	하락률	-32.6%		하락률		-31.93%		

( )내에는 금융위기 때 직전 고점 및 저점 대비 배수임

결론적으로 모든 투자에서 그렇지만 ETF 투자에도 정답은 없다. 자신의 성향에 맞는 방법을 찾아야 한다. 투자는 지식보다는 기술적인 측면이 더 강하기 때문에 소액으로 시작해서 많은 시행착오를 경험해 봐야 한다. 모든 것은 변화한다. 과거의 연기관계가 현재에 그대로 적용되지는 않는다. 새로운 연, 즉 새로운 조건이 추가되기 때문에 전혀 다른 결과를 가져올 수 있음을 항상 명심해야 한다. 코로나 팬데믹이라고 하는 비정상적인 사태가 발생하여 여기에 대응하기 위해 미 연준이 초스피드로 사상 초유의 무제한 양적완화 등 비정상적인 통화정책을 시행하였다. 그러므로 연준이 기존에 하던 방식의 긴축 및 완화 경로를 따르지 않고 모든 정책 시행이 빨라질 수 있다. 이를 숙지하여 리스크 관리에 신경을 써야 할 때이다. 마음이 불편하다면 현재의 포지션을 바꾸라는 신호다. 흔히 투자는 자기 자신과 싸움이라고 한다. 그러나 무작정 버티기보다는 조금씩이라도 자기 자신과 타협을 해나가는 자세가 무엇보다 중요하다.

5) 분할 구출 작전

분할 구출 작전이란?

만일 수익실현 하기 전에 대세 하락기에 접어들어 물렸을 경우 손실을 보지 않고 빠져나오려면 언제까지 기다려야 할지 가늠하기조차 힘들다. 길게는 2년 이상 기다려야 하고 침식 효과로 인해서 -80% 이상 손실을 기록하게 되면 지수는 회복하더라도 원금 회복 기간은 훨씬 길어질 수 있다. 남아 있는 자금이 제한적일 경우는 추가 베팅으로 빠져나오기도 힘들다.

분할 구출 작전은 대세 하락을 피하지 못하고 물렸을 경우 무조건 수익이 날 때까지 기약 없이 버티지 않고, 보유물량을 3~4분할로 나눈 다음 베어마켓 랠리를 이용해서 제한된 자금으로 빠져나오는 전략이다. 베어마켓 랠리란 대세 하락 기간 중 일시적인 반등을 말하며 세 번에 걸친 강한 하락 후에는 기술적인 반등이 있게 마련이다.

분할 구출 방법

최초 계좌를 개설할 때 세 개의 계좌로 나누어서 개설하거나, 유사한 상품을 세 개 이상으로 나누어서 매입하는 것이 좋다. 예를 든다면 레버리지 ETF를 매입하더라도 SOXL 하나에 올인하기보다는 SOXL, TECL, TQQQ로 나누어서 매입한다. 대세 하락으로 모든 계좌가 -40% 이상 손실이 나타났다면 이 중에서 가장 손실액이 적은 종목을 먼저 타겟으로 정한다. 제한된 자금으로 특공대를 투입해서 속된 말로 똘똘한 놈부터 차례차례로 구출하자는 것이다.

가장 손실이 적으면서 상승탄력이 높은 종목에 우선하여 동 종목의 총 매입금액의 3배를 한꺼번에 투입한다. 이렇게 되면 손실액이 -10% 내외로 낮아져서 한 번 찬스로 손실에서 벗어날 수 있다. 이때 중요한 점은 충분히 빠진 다음 바닥이 확인되고 반등을 시작할 때 들어가야 한다는 점이다. 또한 추가 투입한 자금까지 물리면 안 되므로 추가 매입가격에 손절매 가격을 잡고 들어가야 한다. 어느 정도 가격이 회복하여 추가 투입한 계좌가 손실이 만회되면 일단 쌍칼 기법으로 새로운 평균단가에 손절매 가격을 잡고 이익 극대화를 한다. 이익이 실현되면 똑같은 방법으로 다음 계좌를 구출하는 작전을 진행한다.

만일 계좌를 나누지 않고 한 개의 계좌에 올인 되었다면 보유 수량을 추가 투입 가능 금액에 따라 3등분 또는 4등분으로 나눈다. 나누어진 수량을 별도의 계좌로 보고 앞의 방법대로 진행하면 된다. 이때 주의할 점은 한 계좌에서 사고팔고를 하면서 평균단가가 변경되더라도 최초의 평균단가를 기준으로 2차, 3차 구출 작전을 진행해야 하므로 별도의 메모가 필요하다는 점이다.

제 3 단계 : 장기투자

> ✅ **시간은 우리 편**
>
> 시간이 많다는 것은 큰 자산이다. 그러므로 한 살이라도 젊어서 투자하는 것이 그만큼 유리하다. 투자는 엉덩이로 하는 것이란 말이 있다. 개미투자자의 강력한 무기인 시간을 활용할 줄 모른다면 돈과 정보로 무장한 골리앗들에게 무조건 지는 게임이다.

1. 투자대상 종목

투자의 전설인 벤저민 그레이엄은 비교적 인기 없는 대형회사 바겐 종목(현재의 실망스러운 경영실적, 오랫동안 기피. 저인기 종목) 중에서 저평가 가치주를 매수하는 방법으로 성공을 거두었다. 한편 워런 버핏은 자기자본이익률이 인플레이션과 국채수익률을 능가하면서 장기 성장하는 기업을 가치 대비 저가 매수, 집중투자, 장기보유하는 방식으로 그의 스승인 벤저민 그레이엄을 능가하였다.

장기투자법에서는 텐배거를 달성할 수 있는 기업을 찾고, 싸게 사서, 장기보유하는 것이 핵심이다. 그러므로 향후 수십 년에 걸쳐 매출액과 순이익이 폭발적으로 성장할 주식을 어떻게 찾아내느냐가 관건이다.

텐배거를 달성한 기업들을 분석해 보면 대체로 7가지 특성이 있는 것으로 나타난다. 이런 주식을 찾아서 사실관계를 추적 확인하여 최종 투자대상 종목으로 선정한다. 텐배거 기업들은 분명 스토리가 있다. 7가지 특성 중 한 가지만 있을 수도 있고 여러 가지를 동시에 가지고 있을 수도 있다. 워런 버핏은 기업을 매수하는 이유에 대해 종이 한 장을 가득 채우기 전까지는 절대로 매수하지 않는다고 한다. 그만큼 스토리를 많이 가지면 가질수록 성공할 확률이 높아진다는 것을 의미한다.

① 경제적 해자를 가진 독과점 기업

옛날에 외부 적의 침입을 막기 위해 만든 성 바깥을 둘러싼 연못을 해자라 한다. 경제적 해자는 경쟁사가 자사의 이익을 공격하지 못하게 막아 준다. 즉 기업의 경쟁우위를 말한다.

경제적 해자를 만드는데 다섯 가지 방법이 있다. 첫째는 우수한 기술력이나 품질을 통해 실제 제품차별화를 창출하는 것이다. 여기서 문제는 기술이나 품질개선만으로는 한계가 있다는 것이다. 언제 더 나은 경쟁제품에 따라 잡힐지 모르기 때문에 기술혁신이나 품질개선에만 의존하는 기업은 주의해야 한다. 둘째는 브랜드를 통한 제품차별화이다. 끊임없이 더 훌륭한 제품이나 서비스를 제공하는 기업은 대부분 스스로 브랜드를 구축한다. 강력한 브랜드는 매우 넓은 경제적 해자를 만들어 줄 수 있다. 셋째는 획기적인 원가절감을 통한 저비용 전략이다. 원가절감은 공정개선을 하거나 규모의 경제를 통하여 달성할 수 있다. 넷째는 고객을 락인 (lock-in)시키는 것이다. 금전 때문이든 시간 때문이든 고객의 이탈을 힘들게 하는 이른바 전환비용을 높게 할 수 있다면 경쟁우위에 설 수 있다. 다섯째는 진입장벽을 통하여 경쟁사의 접근을 차단한다. 특허권, 정부의 인허가 등은 경쟁사를 막는 강력한 진입장벽이다.

이와 같은 경제적 해자를 가진 기업은 가격을 임의로 조절할 수 있는 협상력을 갖고 있어서 경기에 영향을 받지 않는다. 여기서 생각해봐야 할 것은 과연 경제적 해자가 얼마나 오래갈 것인가이다. 오래가기 위해서는 해자의 깊이와 넓이가 어느 정도냐에 달려 있다. 정부의 강력한 인허가와 같은 깊이 있는 해자를 가지고 있거나, 우수한 기술에다 브랜드 파워까지 해자의 넓이를 겸비했다면 그 회사의 경제적 해자는 오래갈 수 있다. 경제적 해자의 수명을 예측하는 것은 어렵다. 그러나 정확한 답을 구하지 못해도 예측은 반드시 고려해 봐야 한다.

② 세상을 바꾸는 플랫폼 기업

통신 네트워크가 확장되면 그 구축 비용은 이용자 수에 비례해 증가하지만, 네트워크의 가치는 이용자 수의 제곱에 비례하여 기하급수적으로 증가한다. 이를 멧칼프의 법칙이라 한다.

스마트폰이 출현함으로써 연결의 속도와 힘은 더욱 커졌다. 스마트폰 이용자가 많아지면서 연결에 연결이 더해졌고, 놀라운 가치들이 만들어졌으며, 지금까지 경험하지 못한 새로운 현상을 만들었다. 통신 네트워크를 기반으로 하는 인터넷 플랫폼 기업들은 기존의 산업생태계를 혁신적 파괴하면서 엄청난 속도로 성장하고 있다. 이들 기업은 이동성과 개방성 그리고 소유가 아닌 활용의 방식을 통해 가치를 창출한다. 한계생산성 체감으로부터 자유로우며 고객이 늘수록 기업의 가치가 커진다.

인터넷 플랫폼 기업들은 그들이 보유한 확장성 때문에 높은 PER 배수를 받고 있다. 시간이 지날수록 쌓이는 미래산업의 쌀이라는 엄청난 데이터는 활용 여하에 따라 그 가치는 무한대로 늘어날 수 있다. 새로운 서비스를 추가할 수 있고, 고정비가 낮아서 확장할수록 더 많은 이익을 얻을 수 있다. 기존의 삶의 패러다임을 바꾸고 그 기업의 제품과 서비스가 없으면 불편해서 고객이 떠날 수 없게 만든다. 이런 전환비용이 높은 모바일 네트워크를 기반으로 한 플랫폼 기업들의 성장 잠재력은 상상을 초월한다.

새로운 형태의 플랫폼 기업이 탄생하고 있다. 그 대표적인 기업이 바로 테슬라이다. 제조기업이 인공지능을 장착하고 네트워크를 입히면 플랫폼 기업이 되는 것이다. 테슬라가 슈퍼컴퓨터 도조라는 인공지능을 장착하고 저궤도 위성통신을 통한 네트워크를 장착하면 유니콘을 넘어서 어떤 괴물로 탄생할지 소름이 돋을 지경이다. 국내 자동차 기업이 어떻게 대응할지가 궁금해진다. 아무튼 최근에 기존의 제조기업이든 서비스 기업이든 인공지능과 네트워크를 결합한 다양한 형태의 플랫폼으로 변모를 시도하고 있는 움직임이 나타나고 있다. 이런 기업을 선제적으로 발굴할 수 있다면 텐배거는 그리 어렵지 않을 것이다.

③ 신성장산업에 선제적으로 진입한 기업

　우주 만물은 생주이멸의 과정을 거치면서 진화한다. 이것은 자연의 섭리이며 예외란 존재하지 않는다. 산업도 마찬가지이다. 영원히 존재하는 산업은 없다. 개발, 성장, 성숙, 쇠퇴의 산업수명주기를 거치면서 진화를 한다. 새롭게 출현하는 산업에 선제적으로 뛰어드는 기업은 위험이 크지만 성공했을 경우는 엄청난 과실을 얻을 수 있다.

　전기차 산업의 경우 탄소중립을 위해서는 반드시 가야 하고 많은 사람이 이용할 수밖에 없는 범용화 시기가 도래할 것이기에 엄청난 성장 잠재력이 있는 산업이다. 2021년 현재 개발단계를 넘어 성장 초입단계이지만 벌써 텐배거 종목들이 속출하고 있다.

　새롭게 출현하는 산업은 성장 초입기에 투자해야 성공 확률이 높다. 다만 도입기에 우선 정찰병만 투입하고 눈여겨보았다가 실제로 수주나 매출이 잡히기 시작할 때 본격적으로 진입을 하는 것이 유리하다. 한 가지 주의해야 할 점은 강력한 경쟁자가 나타나거나, 새로운 기술개발로 대체재가 출시되면 철수를 고려해야 한다는 것이다.

　앞으로 예상되는 신성장산업으로는 모든 에너지원은 화석연료에서 수소연료로 바뀔 수밖에 없다고 보면 수소경제 관련 산업이 유망할 것으로 예상된다. 아직도 개발단계이나 이미 수주 소식이 있고 매출이 일어나기 시작했기 때문에 머지않아 성장 초입기에 진입할 것으로 추정된다. 그 외에도 자율주행, 메타버스 등이 신성장산업으로서 개발단계에 있으므로 관심을 가질 필요가 있다.

개발단계에 있는 기업은 기존의 사업에서 양호한 실적을 내면서 신성장산업에 진입하여 과감한 투자를 진행 중인 회사가 유망하다. 기초체력이 안 되는 기업을 소문만 듣고 들어가는 것은 반드시 피해야 한다.

④ 신기술, 신제품, 신서비스, 신시장, 신경영 보유 기업(5N)

주가가 비약적으로 상승하기 위해서는 뭔가 새로운 것이 필요하다. 여기에는 삶의 방식을 혁신적으로 변화시키는, 그럼으로써 종전의 이익증가율을 뛰어넘는 이익을 창출해 내는 신제품, 신기술, 신서비스가 있을 수 있다. 또한 화장품, 엔터, 배터리 같은 국내에서 성공한 기업이 해외에서 새로운 시장을 개척했을 때 폭발적인 성장을 가져올 수 있다. 이뿐만 아니라 회사의 새로운 활력을 불어넣고, 새로운 아이디어와 함께 기존의 낡은 사고를 일소하는 신사고방식의 경영혁신이 새로운 성장동력이 될 수 있다.

새로운 것을 개발했다고 해서 모두 성공하는 것은 아니다. 향후 수년간 매출액이 늘어날 수 있는 충분한 시장 잠재력을 가진 신제품, 신기술, 신서비스여야 하고, 실제 매출이 급성장하고 있는 기업이어야 한다. 특히 국내에 없어서 수입에 의존하던 부품, 장비, 기술을 국산화하였거나, 세계 최초의 신기술, 신제품, 신서비스를 개발하여 매출이 급성장하는 기업이 유망하다.

단순히 신기술, 신제품, 신서비스를 개발한 것만으로 투자하기에는 위험하다. 일단 정찰병만 투입하고 고객사를 확보하고 매출이 일어나는 것을 확인하고 본격 투자해도 늦지 않다. 수주 확보

소식이 있다든지 대규모 생산시설 투자 공시를 하는 경우는 추가 투자의 기회이다. 의외로 이런 기업의 순이익에 의미 있는 개선이 이루어졌으나 미처 주식시장에 반영되지 않아 주가가 상승하지 못하는 경우가 있다.

⑤ 턴어라운드하는 기업

사막의 꽃과 같이 저성장산업에서 위대한 기업을 찾아볼 수 있다. 성장이 정체된 부진한 산업에서는 허약한 기업은 파산하고 생존기업이 시장의 대부분을 차지하는 승자독식을 한다. 저성장산업에서 살아남은 위대한 기업의 공통점은 저비용사업자이거나 임원들이 철저한 구두쇠가 많다. 빚을 싫어하고 사무직과 생산직을 차별하지도 않는다. 직원들은 대우를 잘 받으며 기업 운명에 연대의식이 강하다. 큰 기업들이 간과하는 틈새시장을 발견하거나 빠르게 성장한다.

구조조정을 마친 해운업을 하는 HMM이 코로나 팬데믹의 특수한 상황이 발생하자 초호황을 누리며 턴어라운드에 성공하였다. 경쟁자가 없는 무주공산에서 과거에는 을의 위치에 있었으나 상황이 역전이 되어 오히려 갑이 되어서 가격을 마음대로 조절할 수 있게 되었다. 그러자 단숨에 텐배거 반열에 올랐다. 조선, 항공, 여행 산업에서 구조조정이 진행 중이다. 언제 턴어라운드가 일어날지 지켜볼 일이다.

⑥ 배당수익률이 높은 기업

배당수익률이 정기예금의 5배 이상인 종목에 배당투자를 한다. 종목에 따라 다를 수 있으나 이 정도의 배당수익률이라면 10년에 한 번씩 찾아오는 금융위기 때나 나타난다.

조금은 보수적이고 안정적인 투자를 원하는 사람의 경우 시장이 패닉에 빠질 때 제일 먼저 고려할 종목이 배당주이다. 현재 배당수익률이 높고, 그동안에 배당을 꾸준히 늘려왔고, 시장이 좋을 때는 주가 상승률도 높은 기업을 대상으로 한다. 주가가 크게 상승하지 않을 경우는 매년 받은 배당금으로 당해 주식을 추가로 매수한다. 이렇게 하면 배당금에 대한 복리 효과를 노릴 수 있다. 주가가 급등하여 배당액을 주가로 나눈 배당수익률이 정기예금 이자율보다 낮다면 매도를 해서 MMF나 은행 정기예금을 한다. 배당수익률이 높은 주식을 고르려면 NAVER/증권/국내 증시/배당에 들어가면 된다. 배당수익률이 높은 순서로 나열이 되어있는데 반드시 네 박자 체크를 해서 배당이 높으면서도 성장성이 있는 주식을 고르면 된다. 그렇게 해야 배당수익도 올리고 시세차익도 노릴 수 있다.

배당을 많이 주는 우량주는 평소에는 변동성이 크지 않아서 시세차익을 얻기는 쉽지 않으나 시장이 붕괴하는 위기가 찾아오면 드디어 텐배거를 달성할 기회를 제공한다. 평소에 배당을 받아먹고 잘 지내다가 위기 때 가격이 폭락하면 레버리지를 일으켜서라도 추가로 잡으면 배당금이 이자를 상쇄함으로 편안하게 텐배거를 달성할 수 있다. 필자는 미국발 금융위기 때 한국금융지주 우선주 한 종목에 올인하여 배당금이 나오면 다시 그 주식을 되사는 방법으로 텐배거를 달성한 적이 있다.

⑦ 꾸준히 성장하는 성장 가치주

벤자민 그레이엄이 가치주라는 개념을 도입해서 성공했다면, 워런 버핏은 성장 가치주라는 개념을 도입해 스승을 넘어서는 투자의 전설이 되었다. ROE가 15% 이상이고 매출액과 영업이익이 상승 중이며, 무차입 경영을 하거나 부채비율이 감소하는 기업이다. 제품이 타사와 차별성이 있고 매력적으로 미래 성장이 확실하며 지속적인 배당을 증가하는 회사이다. 삼성전자와 애플 같은 기업이 해당한다. 성장 가치주는 싸게 사서 장기간 보유하는 것이 유리하다. 시장이 큰 폭으로 하락하여 안전마진이 충분히 확보될 때 사야 한다. 그러므로 10년 만에 찾아오는 대폭락 시에는 반드시 주시하고 있다가 40% 이상 하락하면 분할 매수로 접근할 것을 적극 검토해야 한다. 펀더멘털에 지장이 없는데 시장하락으로 바겐세일을 한다면 이보다 더 고마울 때가 없다.

2. 종목 발굴 방법

피터린치는 10루타 종목을 찾기에 가장 좋은 장소는 집 근처라고 하였다. 그게 여의치 않으면 쇼핑몰에 가서 찾아보고, 근무하는 직장 주변을 뒤져보라고 하였다. 이것은 평소 생활 속에서 늘 안테나를 세우고 주의 깊게 관찰하는 습관이 중요하다는 뜻으로 해석된다. 그러나 습관이란 하루아침에 바뀔 수 없다. 현실적인 대안으로 다음과 같은 방법들이 있을 수 있다. 이 방법들 역시 인내심이 필요하고 꾸준히 실천하다 보면 점점 익숙해져 속도가 빨라진다. 그중에 하나라도 건지면 그때부터는 자신감이 생기고 실제 이익으로 연결되면 드디어 나만의 로직이 만들어지는 것이다.

텐배거를 할 수 있는 스토리를 가진 기업을 찾는 방법은 먼저 영업이익률과 ROE가 경기에 상관없이 수년간 안정적으로 증가하는 기업을 선정한다. 이들을 대상으로 영업이익의 원천이 무엇인지, 경쟁우위의 기간이 얼마나 될 것인지, 업계의 경쟁이 블루오션인지 레드오션인지 살펴본다.

① 매 분기 실적 발표 시 매출액, 분기 영업이익, 연간 영업이익이 급성장하는 회사를 대상으로 그 원인이 무엇인지를 분석해 본다. 7가지 텐배거 유형 중에 어떤 핵심역량을 갖추고 있는지, 이러한 핵심역량이 5년 이상 장기적으로 지속이 가능한지, 글로벌 확장성이 있는지를 확인해 본다.

② 임원들이 자기 회사 주식을 수시 매입하는 경우 그 사유를 알아본다. 게임 체인저 기술을 개발했거나, 대규모 수주를 받는 등 향후 성장동력을 확보했을 가능성이 있다.

③ 최근 5년간 매출이 꾸준히 증가하며 감소한 분기는 한 번도 없고, 부채도 없고, 경기침체 때도 실적이 좋은 기업은 스토리를 찾아본다. 새로운 틈새시장을 발견한 것이라면 금상첨화이다.

④ 신성장산업이 출현하는 경우 관련 기업들을 총망라해 놓고

그중에서 핵심 기업을 찾는다. 분명하지 않을 경우는 몇 개의 후보를 1주씩 매수한 다음에 상승을 시작하는 기업에 비중을 싣는다. 시가총액이 큰 기업보다는 비교적 작은 소·부·장(소재, 부품, 장비) 기업이 상승률이 높을 수 있다.

⑤ 사막의 꽃이라 불리는 턴어라운드 기업을 찾는다. 구조조정을 끝마친 기업을 대상으로 매 분기 실적 발표 시 매출액과 영업이익, 잉여현금흐름이 증가하는지를 살펴본다. 차트상 대세 하락 후 장기 횡보하고 있으나 어느 날 갑자기 거래량을 동반한 상승이 나타난다면 그 이유가 무엇인지 분석을 해본다.

⑥ 시장, 마트, 전시회, TV 등 생활 속에서 이전에 없던 새로운 제품이나 서비스 등이 보이는 경우 그냥 지나치지 말고 관심 있게 살펴본다. 특히 MZ세대들이 주로 어디에 관심을 가지고 있고, 무엇을 하며 시간을 보내는지 매의 눈으로 항상 관찰하는 습관을 갖는다. 뭔가 새로운 현상이나 특이점이 포착되었다면 관련된 기업이 있는지, 상장회사인지 알아본다. 가능성이 있는 기업이 발견되었다면 지금 성공한 아이디어가 다른 곳에서도 통하는지, 확장성이 있는지 살펴보아야 한다. 숙련된 직원의 부족, 한정된 자금력, 실패해도 생존할 수 있는 능력 부족 등에 대해 꼼꼼히 짚어보아야 한다. 사실을 반드시 확인해 보고 검증되지 않은 기업은 투자를 미루는 것이 좋다.

이렇게 해서 텐배거 종목을 선정했다면 네 박자 체크를 한 다음 매수를 하고 매 분기 스토리를 재확인해 본다.

3. 투자 방법

> ✅ **하이로우 게임 이론**
>
> 카드 두 장을 놓고 숫자가 높은 쪽에 돈을 거는 게임이다. 여기서 절대로 지지 않는 방법이 있다. 첫 번째 베팅을 소액으로 한 다음 질 때마다 두 배를 베팅하면 처음 베팅한 금액만큼 반드시 이길 수 있다. 카지노에서는 금지되어 있으나 주식시장에는 제한이 없다.

1) 매수 방법

모든 조건에 충족하지만 이미 가격이 올라버려서 가치 대비 비싼 기업은 곤란하다. 이런 경우 두 가지 방법을 생각할 수 있다. 시장이 폭락하여 바겐세일을 할 때까지 무작정 기다리는 방법과 일부 사놓고 나머지는 가격이 하락할 때 사는 분할 매수 방법이 있다.

초보는 먼저 사놓고 물려서 마지못해 기다리지만, 고수는 빠질 때까지 기다렸다가 초보들이 겁에 질려 던질 때 기분 좋게 쓸어 담는다. 기다리면 스트라이크는 들어오게 되어있다. 스트라이크를 쳐야 홈런을 칠 확률이 높아진다.

① **상황별 매수법**
- **월 적립식 매수**

  10년 이상 장기적금 넣는다고 생각하고 매월 적금 넣듯이 매수하는 방법이다. 샐러리맨과 같이 매월 수입이 발생하는 경우 이 방법이 유용하다. 주식이 오르든 내리든 신경 쓸 필요 없이 현업에 집중할 수 있다. 또한 현재 가격이 얼마인지는 중요하지 않다. 주식시장이 상승국면일 경우는 다소 불리한 측면이 있으나 장기 하락국면일 때는 효과가 크다. 코스트 레버리징 효과 즉 평균 효과에 의해서 평균단가를 낮출 수 있어서 장기적으로 봤을 때 비교적 안정적인 수익을 올릴 수 있다.

  경제가 계속해서 성장하고 통화량이 늘어난다고 보면 주식시장은 우상향할 수밖에 없다. 그중에서 성장주는 평균 이상으로 빠르게 성장한다. 그러므로 일시적인 마이너스 수익률이 나타날 수 있으나 장기적으로 봐서는 손해날 일은 없다. 10년에 한 번씩 찾아오는 금융위기는 덤이다. 실적이 뒷받침되는 성장 가치주는 빠르게 회복되기 때문에 큰 폭 하락할 때가 오히려 절호의 매수 기회이다. 이 경우에 있는 돈 최대한 긁어모아 추가 베팅을 하면 수익을 극대화할 수 있다.

- **1주 매수**

  문제는 이런 기업들은 이미 많이 올라와 있다는 것이다. 그러므로 한꺼번에 큰 비중을 싣는 것은 수익률이 떨어질 수 있다. 발굴 주식을 1주 매수 후 기다렸다가 시장이 스스로 폭락해서 실제 가치보다 25% 이상 저평가되어 안전마진을 줄 때 진입한다. 누구도 알 수 없으나 최대한 바닥에 가까울 때 매수하는 것이 가장 유리하다. 예를 든다면 인간지표라고도 하는데 주위에서 아이고아이고 곡소리가 날 때, 개미들의 투매가 일어날 때, 신용반대매매가 나오고 신용잔고가 현저하게 줄어들 때가 바닥인 경우가 대부분이었다.

한 개 종목만 바라보고 있기엔 기회비용이 크기 때문에 5~6개 정도 발굴해놓고 낚싯대 바라보듯이 기다리는 것도 괜찮은 방법이다. 도저히 기다리지 못하는 성격이라면 시장 상황에 따라 하락할 때마다 조금씩 모아가는 전략도 바람직하다.

● **분할 매수**

향후 5년간 미래현금흐름을 계산해서 10년물 국채금리로 할인하면 현재가치가 나온다 이 현재가치와 시가총액을 비교해서 시가총액이 25% 이상 낮으면 안전마진이 확보된 것으로 보고 3분할로 1/3을 투입한다.

현실적으로 현재가치를 계산하기가 쉽지는 않다. 간단하게 계산하는 방법으로는 (성장률 + 배당률)/PER을 해서 2배 이상이면 양호한 것으로 간주한다. 성장률이 100%라면 PER 50배도 양호하다는 뜻이다.

또 다른 간편한 방법은 향후 1년간 영업이익에 10배를 곱해서 시가총액과 비교하는 방법이다. 이렇게 비교해서 매·이·현(매출액, 영업이익, 영업현금흐름)이 증가하는데 시가총액이 50% 이상 낮다면 대박 종목이다. 만일에 향후 1년간 영업이익의 10배보다 시가총액이 10배나 많은 경우는 절대 사서는 안 되는 주식일까? PER이 100배라는 뜻인데 이 경우에도 절대로 사서는 안 되는 것은 아니다. 만일 영업이익이 매년 100%씩 성장한다면 PER이 1년 후 50배, 2년 후 25배, 3년 후 12.5배가 된다. 이 정도로 급성장하는 회사라면 사지 않을 이유가 없다. 그러므로 PER/(1+성장률)^n 식을 적용해서 성장률을 포함하여 평가함으로써 좋은 투자 기회를 놓치는 실수를 막을 수 있다.

1차 매수 후 시장의 영향으로 하락한다면 바닥(원형, 이중, 삼중)을 확인하고 2차로 1/3을 투입한다. 하락하지 않고 V자로 곧바로 상승을 시작한다면 눌림목에서 2차 매수를 단행한다. 나머지 1/3은 만일의 경우를 위해 추가 베팅자금으로 보유한다.

② 비중 확대해야 할 때

첫째, 시장이 기회를 줄 때이다. 주식시장이 폭락하여 매입 평균가 대비 30% 이상 하락 시 추가 매수하여 비중을 확대한다. 인간지표를 활용한다. 주변 사람들이 곡소리를 낼 때, 지상파 9시 뉴스에 주식 10년 내 최대폭 하락 보도 시 저점일 확률이 높다.

둘째, 기업이 펀더멘털의 문제가 아닌 일시적인 위기에 봉착할 때이다. 대표이사가 아닌 내부 임원의 배임 횡령 등으로 소송에 휘말리거나 정부의 규제 이슈 등으로 30% 이상 급락할 때 비중 확대를 고려한다. 삼성바이오로직스는 분식회계 문제로 -60% 하락하였다가 그 뒤에 5배나 올랐다. 카카오와 같이 정부 규제 이슈로 -60% 이상 급락하는 경우 기업의 경영기반 자체를 흔드는 정도는 아니기 때문에 추가매수를 해볼 만하다.

셋째, 실적이 폭발할 때이다. 대규모 수주를 받았거나 새로운 시장을 개척하여 매출, 영업이익, 현금 흐름이 폭발하면서 장기간 지속 성장이 가능할 때 비중 확대가 가능하다. 어느 한 부문 또는 한 곳에서 성공하고 확장하면서 신규 수요를 창출하였을 때 한 단계 더 성장할 수 있다.

추가 매수한 주식이 20~30% 상승한 경우 추가매수에 투입된 자금 액수에 해당하는 주식만큼만 매도하여 이를 회수한다. 그러면 추가매수에 따른 수익만큼 주식수가 늘어나게 된다. 새로운 투자금액 비중을 늘리지 않고도 일시적인 사유로 주가가 급락할 때를 이용하여 주식수 늘리기를 할 수 있다.

③ 금융위기 때와 코로나 팬데믹 때와의 공통점과 차이점

두 번의 위기 사이에 공통점은 첫째, 많이 하락한 종목 중에서 실적이 턴어라운드 하는 경우 텐배거를 달성한다는 점이다. 특히 석유 화학 부문이 위기 때마다 유가가 급락하자 실적이 덩달아 부진해져서 주가가 급락한다. 그 후 양적완화를 통한 유동성이 풀리면서 유가가 급등하고 이에 따라 실적이 급성장하면서 주가도 급등하는 양상을 위기 때마다 반복하는 경향이 있다. 둘째, 자동차, 게임, 이차전지, 신재생에너지 등 개별 재료가 있는 상태에서 많이 하락하자 이것이 트리거가 되어서 급등한다는 점이 유사하다고 할 수 있다.

한편 서로 다른 점은 코로나 팬데믹은 바이러스라는 특수한 상황이 발생함으로써 여기에 상응하는 종목이 대거 급등하였다는 점이다. 또한 금융위기 때는 우량한 종목이 80% 이상 하락한 경우가 많아서 낙폭과대에 대한 메리트가 더해져서 상승에 탄력을 받은 점이 다소 차이가 있었다.

위기를 통해 얻을 수 있는 시사점은 주식시장의 핵심 변수인 유가, 금리, 환율이 급변하는 경우는 여기에 따른 수혜주가 반드시 있기 마련이라는 점이다. 유가 변동에 따른 수혜주로 대한유화를 비롯한 석유 화학 종목이 있고, 환율이 급등하는 경우 수혜주로는 OEM 방식으로 생산해서 수출하는 섬유 의류 부문 등이 있다. 금리 변동에 따른 수혜주로는 증권, 보험 등도 있다. 위기 때마다 수혜 종목 리스트를 만들어 놓는다든지 관심 종목에 편입해두고 수시로 체크를 해보아야 한다. 위기가 기회라는 사실을 이제 모르는 사람이 없을 것이다. 위기 국면에서 실제로 기회를 잡을 수 있느냐는 별도의 문제이다. 그러므로 미리 준비가 되어있어야 한다. 미스터 마켓이 주겠다고 난리를 치는데 이것을 받아먹지 못하면 차라리 판을 떠나야 한다.

[금융위기 때 상승률 상위 종목]

종목명	직전최고점		금융위기 최저점			위기 후 3년 내 최고점		
	일자	주가	일자	주가	하락률(%)	일자	주가	상승률(%)
금호석유	07.10	89,700	08.10	11,650	-87	11.06	257,000	2,106.0
대한유화	07.10	92,100	08.11	11,600	-87.4	11.07	175,000	1,408
롯데케미칼	07.09	175,000	08.11	32,200	-81.6	11.08	475,500	1,476.7
삼성엔지니어링	07.10	140,000	08.11	26,800	-80.9	11.07	281,000	948.5
기아	07.07	15,650	08.11	5,720	-63.5	11.04	84,600	1,379.0
에스엘	07.10	11,050	08.11	1,920	-82.6	11.04	33,150	1,626.6
엔씨소프트	07.06	89,900	08.10	22,900	-74.5	11.10	386,000	1,585.6
팬오션	07.10	5,120	08.10	630	-87.7	09.06	14,950	2,273.0
풍산	08.07	15,500	08.10	4,350	-71.9	11.01	52,900	1,116.1
한화솔루션	07.10	30,900	08.10	3,880	-87.4	11.04	57,000	1,369.1
네패스	07.06	13,650	08.10	1,660	-87.8	10.07	25,800	1,454.2
원익홀딩스	07.07	4,905	08.10	755	-84.6	11.03	11,700	1,449.7
유진테크	07.07	11,200	08.10	1,170	-89.6	10.05	19,800	1,592.3

[코로나 팬데믹 때 상승률 상위 종목]

종목	직전 최고점		코로나 팬데믹 최저점			위기 후 3년 내 최고점		
	일자	주가	일자	주가	하락률 (%)	일자	주가	상승률 (%)
HMM	19.07	4,280	20.03	2,120	-49.5	21.06	51,100	2,310.4
에코프로	20.02	28,650	20.03	13,800	-51.8	21.11	161,100	1,067.4
에코프로비엠	20.02	93,200	20.03	51,800	-44.4	21.11	575,100	1,010.2
엘앤에프	19.07	34,250	20.03	13,650	-60.1	21.11	255,000	1,768.1
대주전자재료	19.07	24,550	20.03	8,600	-65.0	21.11	130,500	1,417.4
동화기업	19.09	21,500	20.03	10,400	-51.6	21.11	119,200	1,406.2
삼강엠앤티	19.06	4,475	20.03	1,730	-61.3	21.11	25,650	1,382.7
유니슨	19.11	1,150	20.03	570	-50.4	20.09	7,910	1,287.7
두산퓨얼셀	19.10	10,300	20.03	4,010	-61.1	21.02	65,400	1,530.9
효성첨단소재	19.08	152,000	20.03	42,500	-72.0	21.09	877,000	1,963.5
효성티앤씨	20.02	181,000	20.03	75,100	-58.5	21.07	963,000	1,182.3
아시아나항공	19.04	9,450	20.03	2,270	-76.0	21.09	29,350	1,193.0
동국제강	19.01	8,630	20.03	2,780	-67.8	21.04	27,850	901.8
데브시스터즈	19.04	9,630	20.03	3,875	-59.8	21.09	199,500	5,048.4
우리기술투자	19.05	4,965	20.03	1,145	-76.9	21.04	13,550	1,083.4
위메이드	20.01	38,350	20.03	13,550	-64.7	21.11	245,700	1,713.3
인터파크	19.11	2,510	20.03	935	-62.7	21.07	11,300	1,108.6
메리츠금융지주	19.06	15,000	20.03	5,560	-62.9	22.01	55,900	905.4

(바이오종목 제외)

2) 매도 방법

> ✅ **오디세우스 전법**
>
> 트로이 전쟁을 승리로 이끈 오디세우스는 세이렌의 유혹에 넘어가지 않기 위해 부하들을 시켜 자신을 돛대에 묶게 했다. 여기에서 힌트를 얻은 기법으로 장기성장이 가능한 주식 중에서 수익이 난 주식을 매도 유혹에서 보호하기 위해 전량 매도 후 원금과 수익금을 묶어서 재매수하는 전략이다. 비용이 조금 들기는 하지만 새가슴을 극복하기 위해서는 어쩔 수 없다. 한편 복리의 마법을 활용하는 이점도 있다.

① 매도해야 할 때

첫째, 매수했을 때 기대했던 우호적인 여건 변화가 당초 예상에 못 미쳤을 때는 반드시 매도를 고려해야 한다. 처음에 주식을 매수할 때 실수를 했거나 투자한 회사가 가지고 있다고 믿었던 우수한 점이 자세히 살펴볼수록 훨씬 덜하다는 사실이 갈수록 명백해질 때 매도해야 한다.

둘째, 펀더멘털에 이상 징후가 나타나는 경우는 매도해야 한다. 수년 동안 기록적인 성장률을 이어온 기업의 주력 시장이 어느 단계에 이르러서는 성장 잠재력을 소진해 버릴 수 있다. 새로이 형성된 성장 산업에서 오랫동안 특출한 성과를 보여주었더라도 세월이 변하고 시장의 성장 전망도 다 소진되어 버리면 더는 보유할 이유가 없어진다.

　셋째, 현재 보유하고 있는 종목보다 더 나은 종목이 발견되었을 때 종목 교체를 위해서 매도해야 한다. 이때 주의해야 할 점은 이전에 투자수익률에 영향을 미쳤던 요인들을 모두 점검하는 세밀한 주의가 필요하다.

　넷째, 수익률이 100% 이상 달성되었을 경우 매도한다.

② 상황별 매도법

- 실수했거나, 펀더멘털에 이상이 있거나, 더 나은 종목이 나타났을 경우 매도법은 즉시 전량 매도이다.
- 목표수익률 이상 달성되었을 경우 매도 방법은 현재가치 이상으로 고평가되었거나 시장이 과열된 경우는 쌍칼 기법(현재가 대비 10% 하락 손절가, 고점 대비 10% 하락 트레일링 스탑)으로 서버 자동주문 등록한다. 일단 매도 처리되었을 때는 관심 종목에서 배제하고 다시 쳐다봐서는 안 된다.
- 100% 이상 수익이 났으나 아직 갈 길이 먼 주식은 매도 유혹을 이기기 위해 오디세우스 전법으로 전량 매도 후 원리금을 묶어서 재매수한다. 그렇게 한 다음 시장이 하락하거나, 펀더멘털에 관계없이 일시적인 악재로 수익률이 30% 이상 마이너스를 나타낼 때는 오히려 추가 매수한다.

4. 위험관리(비중 축소)

✓ 시장에 겸손해야 하는 이유

필연보다는 우연이 훨씬 더 많기 때문이다. 내가 돈을 번 것은 내가 잘했기 때문이 아니라 우연이 작용했을 가능성이 크다. 우연은 언제 어떤 모습으로 나타날지 모르기 때문에 항상 겸손해야 하고 언제나 준비되어 있어야 한다. 준비된 자에게는 우연도 기회가 되는 것이다. 다양한 이해관계가 얽혀있는 연기적 세계에서는 정밀성이나 정확성 및 완전성 등을 기대하기란 불가능에 가깝다.

1) 비중 축소해야 할 때

가치투자자도 마켓타이밍을 이용한다. 시장의 붕괴 직전에 빠져나왔다가 폭락 후에 일반 투자자들이 견디다 못하여 투매할 때 쓸어 담는다. 워런 버핏도 더 이상 살 주식이 없을 때 고객에게 돈을 돌려주면서 펀드를 청산하였다. 그런 다음 물 반, 고기 반 주식이 쌀 때 다시 들어가 엄청난 수익을 올린 경우가 있다. 우리나라의 경우 거의 10년에 한 번씩 주식시장의 붕괴가 일어났다. 지수가 40% 이상 하락하면 개별 주식은 60~80%까지 급락하게 된다. 보유주식이 50% 하락하면 본전이 되려면 2배 올라야 한다. 80% 하락하면 5배 올라야 본전이 된다. 아무리 장기투자를 지향하고, 시간이 흐르면 결국에는 회복된다지만 온몸으로 붕괴를 맞이하는 것보다 미리 대피하는 것이 금전적으로나 정신적으로 훨씬 이득이 된다.

그런데 시장은 항상 선반영된다는 것이 문제다. 보통 주식이 천장을 치는 시기는 다름 아닌 기업 실적이 가장 좋고, 모든 애널리스트들이 장미빛 전망을 할 때라는 점이 예측을 어렵게 만든다. 그러므로 종합지수가 8부 능선에 도달하면 언제 고점 징후가 나타날지 다양한 가능성을 열어 두고 꾸준히 관찰하는 수밖에 없다. 고점 징후가 포착되면 비중 축소를 시작해야 한다. 비중 축소하는 이유는 다음 기회를 잡기 위한 것이다.

2) 주식시장은 끝을 모르는 파티장

언제 끝날지 아무도 모르는 파티장이 있다. 광란의 파티장일수록 폐장에는 끔찍한 험한 꼴을 볼 수 있다. 그래서 험한 꼴을 보지 않고 최대한 즐기면서 폐장 직전에 빠져나가는 방법은 미인들이 하나둘씩 사라질 때 유심히 보다가 대부분 빠져나갈 때쯤 같이 나오는 것이다.

마찬가지로 주식시장도 끝을 모르는 파티장과 같다. 파티가 무르익을수록 이제까지 근처도 얼씬거리지 않던 개미들이 몰려들기 시작한다. 이때 주식시장의 미인들인 외국인과 기관들과 같은 세력들은 마지막 화려한 불꽃을 뒤로하고 빠져나가기 시작한다. 화려한 불꽃에 눈이 먼 개미들은 영원히 끝나지 않을 파티인 것처럼 달려든다. 그러자 어느 순간 불꽃은 사라지고 온몸에 시퍼런 피멍

자국만 남게 된다. 그러므로 파티는 영원할 수 없으며 불꽃이 화려할수록 끝이 가까웠음을 알아야 한다. 그리고 미인들이 빠져나가는지 아직 남아 있는지를 유심히 살펴야 한다. 그래야만 폐장의 험한 꼴을 피할 수 있다.

3) 시장 붕괴 직전의 고점 징후 포착 방법

시장 붕괴 직전의 고점을 어떻게 아느냐가 관건이다. 주식시장 전체의 배당수익률보다 채권수익률이 높을 때, 경제성장률 대비 주식시장 성장률이 과대할 때, 수익의 증가에 비해 PER이 급격히 상승할 때, 경제성장률의 둔화가 시작할 때 등이 대체로 고점 징후를 나타낸다.

어느 날 주식시장이 오름세를 타면서 시장 전체의 거래량은 전날보다 눈에 띄게 늘어났는데 주가의 오름폭은 전날의 상승 폭에 비해 훨씬 작아질 때가 있다. 이처럼 더 이상의 주가 상승을 수반하지 않는 거래량 증가는 하락의 전조증상이다. 또한 시장이 전강후약의 흐름을 보이고, 종합지수의 일 중 고점과 저점 간 차이가 이전보다 커지는 경향을 보일 때가 있다. 이것은 주포들이 도망가기 전에 물량을 처분하는 과정에서 나타나는 현상들이다.

월봉 기준 3차 상승 후에 4~5주간의 여러 가지 전조증상들이 나타나고 대량 거래량을 동반한 윗꼬리가 긴 피뢰침이나 장대 음봉이 출현할 때는 주포들이 본격적으로 팔기 시작했다는 신호이다. 이때부터는 보유물량을 줄이기 시작해야 한다. 이전에 미국이 금리를 올리기 시작했다면 대세 하락 직전의 고점일 확률이 더욱 높아진다.

천장을 치고 하락한 다음 첫 번째 반등이 중요하다. 만일 반등이 성공하여 전고점을 돌파한다면 아직 천장이 아니라는 의미이고, 전고점 돌파에 실패하고 반등 시도 직전 저점을 깨고 내려간다면 본격적인 대세 하락이 시작된다. 최초의 반등 시도가 약하다는 것을 알려주는 몇 가지 신호가 있다. 종합주가지수가 3~5일째 상승하고 있는데 거래량은 계속 줄어들고 있는 경우, 종합주가지수의 상승 폭이 전날과 비교해 큰 폭으로 줄어드는 경우, 종합지수가 일 중 고점으로부터 떨어진 낙폭의 절반도 회복하지 못하고 장을 마감하였을 때 등이다. 이런 신호가 나타난다면 반등 시도가 실패할 것을 예고하는 것이기 때문에 적극적으로 매도를 하는 것이 좋다.

4) 고점 징후 찾는 또 다른 방법

천장의 징후를 포착하는 또 다른 방법은 주도주가 어떻게 움직이는가를 보는 것이다. 강세장이 2년 정도 이어진 뒤 주도주로 손꼽히는 개별 종목들의 주가가 갑자기 흔들리기 시작했다면 시장이 좋지 않은 방향으로 돌아서고 있다는 징후로 받아들일 수 있다. 주도주들의 주가 움직임이 갑자기 이상해지는 경우는 그동안에 상승세를 타는 과정에서 세 번째 혹은 네 번째 모양을 형성한 뒤 신고가를 기록할 때 자주 나타난다. 특히 여러 달 동안 상승을 지속하다가 갑자기 2~3주 사이에 급등하는 경우는 이상 징후의 또 다른 신호이다. 주도주들이 마지막 급상승 후에 조정에 들어가 더 이상 고점 갱신하지 못하고 주춤거리기 시작하고, 대신 실적이 좋지 않은 저가 부실주들이 준동하기 시작하면 상투에 다가온 것이다. 어떤 경우에는 이미 천장을 친 시장이 두 달 정도 회복세를 보이며 전고점 근처까지 오르거나 심지어는 신고가를 기록한 다음 급락세로 돌아서기도 한다.

시장 전반에 영향을 주는 기본적인 변수 가운데 미 연준의 금리 결정이 아주 중요하다. 미 연준의 금리 인상 초기에는 경기가 좋아서 인상하는 것으로 간주하고 주식시장이 상승한다. 오히려 금리 인상을 멈추면 약세장이 시작된다. 경기침체를 막기 위해 금리 인하를 하게 되면 주식시장은 본격적으로 하락을 하게 되고, 금리 하락이 멈추면 그때부터 반등을 시작하게 된다. 과거 사례를 분석하는 것도 도움이 된다. 1997년 외환위기 때, 2007년 미국발 금융위기 때, 2020년 코로나 팬데믹 때 세 차례 시장 붕괴가 있었다. 시장 붕괴 직전에 어떤 전조증상이 있었는지 살펴보는 것도 도움이 될 수 있다. 이때 공통점은 금리가 높은 상태였다.

5) 서둘러 재진입해서는 안 된다.

일단 약세장에 진입할 것으로 생각하고 주식을 현금화했다면 이제 문제는 얼마나 오랫동안 기다려야 할 것인가 하는 점이다. 너무 빨리 시장에 재진입한다면 반등이 금방 끝나면 손실을 기록할 수 있다. 그렇다고 시장이 본격적인 상승기로 진입하려는 순간인데도 주춤거린다면 좋은 기회를 놓칠 것이다. 모든 약세장은 그 하락 정도가 크건 작건 반드시 몇 번의 반등 시도를 보여준다. 이런 반등 시도가 보인다고 해서 곧장 뛰어들어서는 절대로 안 된다. 주식시장이 완전히 새로운 흐름으로 바뀌었음을 확인할 때까지 기다려야 한다.

반등 시도가 시작되는 시점은 종합지수가 전날 하락한 다음 날 바로 회복하거나, 오전장에서는 하락한 후 오후장 들어서 하락 폭을 만회하고 상승세로 마감했을 때이다. 그러나 첫 번째 상승으로 안심하기에는 이르다. 적어도 1주 이상 반등이 지속되는지를 확인해 봐야 한다. 주가가 대량의 거래량을 동반하면서 강한 상승을 한다면 큰 손이 들어왔다는 신호로 해석된다. 콜옵션 거래량이 풋옵션 거래량을 압도했다면 옵션 투자자들의 심리는 주가가 오르고 강세가 지속될 것으로 기대하는 것으로 해석할 수 있다.

윌리엄 오닐은 차트가 손잡이 달린 그릇 모양을 완성한 후에 그릇의 우측 벽 상단 즉 손잡이 시작점을 돌파할 때 매수할 것을 권고하였다. 이 경우 실패할 확률은 줄겠으나 수익률은 낮아질 수 있다. 만일 안전마진이 충분히 확보되었다면 그릇의 바닥을 만든 다음 우측 벽을 만들기 시작할 때 1차 매수를 시작하는 것이 유리하다. 2차 매수는 그릇의 바닥 부분에서 가장 높은 직전 고점을 돌파할 때 하고, 3차 매수는 손잡이 달린 그릇 모양을 완성한 후에 손잡이 시작점을 돌파할 때 매수하면 수익률 제고에 이상적이다.

5. 텐배거(10배) 달성 기업 사례

텐배거를 달성한 기업은 뭔가 남다른 데가 있다. 신기술 개발이나 원가절감 등 내부 혁신을 했거나, 새로운 산업이 태동함을 알고 미리 준비한 기업들이다. 이미 텐배거를 달성한 사례를 분석해 보면 종목을 찾는데 많은 힌트를 얻을 수 있다.

2021년 기준 5년 이내 텐배거를 달성한 사례를 보면 풍력, 이차전지, 수소, 메타버스 등 신성장산업에 선제적으로 투자한 기업들이 많음을 알 수 있다. 2~3년에 그치는 단기 테마가 아니라 시대의 트랜드가 그렇게 갈 수밖에 없고 정부의 정책적인 뒷받침이 있는 신성장산업의 경우는 상상을 초월할 정도의 성장이 있을 수 있음을 숙지할 필요가 있다. 특히 신기술, 신제품을 개발하는 기업이 대기업과 파트너십이 형성된다면 눈여겨보아야 한다.

텐배거 달성 기업 (2021년 기준 5년 이내)

유형별	종목명	상승률 기간	상승률 배수	핵심요인
신성장 산업	씨에스윈드	20.03~21.01	10.6	풍력발전
	삼강엠앤티	20.03~21.01	13.8	풍력발전
	유니슨	20.03~20.09	12.8	풍력발전
	일진머티리얼	17.01~21.12	11.2	이차전지소재
	포스코케미칼	17.01~21.02	14.5	이차전지소재
	에코프로	20.03~21.11	10.6	이차전지소재
	에코프로비엠	20.03~21.11	10.1	이차전지소재
	엘앤에프	20.03~21.11	17.6	이차전지소재
	대주전자재료	20.03~21.11	12.8	이차전지소재
	동화기업	20.03~21.11	10.4	이차전지소재
	피엔티	19.08~21.11	12.5	이차전지설비
	효성첨단소재	20.03~21.09	19.6	탄소섬유
	두산퓨얼셀	20.03~21.02	15.3	수소연료전지
	위메이드	20.03~21.11	17.1	메타버스, NFT
5N(신기술, 신제품, 신시장 등)	효성티엔씨	20.03~21.07	11.8	스판덱스
	에스앤에스텍	18.11~20.08	19.9	반도체장비 국산화
	에프에스티	19.01~20.06	11.1	반도체장비 국산화
	티에스이	20.03~21.08	11.3	반도체 검사장비
턴어라운드	HMM	20.03~20.05	23.1	구조조정
	두산중공업	20.03~21.06	12.3	구조조정
	아시아나항공	20.03~21.09	11.9	구조조정
	데브시스터즈	20.03~21.10	50.4	흑자전환

또한 턴어라운드하는 기업의 경우 실적이 뒷받침된다면 폭발력이 엄청나다. 데브시스터즈의 경우는 적자기업으로 있다가 새롭게 출시한 게임이 대박이 나자 50배나 상승하는 대기록을 달성하

였다. HMM도 구조조정을 마치고 정상궤도에 들어서자 때마침 코로나 팬데믹으로 운임지수가 급상승하여 실적이 서프라이즈를 기록하게 되었다. 산업의 구조조정을 마친 상태에서 호황기를 만나면 승자독식이 되어 실적이 퀀텀 점프하게 되고 주가도 덩달아서 하늘 높은 줄 모르고 올라가게 됨을 알 수 있다.

일회성 모멘텀이지만 한 지역이나 일부 국가에 해당하는 것이 아니라 코로나 팬데믹과 같은 글로벌하게 영향을 미치는 특수한 상황에서는 얘기가 다르다. 매출 규모도 크고 기간도 길어서 텐배거 종목이 나올 수 있음을 보여준다.

한편, 이익을 한 푼도 내지 못하는 만년 적자인 텐배거는 가짜이고 쓰레기 종목이다. 텐배거 했다가 도로아미타불이 됐다. 이런 주식은 쳐다보지도 말아야 한다. 좋은 기술과 신약 개발 플랫폼을 보유하고 있다면 실제 블록버스터급 신약을 개발해야 한다. 그때 사도 늦지 않다. 이런 깡통 주식을 사는 것은 투자가 아니라 투기이다. 가상화폐나 마찬가지이다. 이런 주식을 추천하는 전문가라고 하는 사람은 숨겨진 의도가 있거나, 정말 뻔뻔한 사람이다. 얼마나 많은 개미에게 눈물을 흘리게 했는가? 그래놓고 사과 한마디 하지 않는 사람들이다. 투자의 기본도 모르고 투기를 조장하는 사람에 불과하다. 이런 사람에게 '당신 부모나 자식에게도 추천할 수 있는가?'라고 묻고 싶다.

불공정 공시는 또 얼마나 많았는가? 임상에 실패했으면 깨끗이 인정을 할 것이지 95%가 효과가 없는 것으로 나왔으면 실패한 것인데 5%는 효과가 있다고 하면서 다시 임상 신청을 하느니 하는 것은 사기행위에 불과하다. 초보자들은 바이오는 절대로 쳐다보지 말아야 한다. 투기꾼들의 영역이다. 삼성바이오 외는 믿을 만한 바이오주는 없다. CDMO를 통해서 돈을 벌어서 그 재원으로 신약을 개발하든지 해야지 맨땅에 헤딩하는 식으로 개미들에게 손을 내미는 기업에는 절대로 발을 담그면 안 된다.

[개미 울리는 가짜 텐배거]

유형별	종목명	상승률		핵심요인
		기간	배수	
제약 바이오	신풍제약	20.03~20.09	26.5	코로나 경구용 치료제
	메지온	17.03~19.11	13.7	단심실증 치료제
	박셀바이오	20.10~21.01	13.6	항암 면역 치료제
	셀리드	20.03~21.07	12.0	코로나 백신
	엠투엔	20.03~21.06	26.5	코로나 치료제
	유바이오로직스	20.03~21.05	12.2	코로나 백신
	한국비엔씨	20.03~21.10	63.0	코로나 경구용 치료제

제 4 단계 : 중기투자(SS기법)

1. SS기법이란?

중기투자는 3~6개월 정도로 기간이 길지도 짧지도 않아서, 너무 지루하지도 않고 주가 움직임에 조급하지 않아도 되는 장점이 있다. 리스크는 줄이면서도 수익률은 극대화하기 위해서는 목표 수익률을 낮게 잡고 회전율을 높여서 복리 효과를 노리는 방법이 가장 효과적인 전략이다. SS기법은 여기에 부합하면서도 탐욕과 공포와 같은 심리적 영향을 받지 않기 위해 고안된 시스템 매매기법이다. 절대 지지 않는다는 의미의 이순신 장군의 이니셜을 딴 매매기법이기도 하다. SS 기법에는 네 가지 원칙이 있다.

2. SS기법의 네 가지 원칙

▷ **제1원칙 진짜주식을 찾아라**

1) 진짜주식이란? (성/숙/수/트)

① **성장하는 주식이다.**
분기 매출액 · 영업이익 · 순이익이 전년 대비 30% 이상 성장하

고, 전 분기 대비 20% 이상 성장하여야 한다. 또한 연간 매출액·영업이익·순이익이 최근 5년간 지속적인 성장을 하여야 한다. 부채는 매년·매 분기 감소하고, 영업현금흐름은 증가하여야 한다. 여기에다가 ROE(자기자본이익률)가 15% 이상이면 금상첨화이다. 성장하는 기업은 시간이 지날수록 순자산가치가 증가하므로 일시적인 악재가 발생하더라도 결국 이를 극복하고 주가는 우상향할 수밖에 없다. 아무리 돈을 많이 벌어도 성장하지 못하고 매년 똑같은 금액만 번다면 그 주식은 더 이상 가지 못한다. 그러나 매년 번 돈으로 자사주를 매입해서 소각한다면 얘기가 달라진다. EPS가 증가하고 PER이 낮아져서 저평가 메리트가 높아진다. 애플의 경우가 여기에 해당한다.

적자기업, 부채 과다(200% 이상) 기업은 제외한다. 단, 우발적인 사고로 일회성 비용 증가에 따른 적자인 경우는 예외로 한다. 또한 부채비율이 200%가 넘더라도 매 분기 감소 추세에 있으면 인정하고, 200% 이하라도 지속적인 증가추세라면 제외한다.

② 숙성되어야 한다.

과일이 숙성되면 수확을 하기에 좋은 상태가 된다. 주식가격이 충분히 하락하거나 실적이 뒷받침되어 밸류에이션(가치평가)이 낮아진 경우는 투자하기에 딱 좋은 상태로 숙성이 되었다고 할 수 있다. 주식가격이 기업의 가치보다 25% 이상 낮아져서 충분한 안전마진(예측한 가치와 시장가격과의 차이)이 확보된다면 시장이 흔들리더라도 실패할 확률이 낮아진다.

안전마진을 계산하는 방법은 미래현금흐름을 계산해서 10년물 국채수익률로 할인하여 현재가치를 계산하고 시가총액과 비교한다. 이렇게 하면 계산이 복잡하므로 간단하게 계산하는 방법은 예상 연간 영업이익에 10배를 곱하여 시가총액과 비교한다. 시가총액이 낮을수록 안전마진이 커진다.

성장률이 높은 기업의 경우는 시가총액이 높아 탈락할 가능성이 있어 자칫 투자의 기회를 놓칠 수 있다. 이때는 향후 3년간 성장률을 추정하여 예상 연간영업이익을 수정한다. 여기에 10배를 하여 시가총액과 비교한다. 영업이익이 매년 2배씩 증가하면 PER이 100이라도 3년 후가 되면 PER이 12.5가 된다. (산식 : 시가총액/예상영업이익X(1+성장률)^3 〈 10)

③ 수급이 양호한 종목이다.

시장에서 큰손인 기관과 외국인이 꾸준히 매집하는 종목이면 최상이나 일단 지속적인 매도는 하지 말아야 한다. 지속적인 매도를 할 때는 남들이 모르는 뭔가 이유가 있을 수 있다. 기관 중에서 연기금이 소량이지만 지속적인 매수를 한다면 긍정적인 신호이다. 연기금은 장기투자 성향이 있어서 지속적인 매수는 장래 전망을 좋게 보고 있다는 뜻이다.

유통물량이 적은 종목이 유리하다. 대주주 보유지분이 50% 이상이면 매우 안정적이다. 여기에다 우리사주조합 지분이 10% 이상이면 최상이다. 그만큼 자기 회사에 대한 확신이 있고 애착심이 강하다는 뜻이므로 투자하기에 긍정적인 요인이다. 자사주를 매도하는 기업보다는 매수하는 기업이 긍정적이다. 매입한 자사주를 소각까지 한다면 더욱 좋다. 유통물량을 줄이는 효과가 있다. 펀더멘털 대비 저평가되었다는 자신감의 표현일 수 있고 자금력도 뒷받침된다는 의미이다.

주가가 후퇴하고 있을 때는 거래량이 줄어드는 게 바람직하다. 더 이상 강한 매도 압력이 없다는 의미다. 주가가 상승할 때는 거래량이 증가하는 게 좋은데 돈이 들어왔다는 신호이기 때문이다. 그러므로 하루 거래량이 평소보다 2배 이상 늘어났다면 주가 상승 확률이 높다는 점을 시사한다.

④ 트렌드에 맞는 주식이다.

왜 트렌드인가? 트렌드에 맞는 업종이 주도업종이 되고, 주도업종에서 주도주가 나오기 때문이다. 장기 트렌드에 맞는 주식은 언젠가 기회가 돌아온다. 상승하기 시작하면 오래간다. 기관투자가들의 간택을 받을 확률도 높다. 2020년대 트렌드는 크게 봐서 4차 산업혁명, ESG, 플랫폼, 신종 라이프 스타일 등이다.

- 4차 산업혁명 관련 부문에는 시스템 반도체, AI, 빅데이터, 자율주행, 로봇, UAM, 항공우주 등이다.
- ESG 부문에는 전기차, 이차전지, 수소 사회 관련(연료전지, 수소 생산·운반·충전 인프라), 태양광과 풍력같은 신재생 에너지 등이다.
- 플랫폼 부문에는 인터넷, 모바일, 오프라인이 통합하여 다양

한 형태의 유니콘 기업이 탄생하고 있다.
- 신종 라이프 스타일 부문에는 메타버스와 같은 가상세계, 한류 문화 콘텐츠, E스포츠로 발전하고 있는 게임 등이다.

정부 정책에 맞서지 말라는 격언이 있듯이 트렌드를 형성하는 업종에는 정부에서 정책적으로 지원하는 부문이 많다. 재정을 통한 직접 지원뿐만 아니라 전용 ETF를 통한 간접지원도 있다. 이와 같은 정책수혜 부문은 뒤에서 받쳐주는 든든한 후원자가 있는 만큼 쉽게 무너지지 않는다. 다만 정권이 바뀌는 경우가 리스크 요인이 될 수 있는데 정권교체기에 선거공약 등을 살펴볼 필요는 있다.

2) 진짜 주식 찾는 방법

> ✅ **대통령 비서보다 많은 나의 비서들**
>
> 나를 위해서 무급으로 일하는 수많은 비서들이 있다. 증권회사 애널리스트, 경제TV 신문 기자, 해외 특파원, 유튜버, 해외 유명 저널들이 불철주야 나를 위해서 보고서를 쓰고 있다. 나는 그냥 써먹기만 하면 된다. 그걸 쳐다보지도 않고 중요한 의사결정을 한다면 이건 직무유기다. 만약 CEO가 그렇게 한다면 그 조직은 어떻게 될 것인지는 불 보듯 뻔하다.

● **예비후보 찾기**

　진짜주식은 현재의 일등 주도주이다. 일등 주도주를 찾는 방법으로는 탑다운 방식과 바텀업 방식이 있다.

　탑다운 방식은 거시경제, 산업분석을 통해 유망산업을 찾아낸 후 기본적 분석을 통해 개별 기업을 찾아내는 하향식 접근 방식이다. 과거 수십 년의 시계열 데이터를 분석해서 돈의 흐름을 추적한다. 이를 통해 자금이 집중되는 산업을 골라 해당 산업의 밸류체인(가치사슬)을 파악해서 핵심 역할을 하는 기업을 찾아내는 것이다.

　바텀업 방식은 기업의 내재적 가치를 먼저 분석한 후 해당 기업에 영향을 미치는 거시경제지표를 분석하는 방법이다. 탑다운 방식과 바텀업 방식 어느 것이 옳다는 것보다는 상황에 맞게 적절히 사용하면 된다.

　그런데 문제는 개인투자자들이 시계열 데이터를 사용해서 분석하기에는 현실적으로 불가능에 가깝다. 이에 대한 대안으로 나를 위해서 일하는 비서들을 활용하는 방법이 있다. 증권사 리서치 센터에서는 경제 분석 · 산업분석 · 퀀트 · 글로벌 리서치 등 위클리 · 데일리 용 다양한 자료들을 제공하고 있다. 이것들과 여러 가지 인터넷 사이트를 활용하면 돈의 흐름과 가치사슬을 충분히 파악할 수 있다.

　기업은 내외적인 환경변화에 따라 끊임없이 변화한다. 진짜가 가짜가 되고 가짜가 진짜가 되기도 한다. 그러므로 진짜주식을 찾는 노력은 끊임없이 하여야 한다. 진짜주식을 찾는 데는 다양한 방법이 있을 수 있다. 일단 다음과 같은 방법으로 찾아서 예비후보군을 만든 후에 네 박자 체크를 통해서 최종적으로 확정한다.

① 상승률 상위종목, 거래량 상위종목, 외국인과 기관의 매수 상위종목 등을 꾸준히 관찰하여 특이성·동시성·연속성이 있는지를 살핀다. 즉 거래량이 이전과 다르게 갑자기 늘어나거나(특이성), 외국인 기관 동시에 순매수하는지(동시성), 연속적으로 순매수하는지(연속성) 등의 움직임이 나타나는 종목을 발굴한다.

② 분기 실적 발표 시 전 종목을 검색하여 분기 매출액과 영업이익이 전년 대비 큰 폭 증가하는 기업, 연간 영업이익 증가율이 30% 이상인 기업 등을 찾는다. 부채는 감소하고, 주당 순이익이 5년간 계속 성장하며, 현재 분기 순이익이 전년 대비 30% 이상 성장한 기업이라면 주도주의 확률이 높다. 기존의 진짜주식이 분기 영업이익이 적자이거나, 2분기 연속 감소하는 종목은 회사 IR 담당자에게 전화해서 일시적인 사유인지를 확인하고 그렇지 않을 경우는 즉시 매도를 고려해야 한다.

③ 증권사 리포트를 보고 힌트를 얻는다. 리포트 중에 이전에 많이 알려지지 않으면서 스토리가 괜찮은 종목을 고른다. 기존에 하는 사업에서 탄탄한 실적을 올리면서 신제품, 신기술 또는 신시장을 개척하는 등 새로운 스토리가 있는 기업은 최상의 종목이다.

④ 공시를 통하여 내부 임원이 주식을 매입하는 기업을 확인한다. 이런 기업은 뭔가 호재가 있을 확률이 높다. 주주 현황을 보고 대주주 지분이 50% 이상, 우리사주 지분이 10% 이상 기업을 찾

는다. 자기 회사에 대한 확신이 있는 기업으로 장기성장할 가능성이 있다.

⑤ 지수가 급락할 때 오히려 상승하는 종목을 찾는다. 뭔가 모르는 호재가 있거나 강력한 매집 세력이 있을 확률이 높다.

⑥ 유망한 섹터별 관심 종목을 총망라해 놓고 투자 가능, 유망, 유보 등으로 분류한다. 이 중에 투자 가능 종목을 예비후보로 선정한다. 분기 실적 발표 시 변화가 있는지 확인하고 재분류한다.

⑦ 각종 지수(BDI, SCFI, WTI, DXI, 달러 인덱스, 환율, 금리 등)를 추적하여 장기 등락 추세에 따라 수혜가 예상되는 종목을 선별한다. 각종 지수가 장기 침체 후에 상승으로 돌아서는 경우 수혜 종목은 엄청나게 상승하는 수가 있다. 특히 유가가 경제위기를 맞아 대폭락한 다음에 석유 화학 종목은 5~10배의 상승이 있었다.

⑧ 신문 방송이나 인터넷 유튜브에서 추천하는 종목 중에서 내가 알지 못하는 새로운 종목으로서 앞으로 성장성이 있어 보이나 아직 상승 여력이 남아 있는 종목은 후보 종목으로 선정할 수 있다.

⑨ ETF의 동향을 통해 찾는다. 신규로 출시하는 테마형 ETF 중 편입 비중이 가장 큰 종목을 선정한다. 동일 테마형 ETF를 여러 곳의 자산운용사들이 동시에 출시하는 경우 주도업종으로 자리를 잡을 수 있다. 이때 비중이 높으면서 공통으로 편입되는 종목이 주도주가 될 가능성이 있다.

⑩ 관심 종목을 200개 정도는 확보해 놓고 1주 한 번 정도는 차트와 거래량, 수급 동향을 체크한다. 코스피200과 코스닥150 종

목도 1주 한 번 정도는 어떤 변화가 일어나고 있는지 체크를 한다.

⑪ 조건 검색식으로 찾는다. 〔종가가 5봉 중 신고가/ROE 15% 이상(최근 분기, 최근 결산, 최근 3년 평균)/외국인 순매수/기관 순매수/거래량이 10일 평균 거래량 대비 200% 이상/영업이익률 전년 대비 20% 이상 증가(최근 결산, 최근 분기)/매출액 증가율 최근 결산 전년 대비 20% 이상〕 등을 조건으로 하되 항목과 수치는 상황에 맞게 가감할 수 있다. 52주 신고가 종목도 검색한다. 바닥권에서 이제 1차 상승을 시작한 경우는 급등주의 가능성도 있다. 단 3차 상승 중인 종목은 제외한다.

● 네 박자 체크(차/수/재/실)로 진짜주식 확정

주도주는 주도업종에서 나온다. 주도업종은 트렌드에 맞고 장기성장이 가능한 업종이며 업종 차트가 우상향 중이다. 이 중에서 일등주는 기관과 외국인이 동시에 매집하고 있고, 거래량이 많은 종목이다. 또한 강력한 모멘텀이 있을 뿐만 아니라 실적이 뒷받침되는 기업이다.

실적보다 재료가 우선하고, 재료보다 수급이 우선하고, 차트는 모든 것을 우선한다. 예비후보에 대해 네 박자 체크하여 일등 주도주인 진짜주식으로 최종적인 확정을 한다.

① 차트를 체크한다.

우선 주가가 우상향하고 있는지를 확인한다. 우상향한다는 것은 주가의 저점과 고점이 동시에 올라가는 것을 뜻한다. 반대로 우하향한다는 것은 저점과 고점이 동시에 낮아지는 것을 말한다. 다음으로 거래량이 평소보다 증가하고 있는지 확인한다. 마지막으로 막차(3차 상승)는 아닌지를 확인한다. 첫 차(1차 상승)가 가장 안전하고 먹을 것도 많다. 다음 차(눌림목 후 2차 상승)까지는 여전히 탈 만하다. 막차는 고수가 아니면 절대 타서는 안 된다.

차트가 깨진 주식 즉 고점에서 거래량이 실린 장대 음봉을 맞고 생명선(20일선)을 이탈한 경우는 단기적으로는 쳐다보면 안 된다. 다시 올라가려면 많은 시간과 에너지가 필요하다. 장기투자인 경우는 매집 찬스가 될 수도 있다.

윌리엄 오닐이 말하는 손잡이 달린 그릇 모양이 전형적인 바닥 패턴이다. 이때 그릇의 우측 벽이 1차 상승이다. 손잡이를 만들고 손잡이 시작점을 돌파할 때가 2차 상승이다. 급하게 하락할 경우는 V, W, 역해드앤숄더와 같이 울퉁불퉁한 바닥 패턴이 나오기도 한다. 거래량이 실리면서 비교적 큰 양봉이 나오면 가 바닥이 만들어질 확률이 높다. 이 경우는 매수해 볼 수 있다.

② **수급을 확인한다.**

외국인, 기관이 연속해서 매수하는지, 특히 연기금이 매수하는지 확인한다. 최소한 외국인, 기관이 연속 매도는 하지 않아야 한다. 외국인과 기관의 매수 비중이 낮은 상태에서 최근에 담기 시작했다면 연속성이 있을 가능성이 있고, 뭔가 좋게 보고 있다는 뜻이다.

주주 현황을 보고 대주주, 우리사주, 자사주 지분율을 확인한다. 이들의 지분율이 높다는 것은 회사의 장래를 믿는다는 뜻이기 때문에 긍정적인 요소라 할 수 있다. 최근의 거래량이 평소보다 늘어나는지 줄어드는지도 살펴본다. 거래량이 늘어나는 것은 큰손이 매집하고 있다는 뜻이다.

③ **재료를 확인한다.**

최근의 트렌드에 부합하는지 살펴본다. 테마와 같은 1회성 재료가 아니라 중장기 상승 모멘텀이 있는 재료인지 확인한다.

④ **실적을 확인한다.**

매·이·현·부, 즉 매출액·영업이익·현금흐름이 증가하고, 부채는 감소하는지 확인한다. 차트가 가장 우선이지만 실적이 뒷받침되지 않는 차트는 사상누각에 불과하다. 최근 분기 영업이익에 4배를 해서 연간 영업이익을 구하고 여기에 10배를 해서 시가총액과 비교한다. 시가총액이 낮다면 진짜주식이고, 높다면 따져봐야 한다. 만일 다른 조건은 모두 충족하는데 시가총액이 높다면 $PER/(1+성장률)^n$ 식을 적용해서 성장률로 수정을 하여 비교한다.

이와 같은 네 박자 체크를 통해 진짜주식으로 투자할 종목을 확정한다. 수급, 재료, 실적은 양호하나 차트가 깨져서 탈락한 종목은 지금 당장에는 투자하기에 리스크가 있으나 시간이 지나 숙성이 되면 진짜가 될 수 있으므로 관심 종목에 편입하고 추이를 살펴본다.

▷ 제2원칙 분산 투자하라

● 왜 분산투자인가?

　주식투자로 벼락부자가 된 사람들 대부분은 2~3개 종목에 레버리지까지 사용해서 집중투자를 하였다. 하루에도 수천만 원씩 수익과 손실로 왔다 갔다 하는 걸 보고 마음 편할 날이 없다. 불안과 초조함으로 잠시 가만히 있을 수 없어서 해당 기업의 경영진과 직접 소통하기도 하고 기업탐방을 수도 없이 많이 한다. 이러다가 결국 실패한 사람은 흔적도 없이 사라지고, 천신만고 끝에 성공한 사람은 거액의 자산가로 우뚝 서게 되고 유명인의 반열에 오른다. 보통 사람으로서 감히 해낼 수 있겠는가? 과연 이들의 성공 스토리가 개인투자자들에게 얼마나 도움이 되겠는가?

　분산투자에는 분명 단점이 있다. 대박인 종목이 있어도 전체수익률에 미치는 영향은 미미하다. 부를 축적하는 데 많은 시간이 필요하다. 마음이 급한 사람은 도저히 견딜 수가 없다. 그러나 분산투자의 장점은 훨씬 크다. 첫째로 누구나 할 수 있다. 능력에 크게 좌우되지 않고 안정적인 수익을 올릴 수 있다. 실수하더라도 만회할 기회가 많다. 둘째로 회전율을 높여서 복리 효과를 노릴 수 있다. 시간이 흐를수록 복리 효과에 의해 수익률도 기하급수적으로 늘어난다. 셋째로 몇 개 종목에 집중할 때보다 많은 종목을 다루다 보면 시행착오를 통해서 데이터가 축적되고 이를 통해 스스로 진화하게 된다. 넷째로 진짜주식을 찾는 노력을 하다 보면 정말로 성장 잠재력이 있는 좋은 주식을 발견할 수 있고, 장기투자 종목으로 전환해서 집중투자 할 수도 있다.

● 분산투자 방법

한 종목당 초기 투자금액을 총금액의 1/200로 한다. 이렇게 되면 설사 몇 종목이 잘못되더라도 전체수익률에 미치는 영향이 적기 때문에 큰 부담은 없다. 증권사마다 다르기는 하지만 HTS에서 한 계좌당 서버 자동주문 등록이 100개밖에 되지 않으므로 두 계좌로 나누어서 관리하는 것이 좋다. 투자를 진행하는 과정에 이익을 실현해서 총투자금액이 늘어나는 경우 총금액의 1/200을 해서 종목당 투자금액을 증가시킨다.

처음부터 200개 종목을 모두 채울 필요는 없다. 진짜주식을 찾는 대로 늘려나가면 된다. 펀더멘털에 문제가 있거나 치명적인 악재가 발생한 경우는 매도해야 하므로 종목 수가 줄어들 수 있다. 이 경우에도 이미 매입 종목 중에서 상승 여력이 많이 남아 있는 종목이나 새로운 진짜주식으로 특공대를 투입해서 종목 교체를 한다. 손실액을 빠르게 복구하기 위해 매도 시점 현재 평가금액이 아닌 총매입금액의 두 배를 투입한다. 이렇게 하면 원금손실을 확정하는 공포에서 벗어날 수 있어서 매도 기피증에서 자유롭게 될 수 있다.

몇 개 종목에 국한하는 집중투자는 성공할 경우는 높은 수익률을 올릴 수 있다. 하지만 보유종목에 경영진의 배임, 횡령 같은 예상치 못한 개별적인 악재가 터질 경우는 대규모 손실을 볼 수 있다. 또한 시장이 급락해서 엄청난 평가 손실이 시현 되면 개인투자자로서는 이를 감내하기가 쉽지 않다.

한편 200개나 되는 많은 종목에 분산투자를 하면 집중투자보다는 수익률이 떨어질 수는 있다. 그러나 여러 가지 이점이 있다. 가장 큰 이점은 분산투자를 하면 위험부담이 줄어든다. 설사 한 종목이 예기치 않은 큰 악재를 만나더라도 충격은 크지 않다. 그러므로 일단 심리적 안정을 기할 수 있고 투자의 중도를 달성할 수 있다. 수익률도 나쁘지 않다. 처음 시작할 때는 목표수익률을 낮춰서 회전율을 높이는 전략을 취한다. 3개월에 1회전이면 1년에 4회를 회전할 수 있다. 분기 10% 수익률이면 연간 40%이고, 2년이면 복리 효과에 의해 100% 수익도 가능하다. 목표수익률에 도달하면 일단 이익을 실현한다. 아직 추가 상승 여력이 남아 있는 경우는 원금과 이익금을 합하여 재매수하여 복리 효과를 노린다. 물론 이 중에는 3개월 만에 목표수익률을 달성하지 못하고 오히려 하락할 수도 있다. 이 경우는 네 박자 체크를 다시 해보고 진짜가 가짜가 되었다면 성장 잠재력이 큰 특공대를 투입해서 종목 교체를 한다. 매입금액의 두 배를 곱한 금액으로 재매수하면 손실액을 빠르게 회복될 수 있다. 또 다른 이점도 있다. 회전을 많이 하면 계속해서 새로운 종목을 발굴해야 하고 덩달아 종목연구를 많이 하게 된다. 초보자들도 점점 데이터가 축적되면 적은 종목으로 수십 년을 한 사람보다 더 많은 경험을 쌓게 된다. 200종목에 1년 투자하면 10개 종목에 20년 투자의 효과가 있다.

분산투자를 하면 수익률이 떨어진다는 주장은 반은 맞고 반은 틀린다. '주식투자로 성공한 현대의 영웅'에 나오는 래리 티슈는 "나는 4년 동안 기다려서 경기 싸이클이 바닥을 지날 때 크게 오를 것으로 예상되는 주식은 모조리 사버린다. 왜냐하면 어느 종목이 오를 것인가를 모르기 때문이다."라고 하였다. 개미들이 어느 주식이 많이 갈지를 판단하기는 어렵다. 다만 갈만한 주식들을 일단 사놓고 못 가는 주식은 잘 가는 주식 쪽으로 몰아 주는 것이 현명한 방법이다.

▷ 제3원칙 시스템 매매하라

✓ 페어트레이딩

손실 난 종목 중에 부정적인 개별 요인이 발생했거나 회복이 더딜 것이 예상되는 경우 손절매를 해야 하는데 쉽지 않다. 이 경우 상승확률이 높은 강한 종목(특공대)과 짝을 지어서 총매입금액에 2배를 곱한 금액으로 교체매매를 한다. 매매일지에 손실 확정은 신규 교체 종목이 이익이 났을 때 동시에 한다. 이렇게 하면 손실 확정에 따른 매도 기피증에서 벗어날 수 있다.

● 시스템 매매하는 이유

어느 종목의 상승세가 절대 꺾일 것 같지 않은 기세라 할지라도 "올라간 주식은 결국 떨어지게 마련"이라는 옛 격언에서 벗어날 수 없다. 경영상의 문제가 생길 수 있고, 경기 불황이 닥칠 수도 있고, 시장 전반의 흐름이 반전될 수도 있다. 주식시장에 100% 확실한 것은 없다. 그러나 사람의 마음은 유혹에 취약하다. 올라갈 때는 끝없이 올라갈 것 같고, 내려갈 때는 한없이 내려갈 것 같은 착각을 한다. 그러므로 탐욕과 공포를 이기고 실수를 줄이기 위해서는 처음부터 기계적으로 매매를 하는 것이 가장 효과적인 방법이다. 시세를 계속 쳐다보고 있지 않아도 되므로 시간적 여유가 생기고 다른 활동을 할 수도 있다. 또한 심리적으로도 안정감을 가질 수 있다.

● 시스템 매매 방법

대부분의 개인투자가는 탐욕과 공포로 인해 주식을 사고파는 것을 제일 힘들어한다. 시스템 매매는 생각이 개입되지 않게 서버 자동주문을 최대한 활용하여 기계적으로 하도록 한다.

목표수익률은 10~30%로 취향에 맞게 정한다. 처음 시작한다면 10%로 낮게 시작하는 것이 좋다. 일단 이익 실현을 하면 자신감이 생기고, 여러 번 이익 실현 경험을 하다 보면 요령이 생긴다. 그러나 목표수익률이 낮으면 성공할 확률은 높아지나 상대적으로 그만큼 할 일이 많아지고 바쁘게 된다. 어느 정도 자리를 잡고 수익도 실현하여 마음의 여유를 갖기를 원한다면 목표수익률을 조금씩 높이는 방법도 괜찮다. 필자의 경우는 10%로 시작해서 1년 정도 하다가 20%로 올리고, 그 후에 30%로 올려서 여유 있게 진행하고 있다. 단, 시장이 대세 하락기에 접어들면 목표수익률이 30%일 경우는 10~20%로 하향 조정하여 회전율을 높이는 것이 유리하다. 한꺼번에 일확천금을 노리듯이 승부를 보려면 성공 확률이 떨어질 수밖에 없고 손실을 볼 때는 크게 당한다. 목표치를 낮추어 성공 확률을 높이고 회전율을 높이는 것이 오히려 전체 목표치 달성에도 훨씬 유리하다.

목표수익률에 도달 시 일단 매도하고 다음 목표수익률 이상 추가 상승 여력이 있는 경우는 페어트레이딩의 특공대로 활용한다. 예를 든다면 손실 폭이 가장 큰 종목을 매도하고, 동 종목 총 매수금액의 두 배 금액으로 목표수익을 실현했으나 추가 상승 여력이 충분한 종목 즉 특공대를 매수한다. 유명 영화에 나오는 라이언 일병 구하기와 같은 방식이다.

목표수익률에 도달하였으나 다음 목표치까지는 아니고 조금 더 상승 여력이 있는 경우는 쌍칼 기법으로 하방은 목표가격을 손절매 가격으로 잡고, 상방은 최고가 대비 5% 하락 시 매도하는 트레일링스탑으로 서버 자동매도주문 등록을 한다. 주가가 계속 상승하는 경우는 5% 상승 시마다 손절매 가격을 높여서 변경등록을 한다.

통상적인 하락 폭보다 더 크게 더 빠르게 떨어졌다면 그만큼 그 주식이 통상적인 어려움보다 더 큰 난관에 봉착했다는 뜻이다. 시장하락과 관계없이 10% 이상 하락하는 경우는 원인이 무엇인지 알아보아야 한다. 펀더멘털에 이상이 있는 악재가 나타난 경우는 손실 여부와 관계없이 즉시 매도해야 한다. 대표이사의 횡령, 소송사건, 분기 실적 발표 시 적자 발생(단, 일시적인 경우는 제외)

등이 해당한다.

　보유종목이 30% 이상 손실이 발생하고 해당 기업이 내외부적으로 문제가 없으며 일시적인 수급 문제이거나 시장의 문제인 경우는 매입금액의 2배를 추가 베팅한다. 30% 이상 손실이 난 종목보다 상승할 확률이 더 높은 종목이 나타난 경우는 이 종목을 특공대로 활용하여 최초 매입금액의 2배로 교체매매를 단행한다. 이렇게 하면 손실 확정에 대한 두려움을 극복하고 손실액을 빠르게 회복할 수 있다. 시장이 대세 하락에 접어들었다고 판단되면 −30% 이상 하락하더라도 추가 베팅을 하지 말고 바닥이 확인될 때까지 기다려야 한다. 이 경우 −50% 이상 하락했지만 펀더멘털에 지장이 없는 종목이라면 총매입금액의 3배를 추가 베팅해서 빠르게 회복시킨다. 시장이 폭락해서 이런 종목이 많다면 그중에서 가장 똘똘한 종목부터 순차적으로 하면 된다.

● **합동 구출 작전**

　손실이 난 종목을 구제하기 위해 특공대를 투입하였으나 특공대에서 돌발 사태가 발생한다면 어떻게 해결할 것인지 하는 문제가 일어날 수 있다. 2~3배수를 투입해서 총매입금액이 커진 상태에서 또 다른 특공대를 투입하기가 부담스러울 수 있다. 이때는 4~5개의 확실한 종목을 추가로 선정해서 한꺼번에 특공대로 투입하여 합동 구출 작전을 진행한다. 새로운 특공대별 투입금액은 손실 난 종목의 총매입금액을 신규 투입 특공대 숫자만큼 4~5 등분해서 나눈 금액의 2배로 정한다. 이렇게 되면 혹시 또 다른 신규로 투입한 특공대가 잘못되더라도 같은 방법으로 탈출할 수 있으므로 큰 부담은 없다.

특공대를 투입하였으나 특공대 자체의 문제가 아니라 시장 전체의 문제로 -30% 이상 하락하는 경우가 발생할 수 있다. 그렇다고 총매입금액의 2배를 베팅하기에는 금액적으로 부담스러울 수 있다. 이때는 종목 교체를 하지 않고 분할 구출 작전을 진행한다. 총매입금액의 3~4 등분해서 나누어진 금액의 2배를 베팅하여 원본 손실을 만회하면 쌍칼 기법으로 빠져나온다. 가격이 다시 하락하는 타이밍을 이용해서 같은 방법으로 나머지 등분에 대해 차례대로 손실을 만회하고 빠져나온다. 매매를 진행하다 보면 매입 평균단가가 변하게 된다. 분할 구출 작전은 최초 매입 단가를 기준으로 해야 하므로 별도 메모를 통해서 매입 평균단가 관리를 하여야 한다.

추가 베팅을 시도할 때 계좌에 남아 있는 현금이 모자라면 예비자금을 활용한다.

▷ 제4원칙 예비자금을 확보하라

투자금액만큼 예비자금을 확보하여야 한다. 현금 규모가 작은 경우는 레버리지를 활용해서 확보할 수 있다. 무작정 빚내서 투자하라는 뜻은 아니다. 개별 주식의 펀더멘털에는 이상이 없는데 시장이 급락하는 등 가장 확실한 경우 베팅자금으로만 사용한다. 수익을 실현하면 베팅자금은 인출하여 예비자금 계좌로 옮겨 놓는다. 수익금을 연금저축 또는 부동산으로 대피시키고 이를 담보로 마이너스 약정하여 예비자금 확보하는 방법도 있다.

예비자금을 현금으로 보유하고 있는 경우는 공모주 청약자금으로 활용한다. 정기예금 이자 몇 배 이상 수익을 올리면서 예비자금으로 대기시킬 수 있다. 추가 베팅 자금으로만 활용하기 때문에 승률이 높고 전체자금 운용 효율도 높일 수 있다. 예비자금 없이 주식 비중을 100%로 하는 것이 전체자금 운용수익률도 가장 높을 것 같지만 심리적으로 불안할 뿐만 아니라 변동성이 커지면 수익률이 급격하게 떨어질 수 있다. 상승추세에 있을 때는 유리하지만 장기적으로 보면 안정적으로 운용하는 것이 가장 효율적이다. 시장이 급락하여 추가 베팅을 할 경우는 자연스럽게 100% 주식에 올인하게 된다.

네 가지 원칙은 반드시 지켜야 한다. 원칙은 지키라고 있는 것이다. 지금 당장 손해를 보는 것 같지만 결국은 계좌를 지키고 오랫동안 살아남을 수 있게 한다. 살아남아야 기회가 왔을 때 잡을 수가 있는 것이다.

슬럼프에 빠졌을 경우 빠져나오는 유일한 길은 철저한 매매 복기이다. 그러자면 매매일지가 필요하다. 투자성적이 나쁜 투자자들의 공통점 중 하나는 투자기록을 하지 않는다는 것이다. 그래서 그들은 해로운 행동을 계속할 수밖에 없다. 필자는 전 종목의 매수, 매도, 수익률을 일자별, 분기별, 연도별로 통계를 내면서 기록을 하고 있다. 손실이 난 주식은 뭐가 잘못이 있었는지, 수익이 많이 난 주식은 어떤 연유로 그렇게 되었는지를 한눈에 볼 수 있어서 복기하기에 편리하다. 나의 투자기록을 복기하여 잘못된 점은 반성하고 잘된 점은 다음 매매에 참고함으로써 점점 진화할 수가 있는 것이다.

3. SS 기법의 장점

집중투자보다는 수익률이 다소 떨어진다는 단점도 있으나 장점이 훨씬 많다. SS기법의 장점은 다음과 같다.

1) 탐욕과 공포를 이길 수 있는 투자의 중도를 이룰 수 있다.

단타는 오르고 내림에 따라 일희일비하게 되는 등 하루하루가 살얼음판이고 마음 편할 날이 없다. 특히 신용과 스탁론을 쓰고 한 종목에 집중투자를 한 경우는 그때부터 두근두근 가슴을 졸이기 시작한다. 불안과 초조 속에 살아가는 것도 한때 말이지 얼마 못 가서 몸에 이상이 온다.

단기투자는 가격변동이 심해서 잠시도 눈을 뗄 수가 없고, 장기투자는 너무 지루해서 인내심이 부족한 경우는 견디기가 어렵다. 중기투자는 중간 정도의 위치에 있어서 적당하다. SS기법은 분산

투자와 시스템 매매를 주로 하므로 불안과 공포가 없어서 오랫동안 심신을 지키며 할 수 있다. 투자에는 정년이 없어 평생을 해야 한다. 워런 버핏, 찰리 멍거, 조지 소로스 같은 사람들은 90세가 넘어도 아직 현직에서 활동하고 있다. 시스템 매매는 주식투자를 처음 시작하는 사람들도 큰 위험부담 없이 손쉽게 할 수 있다.

무엇보다 탐욕과 공포를 이길 수 있으며 궁극적으로 '투자의 中道'를 이룰 수 있다.

2) 수익률도 절대로 낮지 않다.

유망한 종목이 여러 개 있고 그중에 어느 종목이 주도주가 될지 알 수 없을 때는 한 종목에 집중투자보다 분산투자했다가 잘 가는 쪽으로 몰아줌으로써 오히려 수익률을 높일 수 있다.

목표수익률을 10% 정도로 낮추고 분기 1회전을 하면 연간 40%가 되고, 복리 효과에 의해 2년이면 100% 이상이 된다. 워런 버핏의 연평균 수익률이 25% 정도이니까 결코 낮은 수익률이 아니다. 회전율이 높으면 복리의 마법으로 수익이 기하급수적으로 늘 수밖에 없으나 결국 회전율을 높이는 것이 관건이다. 물론 시장 상황에 따라 달라질 수 있고, 게 중에는 오히려 하락하는 주식도 있을 수 있다. 그러므로 역주행하는 종목은 잘 가는 종목으로 교체해 주는 등 꾸준한 관리가 필요하다.

3) 많은 데이터를 얻을 수 있다.

많은 종목에 분산투자를 하고, 목표수익률을 낮게 해서 회전율을 높이므로 많은 데이터가 쌓인다. 또한 네 박자 체크를 통해 많은 종목을 정밀 탐색함으로써 시간이 지날수록 데이터의 질이 높아지고 이를 통한 시너지 효과를 얻을 수 있어서 머지않아 고수의 반열에 오를 수 있다. 어떤 주식이 진짜주식인지, 언제 배팅을 할 것인지를 알 수도 있다.

단타는 운칠기삼이라면 SS기법은 기칠운삼 정도는 된다. 시간이 지날수록 데이터가 쌓이고, 데이터가 쌓이는 만큼 실력도 쌓인다. 실력이 쌓이면 실패할 확률이 줄어들고 계좌잔고는 늘어나게 된다.

4) 장기투자, 스윙트레이딩과 연계해서 투자의 범위를 넓힐 수 있다.

많은 데이터가 쌓이다 보면 어떤 종목이 장기적으로 성장 가능한지, 어떤 종목이 단기적으로 오버 슈팅이 가능한지를 알 수 있다. 장기적으로 성장이 가능한 종목은 장기투자로 돌리고, 단기적으로 추가 상승이 예상될 경우는 스윙 매매로 수익률을 극대화할 수 있다.

5) 대단위 자금 운용도 가능하다.

진짜주식을 끊임없이 발굴하고 이를 대상으로 분산투자와 시스템 매매를 함으로써 대단위의 자금도 안정적인 운용이 가능하다. 자금 규모가 클수록 집중투자는 위험이 크므로 분산투자는 필수적이다. 또한 다양한 방법으로 진짜주식을 찾는 노력을 계속하다 보면 노하우가 생기고 속도도 빨라진다.

주식투자에서 가장 큰 문제 중 하나가 충동 매매이다. 충동 매매만 아니면 깡통 찰 일은 거의 없다. 알지만 못 고치는 것이 또한 충동 매매이다. 아예 시스템 매매를 통해서 기계적으로 매매를 함으로써 충동 매매의 여지를 없애버리는 것이 대규모 자금 운용에서는 기본이다.

그러므로 진짜주식을 찾아서, 분산투자를 하고, 시스템 매매를 통해서 기계적 매매를 함으로써 대단위 자금 운용이 가능한 것이다. 시간이 지날수록 완성도가 높아지면 기관투자가 못지않게 대단위 자금을 굴릴 수 있다. 장기투자나 단기투자로 큰돈을 벌었다면 SS기법을 활용한 중기투자로 돌리는 것도 모처럼 수익이 난 자금을 지키는 방법이 될 수 있다.

4. 실전 투자 사례

과연 SS기법을 활용한 중기투자가 성공할 수 있는지를 확인하기 위해 실제 적용을 해보기로 하였다. "시작은 미약하나 그 끝은 창대하리라"는 성경 말씀처럼 비록 적은 돈으로 시작하였으나 과연 그 끝은 어디까지 갈지는 아무도 모른다. 실제 투자한 사례는 다음과 같다.

1) 투자의 시작

2019년 1월 21일부터 최초 투자금액 4천만 원, 최초 한 종목당 투자금액 20만 원으로 시작해서 3개월에 걸쳐 약 200개 종목에 투자하였다. 계좌당 서버 자동주문이 100개밖에 되지 않아서 계좌를 두 개로 나누어서 개시하게 되었다. 두 개로 나누었을 때 장점도 있었다. 한 계좌는 안정적으로 하고 나머지 한 계좌는 조금은 공격적으로 운용하였다. 현재까지는 조금 공격적으로 운용한 계좌가 수익률이 높은 것으로 나타났다. 장세 변화에 따라 다를 수는 있을 것으로 예상된다.

2) 수익률 현황

2021년 12월 31일 현재 순수익실현금액은 58,631천원으로 수익률은 146.6%를 나타내고 있으며, 한 종목당 투자금액은 50만 원으로 상향되었다. 현재 평가금액은 중요하지 않다. 목표수익이 나면 바로 수익을 실현하기 때문에 평가금액은 항상 마이너스를 시현하고 있다. 종목마다 30% 이상 마이너스를 기록하는 경우는 펀더멘털에 이상이 없으면 베팅 찬스가 되므로 신경 쓸 일이 없다.

　진짜주식이라면 일시적인 평가손은 오히려 싸게 살 수 있도록 좋은 기회를 제공한다. 그러므로 마이너스가 커질수록 즐겨야 한다. 이 모든 것은 예비자금이라고 하는 든든한 백이 있어서 가능하다.

3) 종목 발굴

　종목 발굴 방법은 처음에는 5일 신고가 종목을 네 박자 체크해서 주로 사용하였다. 목표수익률을 10%로 하다 보니 매입 당일 수익 실현되는 등 회전이 빨라져서 많은 새로운 종목이 필요했다. 이때부터 종목 발굴을 위한 다양한 방법이 추가되었다. 성장 잠재력이 있는 유망한 섹터별로 전 종목을 네 박자 체크해서 통과된 종목을 관심 종목에 편입해두고 필요할 경우 활용하였다. 또한 일회성이 아닌 2~3년 갈 수 있는 중장기 테마가 출현하는 경우는 섹터별 전 종목 네 박자 체크 후 기존 사업에서 실적이 뒷받침되는 유망한 종목을 관심 종목에 편입하고 활용하였다. 증권사 리포트를 활용하여 상승 초입이거나 저평가된 종목 위주로 시초가에 매입하는 방식으로 사용했다.

　분기 실적발표 때가 가장 힘든 시간이다. 전 종목을 일일이 체크하는 것이 쉬운 일은 아니다. 그러나 여기서 얻는 것이 많아서 반드시 하고 있다. 매출액, 영업이익이 전년 동기, 전 분기 대비 30% 이상 성장한 종목은 네 박자 체크하여 관심 종목에 편입하였다. 관심 종목이 풍성해야 회전율을 높일 수 있고, 덩달아 수익률도 높일 수 있어서다.

4) 매매 방법

매수는 시초가가 5% 이상 떠서 출발할 경우는 기다렸다가 조정을 받을 때 들어가고, 5% 이하의 경우는 시초가에 매수했다.

매도는 목표수익률에 도달하면 바로 이익 실현한다. 처음에는 목표수익률을 10%로 비교적 낮게 해서 이익 실현하는 재미를 만끽하는 것이 좋다. 회전이 빨라서 바빠지고 수익이 100% 이상 쌓이면 목표수익률을 조금 높여 여유를 가지는 것도 괜찮다. 이익 실현 종목은 관심 종목에 넣어놓고 다시 내려오면 들어간다. 이익 실현한 종목이 아직 상승 여력이 남아있을 경우는 다시 그 종목을 산다. 아직 갈 길이 멀다고 생각되면 이익금을 합한 금액으로 다시 들어가거나, 아주 유망할 경우는 특공대로 활용한다. 평가금액이 마이너스 난 종목 중에서 예상대로 움직이지 않는 종목을 매도하고, 특공대를 이용하여 매도한 종목의 총매입금액의 2배를 투입해서 손실액을 빠르게 만회하였다.

대세 하락이 시작되었을 때는 마이너스 30% 이상 되어도 즉시 베팅할 필요는 없다. 어차피 추가로 하락할 가능성이 있으므로 충분히 기다렸다가 하는 것이 유리하다. 베팅할 예비자금이 있으므로 내려가면 내려갈수록 좋다는 마음으로 기다리는 공부도 그다지 나쁘지 않다.

제 5 단계 : 단기투자(스윙트레이딩)

1. 단기투자의 개요

 단기투자는 중장기투자와는 플레이어 자체가 다른, 또 다른 세계이다. 중장기투자의 세계에는 시장참여자들 누구나 시간이라는 강력한 무기를 가지고 있다. 그렇기 때문에 실력이 좀 모자라더라도 시간이라는 무기로 버틸 수가 있다. 반면에 단기투자 시장은 오로지 실력만이 존재하는 생존경쟁이 치열한 시장이다. 심지어 인공지능과도 싸워야 한다. 그러므로 단기투자로 큰돈을 굴리기에는 위험하다. 큰돈은 중장기투자를 하고 손해를 봐도 스트레스를 받지 않을 정도의 적은 금액으로 하여야 한다. 그리고 날고 기는 선수들과 인공지능을 이길 수 있는 나름대로 원칙과 전략을 가지고 임해야 한다. 단기투자는 기업가치보다는 기술적 분석에 의거 단기간의 등락을 예측하는 방식이다. 단기투자를 시간이 짧은 순으로 스캘핑, 데이트레이딩, 스윙트레이딩으로 구분할 수 있다.
 스캘핑은 시장이 열리고 있는 동안 발생하는 초단기 변동성을 이용하여 시세차익을 추구하는 방법을 말한다. 매수와 매도가 몇 초 또는 몇 분 내에 종결된다. 스캘핑은 주로 거래량이 많고 가격 변화가 심한 종목에서 초단타 매매에 익숙한 전문가들에 의해 이루어진다. 스캘핑은 수학적 분석에 의한 자동화된 알고리즘 매매에서 많이 쓰인다.

데이트레이딩은 매수한 포지션을 다음 날로 넘기지 않고 당일 모두 청산하는 하루 중의 거래를 말한다. 데이트레이딩은 스윙 트레이딩과는 달리 다시 올라온다는 확신이 없으므로 손절매가 꼭 필요하다.

스윙트레이딩은 매수한 주식을 며칠 동안 보유함으로써 상승탄력을 받은 주가의 수익을 극대화하려는 것이며, 며칠 동안 상승과 하락을 반복하는 주가 움직임의 속성을 이용하여 거래한다. 스윙은 그네를 의미한다. 그네가 올라갔다가 내려갔다가를 반복하듯이 주가도 상승과 하락을 반복하면서 가격을 형성한다. 스윙트레이딩은 주가의 상승과 하락을 이용하여 저점 매수 고점 매도하여 수익을 올리는 방식이다. 다만 내려가면 다시 올라온다는 확신이 반드시 있어야 한다.

● 개미가 골리앗을 이기려면

단기 매매를 하는 사람들은 돈과 실력을 겸비한 프로들이다. 여기에는 헤지펀드, 단기자금 운용 기관투자가, 검은 머리 외국인, 전문 전업투자자, 인공지능까지 그야말로 골리앗들이다. 이들의 전략은 사전에 물량을 확보한 다음 호재성 뉴스를 띄우면서 가격을 급등시킨다. 개미들이 흥분해서 추격매수를 하면 팔고 도망가는 전략이다. 이들을 이기려면 단 한 가지라도 매매 우위를 확보해야 한다. 그중 하나가 패턴 주기를 파악하는 것이다.

우주 만물이 생주이멸을 하면서 주기를 만들듯이, 주가도 패턴을 만들면서 주기를 반복한다. 패턴 주기는 저점에서 형성되는 바닥에서 시작해서 상향 돌파한 다음 상승추세 후 천장을 만들고, 다시 하향 돌파한 다음 하락추세 후 또 다른 바닥을 만든다. 주가는 확산과 수렴의 과정을 반복하면서 상승과 하락, 횡보의 패턴 주기를 만든다. 주가는 통상적으로 세 번 확산하면 천장을 만들고 하락추세로 접어드는 경향이 있다. 또한 상승추세와 하락추세가 진행되는 동안 세 가지 형태의 갭이 형성된다. 새로운 파동이 시작되는 1파에서 나오는 돌파 갭, 추세의 중간지점인 2파에서 나오는 지속 갭, 파동의 끝에서 반전이 일어나려 할 때 나오는 소멸 갭이 있다. 돌파 갭과 지속 갭은 강력한 지지선 역할을 하고 소멸 갭은 반전을 예고한다. 패턴 주기는 분봉 차트부터 월봉 차트까지 모든 시간 단위에서 구현된다. 여러 시간 단위의 패턴 주기를 같은 틀로 비교하여 각 주기 사이의 상호작용을 분석하면 수익의 기회를 포착할 수 있다. 대개 변동성이 낮은 횡보 구간이 끝나고 변동성이 높은 새로운 추세가 시작되는 지점에서 최적의 수익 기회가 생긴다.

  작전주의 경우도 마찬가지로 나름대로 패턴이 있다. 작전 세력들은 암암리에 불법행위도 불사할 정도로 치열하게 움직이기 때문에 언제 어떤 일이 벌어질지 알 수 없다. 그러나 이들의 패턴도 변동성은 크지만 결국 비슷하다. 왜냐하면 많은 주식을 싸게 매집하여 개미를 유인해서 높은 가격에 떠넘기는 수법은 같기 때문이다.

  작전주이든 세력주이든 수많은 학습을 통해서 패턴 주기만 잘 파악해도 어떻게 움직일 것인지 그림을 그릴 수 있으므로 매매 우위를 확보할 수 있다.

모든 주식에는 세력들이 존재한다. 세력, 주포, 메이저, 큰손은 같은 의미이다. 이들에는 외국인, 기관, SS(슈퍼슈퍼)개미 등이 있다. 합법적인 방법으로만 하느냐, 불법적인 수단까지도 동원하느냐의 차이일 뿐이다. 급등 주의 80%는 작전주 패턴으로 움직이는 것이 관찰되고 있다. 작전세력이든 합법적인 세력이든 작업하는 패턴이 유사할 수밖에 없다. 따라서 작전주의 패턴을 모르면 스윙트레이딩으로 돈 벌기 힘들다.

스윙트레이딩에는 두 가지 방법이 있을 수 있다. 하나는 작전주에 편승하는 것이다. 작전주의 패턴을 찾아서, 작전세력이 살 때 함께 사고, 작전주가 급등하면 적당한 수익을 챙긴 후 욕심부리지 않고 빠져나오는 것이다. 나머지 하나는 아예 물리면 물릴수록 좋은 1등 주도주를 대상으로 매매를 하는 것이다.

2. 작전주 스윙트레이딩

작전주 투자가 다 위험한 것은 아니다. 작전 세력들은 절대로 손해를 보지 않는다. 그러므로 이들이 매집한 평균단가를 구해서 그 가격 이하로 매수한다면 손해날 일은 없다. 한편 이들이 매집할 때 들어가면 세월없이 기다려야 한다. 매집이 완료된 다음 팔기 위해 가격을 올리기 시작하는 초입에 진입한다면 단기에 높은 수익을 노릴 수도 있다. 그러나 항상 조심해야 한다. 이들은 언제 어떻게 변할지 모른다. 눈 깜짝할 사이에 하한가로 직행할 수도 있으므로 안심할 수가 없다.

● 작전주 스윙트레이딩을 알아야 하는 이유

작전주 트레이딩을 스윙트레이딩 방법의 하나로 제시한 것은 이를 권장하기 위함이 아니다. 그렇다면 굳이 알아야 하는 이유는 무엇인가?

첫째, 작전세력에 말려들지 않기 위해서다. 작전세력에는 우두머리 격인 설계자, 기업의 대주주, 사채업자, 검은 머리 외국인, 증권사 애널리스트, 언론사 기자 등이 모두 한통속이 되어 움직이기 때문에 자칫하면 꼬임에 넘어갈 수 있다. 최근에는 매집 과정을 거치지 않고 경영진과 결탁해서 전환사채와 제3자 배정 유상증자를 통해 물량을 확보하는 사례도 있다. 그러므로 적자투성이 잡주들이 유상증자나 전환사채, 신주인수권부 사채를 발행하거나, M&A 또는 우회상장 시도를 하거나, 대주주가 바뀌고, 회사명이 바뀌는 경우는 작전에 들어갔다고 보면 된다. 이런 기업들에 갑자기 대형수주계약 체결, 신사업 진출, 신제품·신기술 개발, 실적 폭증, 외국인 순매수 등 호재성 기사가 뜨더라도 불나방처럼 따라 들어가서는 안 되고 오히려 탈출 기회로 활용해야 한다. 다 짜고 치는 고스톱이다.

둘째, 세력의 관점에서 바라보기 위함이다. 모든 주식은 작전주는 아니더라도 세력주라고 할 수 있다. 왜냐하면 주가를 움직이는 것은 세력들이기 때문이다. 텐배거 종목도 세력이 만든다. 우량주도 급등락을 할 수 있다. 이럴 경우는 반드시 세력이 개입되었다고 할 수 있다. 그러므로 주가의 움직임에 대해 세력의 관점에서 볼 필요가 있다. 그렇게 되면 이전에 보지 못했던 것이 보이기 시작한다.

셋째, 작전주를 하더라도 네 박자 체크를 해보고 이에 맞는 주식을 대상으로 하는 것이 안전함을 알 수 있다. 적자에다 전환사채, 신주인수권부 채권을 발행했거나, 유상증자를 밥 먹듯이 하는 기업은 언제 터질지 모르는 폭탄이라고 보면 된다.

넷째, 잃어도 좋을 정도의 금액으로만 배운다는 생각으로 하는 것이 좋다는 것을 알 수 있다. 절제력이 부족한 사람은 아예 하지 않는 것이 좋다. 세력들이 이렇게 하는구나 조심해야겠다는 정도로 배우는 데 만족해야 한다.

다섯째, 세력들도 살아남기 위해 패턴을 바꿀 수 있다. 시간을 끌거나, 악재를 터트리거나, 아래위로 크게 흔들 수 있음을 발견할 수 있다.

작전주 패턴의 형태를 파악하고 단계별로 나타나는 징후들을 알아낸다. 징후들을 토대로 작전주인지를 판단하고, 작전이 어느 단계인지 확인한다. 매집이 완료되어서 시세 분출 시작 초입에 진입해서 세력의 이탈 직전에 빠져나올 수만 있다면 손해는 안 볼 수 있다. 작전주 패턴 단계별 징후와 전략을 알아본다.

1) 작전주 패턴

① 작전세력들의 시나리오는 다음과 같다.

제1단계 - 종목을 선정하고 시나리오를 설계한다.

제2단계 - 큰 손들로부터 자금을 조달한다.

제3단계 - 물량 매집을 위해 주가를 조종할 회사 내부 정보를 수집한다.

제4단계 - 수집된 정보를 이용하여 주가를 급락시킨다.

제5단계 - 주가가 충분히 하락하면 본격적인 매집을 시작한다.

제6단계 - 매집이 끝나면 가격과 물량을 담합하고 자기들끼리 사고팔면서 주가를 끌어올린다.

제7단계 - 목표가격에 도달하면 개미들에게 물건을 넘기고 잠적해 버린다.

② 작전주의 특징

첫째, 자신들의 자금으로 움직일 수 있는 저가주인 중소형 주이다.

둘째, 외국인, 기관 보유 비중이 적은 종목이다. 작전에 방해가 되기 때문이다.

셋째, 향후 이슈로 될 만한 재료가 있는 종목이다. 마지막 단계에 매집 물량을 개미들에게 넘기는 수단이 된다.

넷째, 대주주 지분이 50% 이상 되는 유통물량이 많지 않은 종목이다. 세력들이 주어진 자금으로 통제하기가 쉽기 때문이다.

③ **작전주 패턴**(주가 급락/매집/개미 털기/일차바닥/주가 급등/청산)은 다음과 같다.

제1단계 – 내부 정보를 이용해 주가를 급락시킨다.

제2단계 – 저가에 주식을 매집한다. 이때 매집 봉이라는 흔적을 남긴다.

제3단계 – 매집이 완료되면 반드시 개미 털기를 한다. 이때 개미지옥이라는 흔적을 남긴다.

제4단계 – 본격적인 상승 출발하기 전 개미들의 관심에서 벗어나기 위해 기간 조정을 거치면서 일차바닥을 만든다.

제5단계 – 목표가까지 가격을 올리기 위해 통정매매를 통해 장대 양봉을 만든다. 이것은 매집 봉이 아니라 상승 출발을 시장에 알리는 세력 봉이다.

제6단계 – 목표가에 도달하면 물량을 청산하기 시작한다. 이때 이탈 봉이라는 흔적을 남긴다.

작전주 패턴을 그림으로 그리면 다음과 같다.

[작전주 패턴]

2) 작전주 여부를 탐지한다.

① 거래량이 핵심이다.

거래량은 주식투자자들이 주식시장에서 사고파는 주식의 수이다. 거래량을 주가에 곱하면 거래대금이 되고 이것은 돈의 양이다. 그래서 거래량을 흔히 '돈, 에너지, 세력'이라 부른다. 다른 지표는 속일 수 있어도 주식을 사고판 거래량은 절대 속일 수 없다. 거래량이 중요한 이유는 세력의 움직임을 예측할 수 있다는 점이다. 대량의 거래량은 세력이 만들기 때문이다. 소량의 거래량만으로는 시간이 너무 많이 걸리고 레버리지 사용에 따른 비용이 증가하기 때문에 대량의 거래를 만들 수밖에 없고 개미들이 따라붙으면 개미 털기를 반복한다. 중장기투자는 실적이 깡패다. 미래실적만 믿고 기다린다. 세력이 들어오게 되어있다. 그러나 단기투자는 거래량을 믿고 들어간다. 거래량이 깡패이다. 다만 실적은 보험이다.

세력이 매집할 때 나타나는 거래량의 전형적인 모습은 주가가 상승하면서 거래량도 동반 상승하고, 주가가 하락하면서는 거래량이 감소하는 형태를 나타낸다. 왜냐하면 세력이 매집하는 동안에는 팔지 않고 사기만 하기 때문이다. 이와 반대로 세력이 이탈할 때의 거래량은 다음과 같이 나타난다. 주가가 하락하면서 거래량이 증가하고, 주가가 상승할 때는 거래량이 감소한다. 왜냐하면 세력이 이탈할 때는 사지 않고 팔기만 하기 때문이다.

② **매집 흔적을 찾는다.**

매집 흔적이 있다면 작전주이다. 매집 흔적은 바로 긴 위꼬리가 달린 역망치형 캔들이다. 이것이 바로 매집 봉이다. 매집 봉은 거래량이 많이 늘어났는데 캔들의 크기는 8% 미만으로 박스권에 있다. 매입 평균단가를 낮추기 위하여 매집 가격 상단을 제한하기 때문이다. 매집 봉은 평소보다 월등히 많은 거래량과 위꼬리를 만드는데, 위꼬리가 물량을 던지고 나간 것같이 착각하게 만든다. 매집 봉이 저점 구간에서 대량거래가 실린 긴 위꼬리 양봉 또는 갭 상승 음봉의 경우 직전 저점을 깨지 않아야 한다. 또한 짧은 시간에 급등했다가 급락하며 호재 관련 뉴스가 없다. 매집 봉 후에는 횡보 또는 하락할 수 있다. 세력들은 저점에서 긴꼬리, 갭 상승 음봉, 장대 음봉, 급등과 하락을 통해서 개미들에게 겁주기를 하면서 물량을 매집한다.

매집 봉은 15분 봉으로 확인한다. 상승하면서 대량거래가 나오고, 하락하면서 위꼬리 만들 때 거래량이 확 준다면 매집이다. 반대로 갭 상승 후 하락할 때 거래량이 터지면 이탈 봉이다. 대량거래 후에 직전 저점을 깨면 세력의 이탈이다. 대량거래 전에 나오는 저점을 깨지 않아야 한다. 위꼬리 달린 역망치형 캔들이 나온 후 직전 저점을 이탈하지 않고 횡보하다가 장대 양봉의 세력 봉이 출현한다면 한통속이다.

역망치형이 출현하는 이유는 세력이 물량을 매집하는 수단이기 때문이다. 받쳐놓고 매집만 해서는 물량 확보에 시간이 너무 걸린다. 평균단가가 다소 높더라도 빨리 매집하기 위해서다. 세력의 성격을 보여준다. 한편 정보가 소수자에게 노출되었을 때도 이런 모양이 나온다. 아무리 보안을 유지한다고 해도 일부 유출이 될 수밖에 없다. 만일 역망치형 캔들이 우후죽순처럼 밀집되어 발생한다면 다수자에게 정보가 유출되었음을 의미한다. 이런 경우는 털고 가야 하므로 바닥권 밑으로 급락시키거나 기간 조정을 거친다.

③ 세력의 매집 구간을 찾는다.

대량 거래량이 갑자기 발생하면 의심해봐야 한다. 대량 거래량이 발생한 일봉을 중심으로 전후 주가(일, 주, 월봉)를 살펴보고 매집의 가격 라인을 확인한다. 대량거래일 이후 거래량이 줄면서 일정한 가격 라인을 벗어나지 않는 상태로 주가가 파동을 만들 때 고점을 연결한 선과 저점을 연결한 선으로 박스권 상하단을 찾을 수 있다. 가격은 박스권 위로는 절대 가지 않는다.

세력의 평균단가가 어디인지 알아야 한다. 평균단가보다 높다면 먹잇감이 될 수 있다. 평균단가보다 아래로 내려올 때가 매수 찬스이다. 평균단가는 박스권 내에서 매물대가 모여있는 가격대이다.

트레이딩은 머니게임이다. 포커와 비슷하다. 고점에 들어가는 것은 뻥카를 치는 것과 같다. 질 것이 뻔한데 바보가 나보다 더 심한 바보가 나타나기를 기다리는 것이다. 그러나 세력은 바보가 아니다. 바보개미는 개미지옥으로 떨어질 수밖에 없다. 그러므로 지옥행 열차가 지나간 다음 장대 양봉이 나타나 출발 신호를 울릴 때 들어가는 것이 상책이다.

매집 기간이 길수록 세력의 목표가는 올라간다. 매집 구간을 찾는다면 매집 가격라인 돌파 시 매수하면 큰 수익이 날 수 있다.

④ 세력 탐지기 OBV

'거래량은 시장의 진위를 탐색하는 거짓말 탐지기다'라는 말이 있다. 개미들이 거래량 차트만 보고 그 속에 숨어있는 의미를 한 번에 이해하기는 힘이 든다. OBV는 거래량 분석만으로 세력의 매집 여부를 한눈에 알 수 있게 해준다. 거래량은 주가에 선행한다. 이것은 주가가 가기 전에 미리 사전 정보를 획득한 사람이 거래량으로 흔적을 남기기 때문이다. 이것을 탐지하는 OBV는 '세력 탐지기'인 것이다.

OBV가 상승 중이라면 그동안 누군가 매집을 계속했다는 뜻이고, 반대로 OBV가 하락 중이라면 세력이 빠져나가고 있다는 의미이다. 주가는 가만히 있는데 OBV가 먼저 움직인다면 조만간 주가는 그 방향으로 움직일 것이다. 거래량을 나타내는 OBV는 주가를 선행하는 것이므로 유용한 기회가 된다. 주가는 내려가는데 OBV는 상승하거나 그대로라면 세력이 나가지 않았다는 뜻이고, 주가는 크게 내려가지 않고 조만간 다시 전고점을 넘어갈 확률이 높다.

저점에서 OBV가 급상승한다면 세력이 들어왔음을 알리는 것이므로 언제일지 모르나 주가는 크게 갈 수 있음을 의미한다. 그러므로 OBV는 저점 구간에서 위력을 발휘한다. 저점에서 OBV가 3개월간 꾸준히 올라왔다면 세력의 매집이 완료됐을 가능성이 있고 크게 갈 수 있다.

OBV는 작전주에만 해당하는 것은 아니다. 모든 주식은 세력이 있다. 왜냐하면 세력이 없다면 주식은 움직이지 않기 때문이다. 일등 주도주가 20~30% 조정을 받을 때가 있다. 이때 세력이 나갔는지 그대로 있는지를 OBV를 통해서 판단해 볼 수 있다. 그대로 있다면 저점매수 기회가 되는 것이다. 만일 세력이 함께 나갔다면 세력이 다시 들어올 때 같이 매수하면 된다.

코스피, 코스닥도 크게 보면 세력주이다. 왜냐하면 지수를 움직이는 주체는 세력이기 때문이다. 코스피는 파생과 공매도 등 세력들이 사용 가능한 다양한 수단을 보유하고 있어서 세력들의 놀이터로 자주 활용된다. 이때 세력의 움직임을 볼 수 있는 OBV는 유용하게 이용될 수 있다.

⑤ 세력을 탐지할 수 있는 기타 다양한 분석

창구 분석이 세력 탐지의 수단이 될 수 있다. 즉 어느 증권회사 창구에서 대량으로 매수하고, 팔았는지를 확인하면 작전세력인지를 가늠해 볼 수 있다. 과거에 대량거래가 실린 역망치형 캔들이 나타난 일자의 거래원 입체분석(주식/증권사별 매매동향/거래원 입체분석)을 보면 동일 증권회사 창구에서 계속해서 매수하거나 매도하면서 대량거래가 일어났다면 세력들의 매집으로 볼 수 있다.

호가창을 통해서도 작전주를 포착할 수 있다. 체결이 안 될 것 같은 위치에 대량의 물량이 걸려있는 것은 세력이 가격을 통제하기 위해 걸어 둔 물량이다. 그 범위 내에서만 움직이게 하기 위해서다. 사지도 않을 물량을 대량으로 매수 호가에 걸어 둔다면 이날은 고점에서 매도하는 날이라고 보면 된다. 이런 비정상적인 물량은 세력들의 물량이다. 실제 매도해서 현금을 확보한 다음에는 며칠 후에 주가를 낮춘 다음 더 낮은 가격에 더 많은 물량을 확보하기도 한다.

공시분석을 통해 작전주를 알 수 있다. 주식 등의 대량보유상황 보고서, 제3자 배정 유상증자, 전환사채 발행, M&A(우회상장) 등의 공시가 있는 경우는 작전주일 가능성이 있다. 주가의 위치가 어디에 있느냐에 따라 세력의 매집인지, 이탈인지가 다를 수 있다. 만약 저가에서 이런 공시가 뜬다면 작전세력이 아닌지 매집의 흔적이 없는지 살펴봐야 한다. 왜냐하면 작전 세력들이 물량을 확보하는 수단으로 공시를 자주 이용하기 때문이다. 고가에서 이런 공시가 뜬다면 세력의 이탈일 확률이 높다. 호재성 공시하고 주가를 끌어 올린 다음 팔고 도망가기 위함이다.

3) 출발 신호를 찾아서 진입한다.

대형지진이 일어나기 전에 여러 가지 전조증상이 있듯이, 주식시장에서 급등이나 급락과 같은 대형시세가 나오기 전에는 반드시 전조증상이 나타난다. 바로 급등과 급락 패턴이다. 이 중 급등 패턴은 '개/바/장/돌/목/고', 즉 개미지옥, 일차바닥, 장대 양봉, 돌파, 눌림목, 고가놀이를 하면서 급상승시킨다.

개미지옥은 출발하기 전에 마지막으로 붙어 있는 개미들의 물량을 싼 가격에 뺏기 위해 만들어진다. 그동안 지지선 역할을 하던 박스권 하단을 깨고 급락시키면 놀란 개미들이 손절매하게 되고, 그것을 몽땅 받아먹고 원위치하면서 깔때기 모양의 개미지옥이 만들어진다. 그런 다음 입을 싹 닦고 모른 척하면서 일차바닥을 만든다. 이제 장대 양봉으로 출발할 일만 남았다. 대 시세를 분출하기 전에는 반드시 개미를 털어야 하는 이유는 첫째, 주가를 올리지 않고 저점 매집을 하기 위해 즉 개미들의 물량을 빼앗기 위해서다. 둘째, 저가에서 매수한 개미들이 주가가 올라가면 계속해서 수익을 실현하게 된다. 이때 개미들이 수익을 내면 그 손실분을 전부 세력들이 떠안아야 하기 때문이다. 올리는 과정에 매도 물량이 안 나오게 핸들링을 통해 개미들을 전부 털고 가는 이유이다.

장대 양봉이 출현하면 이제 비로소 세상에 알려지게 되고 이것이 출발 신호이다. 이것은 상승률 상위종목 화면을 통해 언제든지 조회할 수 있다. 장 마감 후에는 필수적으로 확인해야 하는 화면이다.

장대 양봉이 출현하면 이때부터 세력에 의한 작전주인지를 확인하는 작업이 시작된다. 대량거래를 동반한 긴 위꼬리 달린 역망치형 캔들 모양의 매집 봉이 있는지, 세력 탐지기인 OBV 등을 통해서 적어도 3개월 이상 매집 흔적이 있는지를 찾는다. 마지막으로 급등 패턴의 시작을 알리는 개미지옥과 매집 가격대 박스권 하단에 일차바닥을 만들었는지를 확인한다.

매집 봉의 거래량이 갈수록 줄어들거나, 역망치형 캔들의 위꼬리가 이전보다 점점 짧아지고 있다면 매도세가 약화 되고 있음을 의미하고 매집이 끝나간다는 신호이다. 매집 봉이 여러 번 발생한 후 10% 미만의 중간 정도 크기의 위꼬리 달린 양봉이 대량거래를 동반해서 출현한다면 마지막 매집 봉이다. 조만간에 장대 양봉이 출현할 차례이다. 한편 역망치형 캔들이 우후죽순 격으로 집중적으로 일어난다면 정보가 유출되어 다른 세력들이 들어왔다는 신호이다. 이럴 경우는 다시 한번 급락을 시키거나 시간을 끌면서 털어내는 작업에 들어가는 수가 있으므로 주의해야 한다. 그러므로 장대 양봉으로 출발 신호를 할 때 들어가는 것이 안전하다.

물량 매집이 완료되면 마지막 개미지옥을 만들어 개미 털기를 하고, 잠시 모른 척 숨죽이며 콘크리트 일차바닥을 만들고, 장대 양봉으로 매집 단계에 만들었던 박스권을 돌파하면서 대 시세 분출을 출발한다. 장대 양봉은 3개 봉을 합쳐서 보거나 주봉으로 보면 잘 보일 수 있다. 또한 초보자인 경우는 장대 양봉을 캔들 볼륨 차트로 보면 확연하게 알 수 있다. 붉은색을 한 거대한 몸집의 거인이 우뚝 서 있는 모습은 모든 것을 삼킬 듯하다. 거래량 실린 장대 양봉은 상승률 상위종목에서 누구나 쉽게 발견할 수 있다. 이것이 작전주로서 대 시세 출발 신호인지를 집어내는 것은 작전주의 패턴을 아는 사람만이 가능하다. 개미들이 이런 거인을 만들 수 없고 세력들만이 만들 수 있다. 그러므로 거인 봉은 물량 확보를 위한 매집 봉이 아니라 세력들이 가격을 끌어올리기 위해 통정매매를 통해서 만드는 세력 봉으로 봐야 한다. 세력 봉이 나오기 전에 남아 있는 물량이 어느 정도인지를 확인하기 위한 마지막 매집 봉이 출현하기도 한다. 마지막 매집 봉은 이전의 매집 봉과 달리 거래량이 현저하게 줄면서 윗꼬리가 짧아져 있다. 이것은 이제 나올 매도 물량이 거의 없다는 뜻이다. 작전 세력들의 매집이 완료되었음을 의미하고 본격적인 출발을 알리는 세력 봉이 임박했음을 의미한다.

 대량거래 장대 양봉이 의미 있는 경우는 다음과 같다. 첫째, 신고가 돌파할 때이다, 둘째, 박스권 돌파할 때이다, 셋째, 장기 이동평균선 돌파할 때이다, 넷째, 저점 또는 정배열 초기 발생할 때이다, 다섯째, 강력한 상승 1파를 완성하고 조정을 거친 직후 발생할 때이다.
 매집 가격대 박스권 돌파할 때가 매집을 끝내고 상승 출발하는 신호이다. 이를 포착했다면 이전에 개미지옥과 일차바닥, 마지막 매집봉이 나왔는지를 확인해 본다. 장대 양봉 후에는 달라붙은 개미를 털기 위해서 눌림목을 주고 또다시 상승한다. 2차 상승 후에는 고가놀이를 하면서 개미를 털고 마지막 3차 상승하는 패턴을 만든다.
 저점에서 장대 양봉이 나오고 눌림목 줄 때가 매수 시점이다. 이것이 바로 거장(거래량 동반 장대 양봉)의 어깨 위에 올라타는 것이다. 개미가 골리앗을 이기는 가장 효율적인 방법이다. 눌림목 타점 잡기 위해 일봉으로 상한가인 종목도 분봉에서 거래 밀집대를 확인해봐야 한다. 거래 밀집 가격대가 지지선 역할을 하므로 이에 받쳐 놓고 매수할 수 있다.

4) 세력의 이탈 징후를 찾아서 빠져나온다.

 호재 뉴스를 터트려 개미들이 벌떼같이 달려들 때 세력들은 청산 패턴을 만들면서 팔고 유유히 떠난다. 이때 만드는 청산 패턴은 윗꼬리, 장대 음봉, 하향 돌파, 올림목, 저가 놀이를 하면서 매집 물량을 던진다. 윗꼬리, 장대 음봉, 하향 돌파가 대량거래를 수반하면 세력의 이탈이 명백하다는 증거이다. 하락하던 주가가 잠시 반등하는 올림목을 주면서 역 N자를 만들고, 옆으로 횡보하는 저가 놀이를 하면서 계단식으로 하락한다. 올림목과 저가 놀이 때는 세력들이 잠시 매도를 멈춤으로써 거래량이 급감한다.

세력이 이탈하는 현상은 다양하게 나타난다. 첫째, 최고점을 형성하고 한 번의 고점 구간과 두 번째 낮은 고점 구간 즉 쌍봉을 준다. 전고점을 뚫고 올라가서 큰 시세를 낸 종목이다. 둘째, 줄줄 흘러내린다. 무거운 주식과 시장의 관심이 컸던 종목이 이러는 경우가 많다. 셋째, 한 번에 폭포처럼 밑으로 쏟아진다. 테마의 재료 소멸의 경우 또는 물량이 적은 주식인 경우이다.

이격, 거래량, 급등과 급락 파동을 만들면서 세력이 이탈한다. 마지막 이격도가 벌어진 자리에서 거래량 폭증과 함께 윗꼬리, 갭 상승 음봉, 장대 음봉이 발생하고 OBV가 급격하게 하락한다면 세력의 이탈이다. 만일 OBV가 하락하지 않는다면 본격 이탈이 아니라 한 번 더 상승이 나올 수 있음을 예고한다. 주가는 하락하는데 OBV가 증가한다면 다시 매집하는 것으로 봐야 한다.

기관과 외국인의 움직임을 봐야 한다. 이들이 들어오기 시작하면 다시 상승으로 갈 수 있다. 첫 상한가 때 거래량과 하락 시 거래량을 비교하여 하락 시 거래량이 많으면 이탈이다. 쌍봉이냐 넘어가느냐의 기로에서 못 넘어가면 이탈이다. 세력이 한 캔들로 물량을 다 털 수 없고 가격 박스를 만들면서 털고, 기간을 이용해서 털 때도 있다.

이탈 징후가 보이면 뒤도 돌아보지 말고 빠져나와야 한다. 차트에 의한 기술적인 매도를 할 수 있고, 목표수익률을 정해 놓고 매도할 수도 있다. 선수가 아닌 개미의 경우는 기계적으로 매도하는 수밖에 없다. 하나의 대안이 바로 쌍칼 기법을 사용하는 것이다.

작전 세력들은 매집 단가의 2배가 되면 청산하는 경향이 있다. 이것이 바로 제1폭탄이다. 여기서 2배가 되면 제2폭탄, 또 2배가 되면 제3폭탄, 또 2배가 되면 제4폭탄, 마지막 제5폭탄은 텐배거이다. 텐배거가 달성되는 마지막 제5폭탄은 핵폭탄이 된다. 엄청난 충격이 있을 수 있다. 핵폭탄이 터지면 3년 동안은 쳐다보면 안 된다. 다시 가는 척해도 따라가면 설거지에 걸려든다.

[작전주 차트]

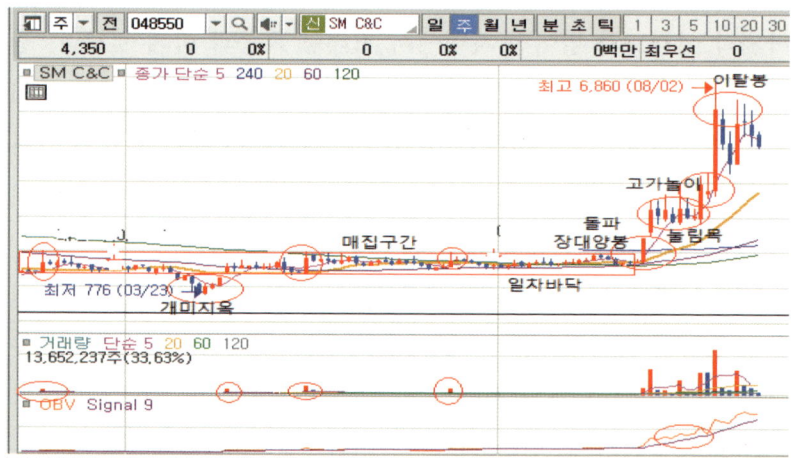

5) 작전주 매매 방법 요약정리

① 작전주 스윙 대상 종목 찾기

저점에서 상승 출발을 알리는 거래량이 실린 장대 양봉 이른바 세력 봉이 나타난 종목을 찾는 것이 급선무이다.

● **검색식을 활용한다.**

〔기간내 기준봉 주가비교(거래대금): 20봉 이내 1,000억 이상, 등락률 15% 이상, 시가+종가/2 〈 종가 / 시가총액 5천억 이하 / 상장주식 수 대비 유통주식 수 비율: 40% 이하 / 20일 평균 거래대금 10억 이상〕

√	지표	내용	값	삭제				
✓	A	기간내 기준봉 주가비교(거래대금) [일]1봉전 기준 20봉이내에서		X	▲	▼	↑	↓
✓	B	시가총액:현재가기준 500십억원 이하		X	▲	▼	↑	↓
✓	C	상장주식수 대비 유통주식수 비율: 40% 이하		X	▲	▼	↑	↓
✓	D	20일 평균거래대금(단위:백만) 10000이상 1000000000이하 (금일포함)		X	▲	▼	↑	↓
✓	E	ROE:〈최근결산〉 1% 이상		X	▲	▼	↑	↓

조건식: A and B and C and D and E

검색된 종목에서 작전주 흔적을 찾는다. 흔적이 발견되면 관심 종목에 편입한다, 이왕이면 빨리 찾기 위해서 매일 확인한다.

- **전일 대비 등락률 상위종목 화면에서 15% 이상 상승 종목을 하나하나 확인한다.**

 저점에서 대량거래를 수반한 장대 양봉이 출현한 경우는 작전주가 맞는지 차트상에서 작전주의 패턴을 확인한다. 대 시세 종목을 찾으려면 오랜 기간에 걸친 매집 봉과 개미지옥 그리고 콘크리트 바닥 즉 일차바닥이 나와야 한다.

② **작전주 매수 방법 : 거장의 어깨 위에 올라타라.**

 거장은 거래량이 실린 장대 양봉을 말하며, 어깨는 눌림목을 뜻한다. 그러므로 대량의 거래량을 동반한 장대 양봉의 눌림목을 이용하여 매수 진입을 한다는 뜻이다. 눌림목은 거래량이 급감해야 한다. 최소 거래량의 꼬마 양봉이 출현하면 출발이 임박했음을 알린다. 왜냐하면 더 이상 나올 매도 물량이 없다는 뜻으로 이제 본격적으로 출발할 일만 남았다. 이때가 진입할 기회이다.

 진입하는 방법은 세 가지이다. 첫째, 매집 박스권 상단을 돌파하는 장대 양봉이 나오면 1차 매수, 눌림목에 2차 매수, 눌림목 시작점을 재돌파할 때 3차 매수한다. 둘째, 장대 양봉이 출현하면 기다렸다가 거래량이 확 줄면서 눌림목을 주고 꼬마 양봉이 출현하면 1/3 매수, 그 후 10% 하락 시마다 추가 매수한다. 하락하지 않고 곧바로 상승하면 눌림목 시작점 돌파 시 1/3을 매수하고 나머지는 보유한다. 셋째, 장대 양봉 돌파 시 1차 매수 후 10% 하락 시마다 역 피라미딩으로 2, 3, 4차 매수한다. 저점에서 1차 상승이므로 어떤 방법을 쓰든 상관없다.

③ 작전주 매도 방법

세력들이 통상 한 배 정도 수익이 나면 매집 물량을 청산하는 경향이 있다. 그러므로 바닥에서 두 배 되는 가격대에는 폭탄이 기다리고 있음을 명심해야 한다.

강력한 호재와 함께 윗꼬리 음봉이 나타나면 50% 이상 이익 실현해야 한다. 윗꼬리, 갭 상승 장대 음봉, 쌍봉, 고점 횡보, 헤드 앤숄더 등의 천장 패턴 징후가 보일 때 일괄해서 정리할 수 있다. 고점에서 거래량이 실린 꼬리가 긴 캔들 또는 장대 음봉은 무조건 도망가야 한다.

이와 같은 방법이 익숙하지 않다면 다음과 같은 방법을 사용할 수 있다.

▷차트에 의한 기술적인 매도를 할 수 있다.

첫 번째 방법으로는 5일선을 이탈하면 50% 매도하고, 다음으로 10일선 이탈하면 전량 매도하는 전략이다.

두 번째 방법은 고점에서 최근 양봉을 50% 아래로 뚫는 음봉 발생 시 50% 매도하고, 다음으로 고점에서 최근 양봉을 100% 아래로 뚫는 음봉 발생 시 전량 매도한다.

▷쌍칼 기법을 사용한다

목표가격에 가까워지면 평가이익을 확정하기 위해 쌍칼 기법(하방 5%, 상방 3~5%)으로 서버 자동주문인 트레일링스탑을 걸어 둔다. 계속 올라가면 하단 손절매 가격을 높이면서 따라간다. 텐배거 종목인 경우는 상·하방을 10% 정도로 여유 있게 열어둔다.

무림의 고수는 무기를 사용하지 않고 맨손으로 상대를 제압한다. 개미들은 그만한 실력이 없다. 그러므로 기계적으로 매매할 수 있는 자신만의 비밀병기가 필요하다. 그것이 쌍칼 기법이다. 쌍칼만 잘 사용해도 이익이 났다가 원위치되거나, 엄청난 손실이 발생해서 낭패를 당하는 일은 없다. 확실한 경우를 제외하고는 쌍칼을 놓아서는 안 된다. 특히 결단력이 약한 사람에게는 쌍칼이 보검이 될 수 있다.

[서버 자동주문 등록]

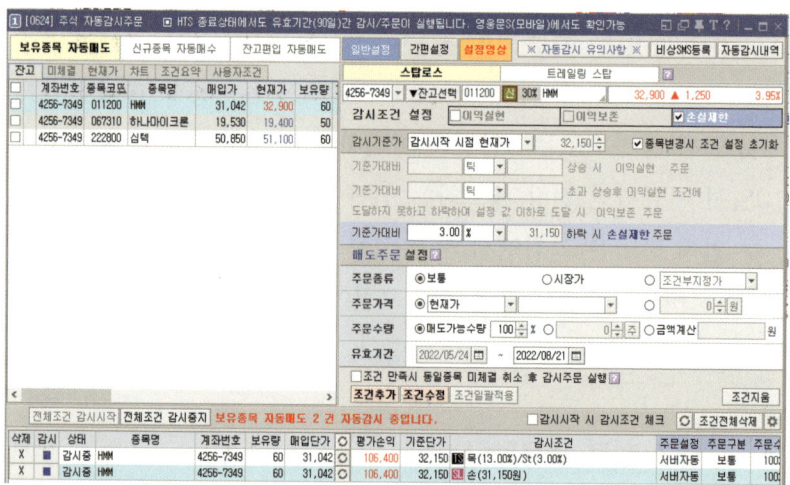

3. 1등 주도주 스윙트레이딩

1) 왜 1등 주도주 인가?

자동차는 위험한 문명의 이기이다. 사고가 두렵다면 타지 않아야 한다. 그러나 자동차 없이는 생활이 안된다. 어쩔 수 없이 타야 한다면 위험을 줄이는 방법은 돈이 들더라도 보험에 가입하는 수밖에 없다. 주식투자도 위험 자산에 투자하는 것이기에 항상 위험이 도사리고 있다. 그러나 저금리 시대를 살아가면서 주식투자는 필수이다. 위험이 두렵다면 보험에 가입하면 된다. 주식투자에 있어서 보험은 수급과 실적이다. 흔히 '돈, 에너지, 세력'으로 칭하는 거래량은 수급을 나타낸다. 그러므로 거래량이 늘어났다는 것은 세력이 들어왔다는 뜻이고 세력이 들어있는 동안은 안전하다. 그러므로 거래량 즉 수급은 책임보험이라 할 수 있다. 또한 실적은 모든 것을 보장해주는 종합보험이라 할 수 있다. 책임보험과 종합보험에 가입했다면 자동차 운전이 두렵지 않듯이, 거래량 즉 수급과 실적이 뒷받침된다면 주식투자는 두렵지 않다.

부실 잡주에 투자하는 것은 무보험 차량을 운전하는 것과 같고, 고가에 추격 매수하는 것은 과속운전과 같다. 신용·스탁론·미수는 음주에 해당한다. 술은 한 번 맛을 들이면 끊기 힘든 중독성을 지니고 있다. 실력을 제대로 갖추지 못한 개미가 신용·스탁론·미수를 사용해서 부실 잡주를 오로지 가격만 보고 고가에 추격 매수하는 것은 무면허이면서, 음주운전에다가, 무보험 차량을,

과속 운전하는 것과 다름없다. 이것은 미친 짓이고 자신과 가족에 대한 범죄행위다.

작전주 트레이딩에서 이길 수 있는 매매 우위를 확보하지 못했다면 수급이라는 책임보험과 실적이라고 하는 종합보험에 가입된 1등 주도주를 대상으로 스윙트레이딩을 한다면 전혀 두려울 게 없다. 이것이 수급과 실적이 뒷받침되는 물리면 물릴수록 좋은 1등 주도주를 대상으로 해야 하는 이유이다.

2) 스윙 대상 종목 찾기

물리면 물릴수록 좋은 주식을 대상으로 한다. 왜냐하면 이런 주식은 내려가면 다시 올라온다는 확신이 있기 때문이다. 실적이 뒷받침되면서, 트렌드에 맞고, 외국인 기관이 사고 있을 뿐만 아니라, 차트까지 예쁜 그야말로 네 박자가 꼭 맞는 종목이다. 네 박자가 다 들어맞고 정말 사고 싶은데 가격이 높아서 중장기 투자하기에는 부담스러운 주식들이 해당이 된다. 이런 주식은 올라가면 이익이 나서 좋고, 물리면 물릴수록 더 싸게 더 많이 살 수 있어서 마음 편히 매매할 수 있다. 스트레스가 전혀 없고 밤에 잠을 편히 잘 수 있다. 사실은 세력들이 가장 좋아하는 주식이다.

① 장기 트랜드에 맞는 종목
먼저 5~10년간 장기성장이 가능한 트렌드에 맞는 섹터를 정한다. 크게 봐서 ESG(친환경, 사회적 책임, 지배구조)와 4차 산업혁명 관련 산업군에서 지속적인 투자가 일어날 수밖에 없다. 인류의 생존에 관한 문제이기 때문에 1~2년에 끝날 산업이 아니다. 특히 자원이 부족한 우리나라에서는 선도적으로 투자를 할 수밖에 없고 이미 상당한 수준에 올라있다. 이 분야에서 벌써 텐배거를 달성한 종목이 많이 나왔으나 아직도 갈 길이 멀다고 할 수 있다. 그러므로 이 분야는 항상 관심을 가지고 지켜봐야 한다. 이 중에서도 이미 많이 간 부문은 태·풍·수(태양광, 풍력, 수소)와 관련된 친환경 에너지와 이차전지 섹터이다. 1차 랠리를 끝내고 쉬고 있으나 실적이 점차 가시화되고 밸류에이션 부담이 낮아지면 또다시 갈 가능성이 있다. 시스템 반도체, 자율주행, 로봇, 인공지능, 클라우드, 사물인터넷 등 4차 산업혁명 관련 부문도 여전히 갈 길이 멀다. 현재 저평가된 종목을 찾는 것도 중요하지만 지금은 가격부담이 있지만 시장 상황에 따라 가격부담이 적어질 때를 노리기 위해서도 다음과 같은 순서로 미리 준비하는 것이 필요하다.

첫째, 유망한 섹터별 관련주를 총정리한다. 시스템 반도체, 자율주행, 로봇, 인공지능을 비롯한 기타 4차 산업 관련, 수소화 사회 밸류체인, 인터넷 플랫폼 등 섹터별 관심 종목 그룹을 만든다.

둘째, 매·이·현·부(매출액, 영업이익, 현금흐름, 부채비율) 등 기본적인 체크를 해서 투자 유망 종목과 투자 제외 종목으로 분류한다. 영업이익이 적자가 나거나 부채비율이 200% 이상의 경우 투자 제외 종목으로 분류한다. 단, 영업이익이 적자라도 일시적이거나 매출액이 증가하면서 적자 폭이 줄어들고 있다면 추이를 지켜보기 위해 투자 유망 종목으로 분류한다. 부채비율이 200% 이상이 되더라도 매출액과 영업이익이 성장하고 있고, 부채가 점차 줄고 있다면 유망 종목으로 분류한다.

셋째, 섹터별 주도주 1등, 2등, 3등을 정한다. 일단 거래대금이 많아야 한다. 일 평균 거래대금이 가장 많은 종목 중에서 약세장인데도 조정폭이 적거나 강세장에서 상승 폭이 큰 종목 순으로 1, 2등, 3등을 정한다.

넷째, 네 박자 체크를 해서 투자대상 종목으로 확정한다. 차트가 우상향하고, 기관 외국인 등 수급이 들어오고, 장기 모멘텀이 살아있으며, 실적이 뒷받침되는 종목이다.

다섯째, 투자 유망 종목은 시장 상황이 급변하거나 분기 실적발표 시 확인하여 투자 메리트가 발생한 경우는 네 박자 체크를 다시 해서 투자대상으로 확정한다.

② 세상을 바꿀 신성장산업

최근에 출현한 메타버스, NFT 등과 같은 새로운 테마들은 과연 이것이 1회성으로 반짝하다가 끝날 것인지 아니면 새로운 라이프 스타일로 자리를 잡을 것인지의 판단이 중요하다. 이것을 판단하는 기준은 첫째로 대기업들의 움직임이 어떠냐이다. 돈 냄새를 가장 잘 맡는 선도자는 바로 대기업들이다. 이들이 TF팀을 만든다거나, 사업목적에 추가한다거나 하면 단기 테마가 아니라 장기 트랜드로 자리 잡을 가능성이 있다. 둘째로 해당 테마가 ETF로 출시 여부이다. ETF로 출시된다면 단기 테마는 아니다. 한 곳이 아니라 여러 운용사에서 경쟁하듯이 출시된다면 세상을 바꿀 신성장산업이 될 가능성이 크다. 장기 테마가 확실하다.

메타버스, 자율주행, 로봇, AI 등 신규 테마형 ETF를 설정하는 경우 비중이 큰 종목, 운용사별 중복되는 종목 등이 주도주일 가능성이 있다. 네 박자 체크를 해서 투자대상으로 확정한다. 실적이 뒷받침되지 않더라도 대기업이 투자했거나, 향후 성장성이 확실한 대장주인 경우는 인정한다.

③ 텐배거 종목과 진짜 주식 중에서 비중이 적은 종목

이미 검증된 텐배거 종목 중에서 단기 상승 가능성이 있고, 자금 배분상 비중이 적은 종목을 대상으로 한다. 또한 중기투자를 위해 골라놓은 진짜 주식 중에서 유망한 종목이지만 비중이 작게 실린 종목을 대상으로 스윙 매매를 진행한다. 이런 주식들은 물리면 물릴수록 좋은 주식들이다. 이미 검증된 주식이지만 비중이 작아서 아쉬운 종목의 경우는 스윙 매매를 통해서 내리면 사고 오르면 팔아서 수익을 챙기면서 하락세로 돌아설 때까지 매매를 진행한다.

④ 60주선, 120주선 지지 종목

물리면 물릴수록 좋은 주식도 일시적인 악재를 만나거나 시장이 무너지는 경우 상승추세가 꺾이고 하락으로 돌아설 수 있다. 어디까지 하락할지 누구도 알 수 없지만 펀더멘털에 지장이 없는 경우 1차 60주선, 2차 120주 선에서 지지가 될 확률이 높다.

가격부담이 있어서 들어가지 못한 유망종목 중에서 60주, 120

주선에 근접한 종목을 고른다. 일단 펀더멘털에 지장이 없어야 하고, 급등 후 3~4개월 이내에 60주선 근처까지 내려와야 한다. 급하게 내려와야 올라갈 때도 빨리 올라갈 수 있기 때문이다.

⑤ 이중바닥, 삼중바닥 확인 종목

단기에 2~3배 이상 크게 오른 경우에는 물리면 물릴수록 좋은 주식도 큰 폭의 가격 조정과 기간 조정이 나올 수 있다. 이 경우는 이동평균선 지지가 무색해질 수 있으며 완전한 바닥을 만들 때까지 기다려야 한다. 이럴 때 사용할 수 있는 대체 수단이 이중바닥, 삼중바닥을 확인하는 것이다. 급등 후 중장기 조정받고 있는 종목 중에서 이중바닥에 가까운 종목을 고른다. 네 박자 체크를 다시 해서 여전히 모멘텀이 살아있고, 펀더멘털에 이상이 없으며, 수급이 들어오는지를 확인한다.

⑥ 장기하락 후 대세 상승 초입 종목

오랜 하락을 마무리하고 본격적인 상승추세로 접어들기 시작하는 종목을 활용한다. 일시적인 악재를 만나 급락한 다음 상승추세로 전환한 종목이 가장 적합하다. 네 박자 체크는 반드시 하고 최종적으로 확정한다. 그렇게 해야 실패할 확률을 줄일 수 있다. 장기하락한 경우는 상승도 오랫동안 이루어지기 때문에 한 종목만 연속해서 상승과 하락의 파동을 활용하여 매매하면 좋은 성과를 올릴 수 있다.

3) 투자 방법

아직 매매 우위를 확보하지 못한 상태에서 세력들의 전략에 말려들지 않으려면 어쩔 수 없이 선택할 수밖에 없는 전략은 다음과 같다. 첫째, 물리면 물릴수록 좋은 주식을 대상으로 한다. 둘째, 물려도 좋을 정도의 금액으로만 한다. 셋째, 추격매수를 하지 않고 역 피라미딩으로 눌릴 때마다 매수금액을 늘린다. 넷째, 줄 때 먹고 나온다. 욕심부리지 않고 일단 수익이 난 경우 이들이 팔려는 기미만 보이면 시장가로 팔고 나온다.

● 왜 역 피라미딩인가?

스윙트레이딩의 핵심은 강한 종목을 조정받을 때 분할 매수해서 줄 때 먹고 나오는 것이다. 강한 종목은 물리면 물릴수록 좋은 주식, 진짜주식, 네 박자 주식, 1등 주도주 등과 표현은 다르지만 결국 같은 의미이다. 조정받을 때 효과적으로 분할 매수하는 방법이 바로 역 피라미딩이다.

윌리엄 오닐이 제시했던 피라미딩은 고수들이 사용하는 방법이다. 한마디로 일종의 추격매수이다. 능수능란하게 뛰어내릴 줄 모른다면 절대 해서는 안 된다.

역 피라미딩은 물타기와 다르다. 물타기는 계획했던 물량을 전액 투입하였으나 예상과 다르게 움직일 때 탈출할 목적으로 평균단가를 낮추는 궁여지책이다. 역 피라미딩은 처음부터 계획된 분할 매수 방법이다. 주가가 어디까지 내려갈지 아무도 모르는 상황에서 선수가 아닌 개미들이 안전하고 가장 싸게 살 수 있는 유일한 방법이다. 공매도 세력들이 가장 싫어하는 방법이기도 하다. 왜냐하면 추격매수를 원천봉쇄하므로 이들이 먹을 것이 없기 때문이다.

단기투자는 일단 달리는 말에 올라타야 한다. 물론 달리기 직전이면 가장 안전하고 잠시 쉬는 동안에 올라타는 것도 좋은 방법이다. 어쨌거나 달리는 말에 올라타는 것은 위험하다. 그러므로 확실한 매매 우위를 확보하여야 한다. 그렇지 못한 상태에서 스윙매매로 이기기 위해서는 물리면 물릴수록 좋은 주식을 물려도 좋은 금액으로만 역 피라미딩으로 매수해서 줄 때 먹고 나오는 수밖에 없다. 일반적으로 말하는 눌림목 매수와 다른 점은 손절매가 없다는 것이다. 눌림목 매수의 경우는 마지막 매수를 마쳤으나 거래량을 동반하면서 임의의 지지선을 깨고 하락한다면 손절매하는 것이 필수이다. 그러나 물리면 물릴수록 좋은 주식을 산다면 반드시 올라온다는 확신이 있으므로 손절매할 필요가 없다. 단, 10년에 한 번 찾아오는 시장 붕괴의 경우는 또 다른 문제이다.

금융위기와 같은 시장이 급변하는 경우 어떻게 대처하느냐에 따라 고수와 하수의 차이가 극명하게 갈라진다. 바둑을 둘 때 고수들은 정석대로 두다가 승부처로 인식하게 되면 고도의 집중을 하고 주어진 시간을 최대한 소비하면서 신의 한 수를 찾기 위해 노력한다. 마찬가지로 주식시장에서 고수들은 평소에는 유유자적하다가 시장이 급등하거나 급락할 때 승부처로 보고 최대한 집중하고 시간을 투입해서 신의 한 수를 찾기 위해 노력한다. 그러나 하수들은 평소에는 조금 오르고 내림에 일희일비하다가 정작 시장이 폭락하면 분명 승부처인데 집중하고 시간을 투입해서 신의 한 수를 찾기는커녕 겁이 나서 도망가기 바쁘다. 여기에서 고수와 하수의 투자성과 차이가 나타난다.

스윙트레이딩에서 굳이 손절매해야 한다면 세 가지의 경우이다. 첫째, 10년에 한 번 오는 시장 붕괴의 경우이다. 둘째, 펀더멘털의 훼손이 있는 경우이다. 셋째, 더 좋은 대안이 나타났을 경우 등이다. 손절매를 전제로 한 매매는 손실과 수익을 반복하면서 이른바 요요 트레이더가 되기 쉽고 결국은 비용만 눈덩이처럼 늘어나고 돈은 벌지 못한다.

종목 수는 5개 이내로 하고 종목당 투자금액은 스윙 총투자금액의 1/5 이내로 한다. 반드시 상승 목표치를 정하고 3차 상승 후에는 휴식기에 들어간다. 뼈까지 발라 먹지 말고 적당히 먹고 보내 주어야 한다. 그렇지 않으면 물려서 장기간 개고생한다. 물리면 물릴수록 좋지만 그래도 물리면 아프다. 한 번 물리면 가격 조정, 기간 조정에 들어가는데 가격 조정은 30~50%까지 내려갈 수 있다. 이동평균선 기준으로 아주 강한 종목은 20선, 강한 종목은 60선, 덜 강한 종목은 120선까지 조정이 나올 수 있다. 이를 고려하여 역 피라미딩 기법을 사용해 지정가로 분할 매수한다. 체결이 되면 좋고, 안되면 말고 식으로 사전에 계획된 매수를 진행한다.

● **매수 방법**

　스윙 종목의 매수는 역 피라미딩으로 '1234기법' 또는 '123…기법'을 사용한다.

　'1234기법'으로 매수하는 경우, 1차 매수는 장 초반 일봉 기준으로 전일 종가 이하로 하락했다가 저점을 형성하고 거래량이 증가하면서 상승하기 시작할 때이다. 시초가부터 상승해서 출발한다면 눌림목을 줄 때까지 기다렸다가 거래량이 증가하면서 다시 상승하기 시작할 때 진행한다. 2차 매수는 1차 매수 후 상승하지 못하고 5일선 이하로 하락하는 경우 지켜보다가 거래량 동반 재상승을 시작할 때 들어간다. 3차 매수는 20일선을 깨고 내려갔다가 횡보 조정 후 거래량 동반하여 상승을 시작할 때 들어간다. 3차 매수를 완료했는데 거래량을 동반하면서 최종 매수가격을 깨고 하락하는 경우는 물렸을 가능성이 있다. 이때에도 물리면 물릴수록 좋은 기회이기 때문에 손절매하지 않고 충분히 조정을 받을 때까지 기다린다. 이중, 삼중 또는 역머리어깨 등 바닥 신호를 확인하고 거래량 동반 양봉을 만들며 상승하기 시작할 때 4차 베팅을 한다.

　'123…기법'으로 매수하는 경우 1차 매수는 시초가 이하로 하락 출발하면 기다렸다가 거래량을 동반하여 양봉을 만들 때 매수한다. 장 초반 상승하면 눌림목 줄 때까지 지켜보다가 거래량 증가와 함께 다시 상승할 때 매수를 한다. 2차 이후 매수는 5~10% 간격을 두고 하락 시마다 추가 베팅을 진행한다. 베팅금액은 종목당 매수 예정 금액의 60%까지만 소진하고 그래도 하락한다면 나머지 금액은 유보금으로 남겨둔다. 유보 금액은 일봉 기준으로 바닥을 확인하고 대량거래와 함께 다시 상승을 시작할 때 전부 투입한다.

  이동평균선을 기준으로 베팅할 수도 있다. 1차 매수 후 상승하지 못하고 5일선을 깨는 경우는 20일선에서 2차, 60일선에서 3차, 120일선에서 4차 매수하는 방법이다. 급등주가 3차 상승을 마친 경우는 급격하게 하락하는 경우가 자주 있다. 그러나 20일, 60일선을 깨는 경우는 흔히 있으나 120일선에서는 큰 반등이 일어나는 경우가 많다. 왜냐하면 120일 이동평균선은 급등 주의 마지노선이기 때문이다.

  매수하는 중에 대량거래와 함께 장대 음봉을 맞으면 주포가 빠져나갔다는 신호이다. 이 경우에도 물리면 물릴수록 좋은 주식이기 때문에 오히려 기회라고 생각한다. 그래야만 마음 편히 버틸 수 있다. 시간이 필요할 뿐 올라갈 수밖에 없는 주식이기 때문에 머지않은 시간에 주포들이 다시 돌아오게 되어있다. 만약 의심이 든다면 사업보고서를 꼼꼼히 읽어 보고 네 박자 체크를 다시 해본다. 그래도 확신이 안 든다면 물량을 줄이거나 빠져나온다.

① 60주선, 120주선 지지 종목

  통상적으로 주봉 기준 3차 상승 후에는 큰 폭의 조정이 나오는 경우가 있다. 여전히 상승 여력이 남아 있는 경우는 주봉 차트상 10주, 20주선 전후에서 마무리되겠지만, 그동안 2배 이상 큰 폭으로 상승했다면 60주 또는 120주선 정도까지도 내려올 수 있다. 이 경우 추가 베팅을 중단하고 충분히 기다렸다가 지지를 확인하고 반등 시 추가 베팅을 진행한다. 통상적으로 60주 선에서 두 번의 지지를 받았다면 세 번째는 이것을 깨고 120선까지 내려갈 수 있는 확률이 높다.

하지만 절대적인 것은 없으므로 반드시 지지가 되는 것으로 가정하고 선취매하는 것은 바람직하지 않다. 하락이 멈추는 것을 확인하고 반등을 시작할 때 분할로 매수해야 한다.

② 이중바닥, 삼중바닥 확인 종목

이미 많이 하락했기 때문에 펀더멘털 훼손이 없다면 추가 하락의 위험은 적다. 그러나 네 번째 바닥을 확인하려는 시도가 있다면 붕괴가 될 가능성은 남아 있다. 만일 직전 저점을 깬다면 아직 바닥이 아니라는 뜻이다. 그러므로 직전 저점은 절대로 깨서는 안 되며 오히려 저점을 점차 높일 때 안전마진의 여유가 있다면 과감하게 매수에 가담할 수 있다. 리스크를 대비해서 이중, 삼중바닥 근처에서 분할 매수하는 것도 좋은 방법이다.

③ 장기하락 후 대세 상승 초입 종목

오랫동안 하락 후 대세 상승 초입에 있는 종목의 각 파동 마디마다 매수하고 매도하는 단타 매매를 한다. 이 방법의 장점은 종목의 습성을 잘 알게 된다는 점이다. 가장 주의할 점은 엇박자 매매다. 고점에서 매수하고 저점에 매도하는 우를 범하는 것이다.

대상 종목은 당연히 네 박자 체크에 통과된 물리면 물릴수록 좋은 주식이다. 즉 상승추세(고점이 높아지고 동시에 저점도 높아지는 상태) 중이며, 수급(기관, 외국인)이 들어오고 있고, 장기적인 상승 모멘텀이 있으며, 실적이 뒷받침되는 종목이다.

● 매도 방법

단기투자에는 목표수익을 정하지 않는다. 줄 때 먹고 나온다. 대부분 단기 급등한 종목이므로 언제 조정이 들어와도 이상할 게 없다. 그러므로 머뭇거리다가는 차익실현 매물에 급락할 수 있다. 단기투자에서는 났던 수익을 반납하는 것은 용납할 수 없다. 줄 때 먹고 다시 시작하는 것이 훨씬 유리하다. 수수료를 걱정할 필요는 없다. 수수료 떼고 일만 원만 남아도 일단 손해는 아니다. 손해만 안 보면 기회는 언제나 열려있다. 어느 정도 이익이 났다 싶으면 3분 봉에서 장대 양봉 다음에 첫 음봉을 만들려고 할 때 매수 잔량을 보고 전량 매도가 가능하면 시장가 매도로 빠져나온다. 시장가 매도에는 인공지능도 어쩔 수 없다.

장기 이동평균선과 이격이 크거나 밸류에이션(가치 대비 현재 가격 수준)이 높을 때는 주포들도 더는 먹을 것이 많지 않다고 보고 쉬었다가 가려고 할 수 있다. 그렇게 되면 급락할 수가 있고 회복하는 데 상당한 시간이 걸릴 수 있다. 그러므로 사전에 이 주식이 이번 상승에 갈 수 있는 최대치를 정해 놓고 이에 근접하면 정찰병만 남겨 두고 전량 이익 실현한다. 특히 3차 상승을 완료했다면 하락 조정이 불가피하므로 음봉을 만들기 시작하면 전량 매도

하고 빠져나와야 한다.

　장 중 또는 장 마감 후 반드시 일봉, 주봉, 월봉을 보고 현재 주가의 위치가 어딘지 확인해야 한다. 목표 가격대에 선을 그어 놓는 것이 좋다. 역사적 신고가를 달리고 있는 경우는 고점 신호가 나올 때까지 끌고 간다.

① 60주선, 120주선 지지 종목

　이 경우에도 마찬가지로 큰 수익을 기대하는 것이 아니라 수익을 줄 때 먹고 나온다. 저항을 받을 때 반 매도, 하락 전환 시 전량 매도 원칙을 고수한다. 매도 후에 지지를 받고 상승 전환 시 네 박자 체크 후 다시 진입을 시도한다.

② 이중바닥, 삼중바닥 확인 종목

　이중바닥 또는 삼중바닥을 확인한 경우는 크게 상승할 수 있다. 이 경우는 분할 매도해서 일부는 차익을 실현하고 나머지는 수익 극대화를 노리는 것도 나쁘지 않다.

4. 스윙트레이딩에서 주의할 점

　스윙트레이딩은 단기간에 높은 수익률을 올릴 수 있는 효율적인 방법이지만 물렸을 경우가 가장 큰 문제이다. 주가가 2~3배 오른 종목의 경우는 120주선 까지도 하락할 수 있어서 회복하는 데

수개월이 걸릴 수도 있다. 물리면 물릴수록 좋은 주식이라 결국은 올라오겠지만 막대한 기회비용이 문제이므로 물리지 않을 대책을 세울 필요가 있다.

첫째, 이미 2~3배 오른 종목은 쳐다보지 않는다. 특히 텐배거를 달성한 종목은 아무리 좋아 보여도 쳐다보면 안 된다. 아예 관심 종목에서 삭제한다.

둘째, 첫차(첫 번째 상승)가 가장 안전하고, 다음 차(두 번째 상승)까지도 탈만하다. 그러나 막차(세 번째 상승)는 절대로 타서는 안 된다. 막차만 안 타면 물릴 염려는 없다. 정 타고 싶다면 언제라도 뛰어내릴 준비를 해야 한다. 이 경우 5일선 이탈 시 또는 최고가 대비 5% 하락 시는 매도하는 것을 원칙으로 한다. 주봉 기준으로 3차 상승 중인 경우는 비중을 대폭 축소하고 주봉이 음봉으로 전환될 가능성이 있으면 즉시 빠져나온다.

셋째, 20일선 대비 이격도가 큰 종목은 기다렸다가 좁혀졌을 때 들어간다. 단 1차에 한해서만 들어가고 2차에는 20일 선을 깰 확률이 높으므로 될 수 있으면 피하는 것이 좋다.

넷째, 이미 많이 오른 종목이 거래량을 동반하면서 급등하는 경우는 첫 음봉에서 탈출한다. 마지막 불꽃일 확률이 높다.

스윙트레이딩에서 성공하기 위해서는 작전 세력들의 패턴을 활용해서 세력의 관점에서 보고 이를 역이용하는 것이 중요하다. 먼저 책임보험과 종합보험에 가입된 물리면 물릴수록 좋은 주식들

즉 거래량이 뒷받침되고 네 박자에 맞는 1등 주도주를 대상으로 세력 탐지기인 OBV를 활용하여 세력이 들어온 것을 확인한다. 그 다음에는 추격 매수하지 않고 조정을 받을 때 역 피라미딩 기법으로 거장(거래량이 실린 장대 양봉)의 어깨 위에 올라탄다. 마지막으로 목표가 근처에서 쌍칼 기법으로 빠져나온다면 상대가 누구든지 두려울 게 없고, 탐욕과 공포를 이길 수 있다.

제 6 단계 : 단기투자(데이트레이딩)

1. 데이트레이딩 시 알아두어야 할 사항

데이트레이딩은 절정 고수의 영역이다. 투자가 아니라 주식의 가치와는 상관없이 가격이 오르느냐 내리느냐에 베팅하는 투기의 영역이라 할 수 있다. 다만 장기투자의 지루함을 잊기 위한 심리적 효과와 시장의 변동성이 심할 때 관심을 돌리는 효과는 있다. 매매 연습 정도로만 활용하는 것이 좋고 돈을 벌려고 달려들면 실패할 확률이 높다. 작전세력뿐만 아니라 심지어 인공지능 알고리즘과도 상대해야 한다. 이들은 개인의 돈을 뺏기 위해 혈안이 되어있으며 계속 진화하고 있다. 개미 털기를 통해 손절매를 유도하여 물량을 뺏은 후 가격을 올려 따라오도록 만들고 물량을 던진다. 데이트레이딩은 제로섬게임이다. 결국은 누군가가 손해를 보게 되어있다. 그게 누구인지는 말을 안 해도 뻔하다. 수익이 나더라도 투자금액을 늘리지 말고 이익금은 출금하여 장기투자로 돌리는 것이 수익을 지키는 지름길이다.

1) 차트만 보고 데이트레이딩을 해서는 안 되는 이유

데이트레이딩으로 성공한 사람치고 깡통을 세 번 이상 차지 않은 사람이 없다. 극단의 상황까지 갔다가 불굴의 의지로 기사회생한 사람들이다. 대부분 삼십 대 이전의 젊음이 있었기 때문에 가능했던 경우이다. 깡통을 차더라도 막노동을 하는 등 몸으로 때우면서 다시 일어설 수 있었다. 만일 나이가 들어서 깡통을 찬다면 거의 회복이 불가능하다. 그러므로 충분한 준비가 되어있지 않은 상태에서 데이트레이딩은 천 길 나락으로 들어가는 지름길이다.

  주식시장에서 가장 큰 무기는 시간과 돈이다. 시간과 돈이 무제한으로 있다면 천하무적이 될 수 있다. 데이트레이딩은 개미들의 유일한 무기인 시간을 사용할 수 없다. 개미는 돈이 적다. 그러면 백전백패이다. 이길 수 있는 유일한 방법은 추격매수를 하지 않고 눌림목 매수 후 줄 때 먹는 방법이다. 오래 숙련된 사람만이 할 수 있고 성공 확률이 낮다. 1% 만이 성공한다. 오랜 경험을 했거나 1만 번 이상 훈련을 해야 한다. 내부자 거래, 외국인 기관 사전 정보 획득 등 불공정 행위로 개미들만 피해를 본다. 확률이 낮은 게임에 목숨 걸면 스트레스가 쌓이고 노이로제 신경쇠약 고혈압 등 각종 질병에 걸린다. 큰 손들의 주가조작, 알고리즘 매매, 리딩, 유튜브 등 점점 어려워진다. 기술적 분석에 대한 맹신을 역 이용하는 세력이 많이 생겼다. 주가 패턴은 너무나 많은 함정을 숨기고 있다는 사실을 기억해야 한다. 손절매 물량을 받아먹기 위해 함정과 속임수들이 언제나 존재한다. 이런 모든 것들이 차트만 보고 데이트레이딩을 해서는 안 되는 이유이다.

2) 명심해야 할 사항

큰 손을 이기기 위해서는 매매 우위를 확보해야 한다. 뭔가 자신만의 비밀병기가 있어야 한다. 이것을 갖추기 위해서는 먼저 시장 역학에 대한 자신만의 시각을 가져야 한다. 주의를 끄는 가격 변동을 수집하고 분석한다. 그 변동은 언제, 어떻게 시작되었으며, 차트의 움직임과 어떤 관계를 갖는가? 이전에 비슷한 패턴을 본 적 있는가? 그때는 어떤 이유로 매매에 나서지 않았는가? 이러한 작은 발견들이 평생 활용할 수 있는 매매 우위를 만들어 준다. 단일 패턴만 면밀하게 관찰해도 어느 정도의 매매 우위를 확보할 수 있다. 세 가지를 명심하자. 첫째, 시장이 말하는 바를 파악하자. 둘째, 진입하거나 물러설 최적의 가격과 시기를 찾자. 셋째, 실시간으로 확률을 계산하면서 손절매는 칼같이 하자.

대부분의 트레이더들이 실력이 모자라서가 아니라 원칙을 지키지 못해서 실패한다. 데이트레이딩에서 원칙을 지키지 않는 것은 곧 깡통으로 가는 지름길이다. 욕심 많은 돼지가 도살당하는 동안 인내심 강한 황소와 곰은 돈을 번다는 오랜 주식 격언이 있다. 시장은 언제나 예쁜 그림을 보여주면서 투자심리를 자극한다. 여기서 우리가 해야 할 일은 대중들이 환상에 빠져서 미끼를 물자마자 세력들의 습격이 개시될 시점을 인내심 있게 기다리는 것이다. 함정을 역이용하려고 시도를 하면 할수록 쉽게 당하지 않는 효과를 얻을 수 있다. 데이트레이딩에서 욕심을 부리는 순간 자멸의 길로 들어서는 것이다. 원칙은 생존으로 가는 유일한 길이다. 현실적인 대안으로는 직접 경험을 해보는 것이며, 경험이 최고의 스승이다. 1만 시간 투입하면 무슨 일을 하더라도 달인이 될 수 있다.

거래량의 변화를 꾸준히 관찰하면 그 의미를 알 때가 온다. 또한 주가 흐름을 관찰하다 보면 어떤 패턴이 보일 것이다. 이런 모양일 때 주가가 올라가고 이런 모양일 때는 주가가 하락하더라는 것을 1주 매매를 하다 보면 터득하게 된다. 시세 읽기를 통해 발견한 사실들은 기록하고 기억해두는 것이 그냥 건성으로 많은 시간만 때우는 것보다 훨씬 중요하다. 주가의 패턴과 거래량을 항상 같이 봐야 한다. 거래량의 동반 여부에 따라 그 의미가 달라지기 때문이다. 1주 매매를 할 때도 원칙을 정해서 해야 한다. 액면가 1만 원 이하짜리, 세 번 손해를 보면 당일 거래는 끝내는 삼진 아웃, 하루 손실 한도 1만 원 등 원칙을 정해서 반드시 지키는 훈련을 한다. 또한 호가창, 체결창, 5분봉 차트를 보면서 거래량과 가격의 변화를 살피며 세력들의 움직임과 모종의 규칙성을 발견해야 한다. 체결창은 차트 분석가들이 볼 수 없는 매수세와 매도세의 흐름을 보여준다. 이 흐름은 아무런 눈속임 없이 시장참여자들의 움직임을 있는 그대로 드러낸다. 한마디로 체결창은 거짓말을 하지 않는다.

하락장에서 명심할 사항으로는 종합지수가 신고가를 경신하는 대세 상승을 마치고 대세 하락기에 접어들면 수익을 내기가 어렵다는 것이다. 시장이 조정국면에 진입하면 한발 물러서서 관망하는 것이 최선이다. 하락기에는 무조건 포지션 규모를 줄여야 한다. 수익을 빨리 취하고 주가가 더 낮아졌을 때 재매수하고, 다시 반등하면 욕심부리지 말고 바로 이익 실현한다. 저항선을 돌파하는 상승이 나오더라도 첫 번째 상승의 상단에서 매도한다.

변곡점을 읽을 안목을 가져야 한다. 변화가 일어나려면 반드시 전조증상이 있다. 거래량이 바로 비밀의 열쇠이다. 거래량을 잘 관찰하면 세력들의 의도를 파악할 수 있다. 고가권에서 대량거래가 일어났다면 고점에 가까웠다는 것을 암시한다. 바닥권에서 평소와 다르게 대량거래가 나온다면 세력들이 매집하고 있다는 뜻이다. 조만간에 변화가 일어날 수 있음을 예고하는 것이기 때문에 주의 깊게 살펴봐야 한다.

2. 종목 발굴

다음과 같은 다양한 방법으로 유망한 종목을 발굴하고 네 박자 체크를 통해 100여 개 정도 관심 종목에 편입한다.

1) 임계점 돌파 종목을 검색한다.

여기서 임계점이란 52주 신고가, 역사적 신고가를 말한다. 네 박자 중 차트를 이용한 매매이다. 차트의 꽃은 역시 신고가이다. 임계점에서 물이 수증기로 변해 엄청난 에너지를 가지게 되듯이 주식도 역사적 신고가를 돌파하면 엄청난 새로운 에너지를 얻게 된다. 물론 이를 뒷받침할 수 있는 내공과 모멘텀이 있어야 한다. 이것은 바로 네 박자가 맞는 주식이다. 결국은 모든 것은 네 박자에 수렴된다고 할 수 있다. 실적이 좋고, 재료의 크기가 엄청나고, 수급이 들어온다면 차트는 새로운 영역으로 날아갈 수밖에 없다.

임계점을 돌파할 수 있는 자는 바로 거장이다. 거장 중에 대장이 거상이다. 거장이란 거래량이 동반된 장대 양봉을 말하고, 거상이란 거래량이 동반된 상한가를 말한다. 52주 동안 박박 기다가 수렴된 이동평균선, 즉 임계점을 뚫고 거상이 나타났다면 잠자던 사자가 깨어나듯이 예사로운 일이 아니다. 바닥에서 거래량을 동반한 첫 상한가를 주목하는 이유이다. 반대로 이미 시세를 분출한 뒤에 거장이나 거상이 나타난다면 지금과 다른 새로운 변화가 출현할 확률이 높아진다. 그것은 흐름의 반전을 의미한다.

한편, 신고가 매수는 어떤 면에서는 추격매수이기 때문에 리스크가 큰 편이다. 신고가를 역으로 이용하는 세력이 있을 수 있다. 이제 날아갈 듯이 해놓고 물량을 떠넘기는 수가 있다. 강력한 모멘텀이 있는 경우를 제외하고는 어느 순간 고점에서 밀려 지지선까지 깨는 경우가 흔히 있을 수 있으므로 신고가는 단기적으로 접근하는 것이 바람직하다. 실시간 검색화면을 이용해서 외국인과 기관이 동시에 매수하는 52주 신고가 종목을 검색하고 진입 여부를 빠르게 판단한다.

[검색식 화면]

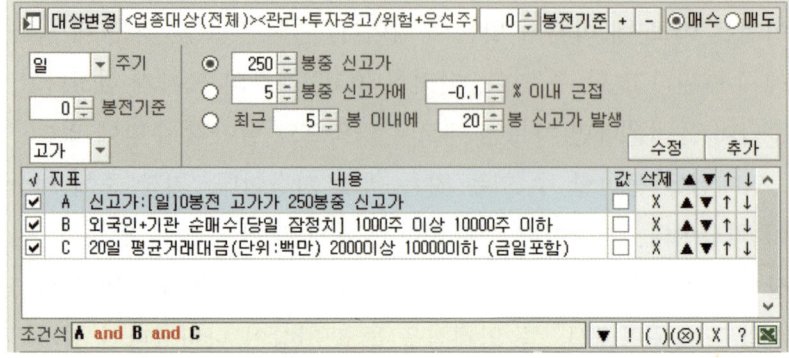

2) 당일 외국인, 기관 동시 순매수 종목을 검색한다.

네 박자 중에 두 번째 수급을 이용한 매매이다. 외국인과 기관이 동시에 순매수하는 종목은 책임보험에 가입한 것과 마찬가지이다. 돌발변수가 발생하지 않는 한 급락하는 일은 잘 없다. 그러나 외국인 매수 비중이 많은 경우에는 조심해야 한다. 기관과 연기금은 일관되게 매집하는 경우가 많으나 외국인들은 오전에 매수했다가 수익이 나면 오후에 청산하는 경우가 자주 발생하므로 주의하여야 한다. 특히 제이피 모건, 메릴린치는 조심해야 한다. 또한 당일 잠정치를 사용하므로 20분 정도 늦은 자료임을 계산에 넣고 활용해야 한다.

재료의 크기에 따라 제법 높은 수익률을 노려볼 수 있다. 그러므로 재료의 크기가 어느 정도인지 늘 생각하는 습관이 중요하다. 그렇지 않으면 최근 우크라이나 전쟁에 따른 사료 관련주나 코로나 관련 진단 키트주 같은 큰 재료를 놓칠 수 있다.

> ▶ **검색식**
>
> [A:기관 순매수(당일 잠정치) 2,000주 이상, B: 외국인 순매수(당일 잠정치)1,000주 이상, C: 전일 동시간 대비 거래량비율 100% 이상, D: 캔들 연속발생, 1봉 연속 양봉발생, E: 주가이평 비교, 일봉 1이평 > 20이평, F: 주가이평 비교, 3분봉 1이평>20이평, G: 주가 비교, 1분봉 15봉전 < 종가, H: 20일 평균거래대금 20억 이상]

[검색식 화면]

3) 박스권 돌파 종목을 검색한다.

박스권도 낮은 위치의 임계점이라 할 수 있다. 박스권에서 지지와 저항을 반복해서 받으며 오르내리는 주가는 그 구간을 벗어나려는 에너지가 점점 축적되어 간다. 반드시 상향이라거나 하향이라고 예단할 수는 없으나 박스권을 벗어난 주가가 단기간 큰 폭으로 움직이는 것은 이 때문이다. 그러므로 박스권에 갇혀있는 기간이 길거나 지지와 저항선이 겹칠수록 임계점을 넘어설 때 분출하는 힘의 강도는 강해진다. 장단기 이동평균선이 수렴되었거나 볼린저밴드가 좁혀졌다가 돌파되는 순간 크게 움직이는 것을 흔히 볼 수 있다.

박스권 돌파 매매는 워낙 많이 알려져서 가짜가 많다. 그러므로 돌파할 때 거래량이 수반된 힘의 강도를 살펴봐야 한다. 대량거래가 실렸다는 것은 돈이 움직였다는 뜻이므로 진짜일 확률이 높다. 그러므로 대량거래가 실린 장대 음봉 또는 양봉의 시·고·종·저가는 의미 있는 지지와 저항의 역할을 한다.

▶ **검색식**

(A: 가격 박스, 5이평, 5봉이내, 박스에서 종가가 상한선 상향 돌파, B: 외국인+기관 순매수(당일 잠정치) 1,000주 이상, C: 전일 동시간대 대비 거래량비율 150% 이상, D: 일봉 20 이동평균선 〈 종가, E: 주가 비교: 1분 봉 기준 20봉 전 종가 〈 종가, F: 5일 평균거래대금 10억 이상), G: 주가등락율 0.1% 이상)

[검색식 화면]

4) 상한가 종목을 찾는다.

거래량이 수반되지 않은 종목과 이동평균선 역배열 상태에서 나온 상한가는 제외한다. 네 박자 체크를 해서 추가 상승 가능성이 있는 종목을 최종 선정한다. 특히 거래량과 외국인, 기관 매수 여부를 꼼꼼히 체크해야 한다.

첫 번째 상한가이면서, 거래량이 평소보다 5배 이상 늘고, 외국인과 기관이 들어왔다는 것은 그만큼 신뢰도가 높다는 뜻이다.

상한가 이유를 파악해보고 일회성일 경우는 매집세력이 물량 떠넘기기 수법일 가능성이 있으므로 주의해야 한다. 만일 상한가 이유가 펀더멘털에 영향을 줄 수 있는 장기적인 이슈라면 물량을 확보하기 위한 매집 봉일 가능성이 있다. 이 경우는 쉬었다가 다시 크게 갈 수 있으므로 조정을 받을 때 분할 매수로 접근한다.

상한가가 출현했다는 것은 변동성이 커졌다는 것이다. 따라서 거래량도 평소보다 훨씬 증가한다. 거래량이 늘어나면 수량을 많이 실을 수 있고, 매도 시 체결이 쉽다는 장점이 있으나 위아래로 10여 호가가 순식간에 오가는 상황이 될 수 있으므로 조심해야 한다.

5) 눌림목 종목을 찾는다.

오로지 상승하기만 하는 주식은 없다. 시장참가자들의 스타일이 달라서 조금만 상승하면 차익 실현 매물이 나오기 마련이다. 그러므로 눌림목은 항상 나오게 되어있다. 물론 곧바로 날아갈 수도 있으나 이때는 내 것이 아니라 생각하면 된다. 눌림목을 만들며 매수 자리를 제공하는 주식은 부지기수로 많다. 눌림목 매매만 잘해도 매매 우위를 확보할 수 있고 시장의 승리자가 될 수 있다.

눌림의 형태는 다양하다. 5일 선 위에서 급등하던 주식이 며칠 동안 꼬마봉이 나타나면서 수평으로 횡보하다가 이동평균선이 다가오면 다시 급등하는 일자형 눌림의 형태가 있다. 또한 깃발형, 패넌트형, 삼각형과 같은 비교적 시간이 걸리는 수렴형의 패턴도 있다. 6개월 이상 장기간 횡보한 후에 120일과 같은 장기 이동평균선을 돌파한 다음 나오는 N자형 눌림목은 대형 랠리가 나올 수 있는 절호의 기회가 된다.

윌리엄 오닐이 말한 손잡이 달린 컵 패턴의 손잡이가 바로 일종의 눌림목의 형태이다. 손잡이도 일자형, U자형, V자형, W자형 등 다양한 형태가 있을 수 있다. 손잡이의 시작점을 돌파할 때가 매수 타이밍이다.

눌림목 종목은 관심 종목 중에서 매일매일 확인하는 방법으로 찾는다.

6) 장 마감 후 긍정적인 정보가 있는 종목을 선별한다.

장 마감 후에 기업 공시나 긍정적인 뉴스가 있는 경우 다음날 해당 종목의 주가에 영향을 미칠 수 있다. 증권사 리서치 센터의 긍정적인 리포트가 나오는 경우는 즉각적인 영향을 미친다. 스몰캡 리포트 중에 처음 소개되는 종목의 경우는 큰 반응이 나오는 경우가 있다. 특히 해당 종목의 기관과 외국인 비중이 거의 미미한 경우는 대박일 가능성도 있다. 네 박자 체크 후 다음날 매매에 활용한다.

간밤 미국 장에서 큰 폭 상승한 기업과 연계된 종목도 후보 종목으로 선정한다.

작성일	제목	적정가격	투자의견	작성자	제공출처
2022-04-26	현대차(005380) [1Q22 Review] 제품 Mix 개선의 힘	230,000	Buy	김동하	한화투자증권
2022-04-26	기아(000270) [1Q22 Review] 관성의 법칙	100,000	Buy	김동하	한화투자증권
2022-04-26	포스코케미칼(003670) 양극재 실적 서프라이즈	170,000	Buy	이용욱	한화투자증권
2022-04-26	유니드(014830) 더 좋거나 아주 좋거나	200,000	Buy	전우제	한화투자증권
2022-04-26	기업은행(024110) 현 국면에 유리한 포트폴리오	17,000	Buy	김도하	한화투자증권
2022-04-26	현대차(005380) 자동차 부문이 견인한 호실적	280,000	Buy	신윤철	하이투자증권

7) 기타 방법들

당장에 투자할 마땅한 종목이 없는 경우 사용할 수 있는 방법들이다.

① 시간외시장 활용

시간외시장에서 거래량이 급증하며 상승을 한 종목을 대상으로 네 박자 체크를 한다. 장 마감 직후에 매매할 종목을 발굴했다면 시간외시장에서 1주만 매수를 한다. 호가창에서 내 주문이 체결된 가격에 매도 잔량이 늘어나는지 줄어드는지 지켜본다. 줄어든다면 또 다른 매수세가 있다는 뜻이고 늘어난다면 숨겨진 매도세가 있다는 의미이다. 시간외시장을 살펴보면 내일의 움직임을 예측해 볼 수 있다. 거래량 없이 상한가를 기록한 종목은 가짜일 수 있고 물량을 떠넘기겠다는 의도이므로 조심해야 한다.

② 당일 HTS 화면을 통해 발굴한다.

리서치/장전 조회 상위종목, 실시간 종목조회 순위(주식/실시간 종목조회 순위), 당일 거래량 급증, 거래대금 상위 화면을 활용하여 나타나는 종목을 순서대로 네 박자 체크를 하여 차트의 위치가 괜찮고, 재료가 있고, 수급이 들어오며, 실적이 뒷받침되는 종목을 선정한다. 당일 프로그램 순매수 차트가 꾸준히 우상향하면 금상첨화이다. 평소와 다른 거래량이 발생하고 있고, 첫 상승인 경우는 크게 하락할 염려가 없어 비교적 안전하다.

매매 방법은 상한가 종목 매매 방법을 활용하면 된다.

3. 매매 방법

약육강식의 정글 속 같은 데이트레이딩에서 살아남기 위한 매매 우위를 확보하지 못했다면 선택할 수 있는 대안은 다음과 같다. 강대강이 아닌 게릴라전과 같은 비대칭 전략을 사용해야 한다.

첫째, 소액으로 한다. 누구나 돈을 벌 수 있는 유동성이 넘치는 활황장세일 경우를 제외하고는 적은 금액으로 들어간다.

둘째, 확률이 높은 주식을 대상으로 한다. 차트가 우상향하고, 수급이 들어오고, 모멘텀이 있으며, 실적이 뒷받침되는 네 박자가 맞는 주식을 대상으로 한다. 대상 종목을 100개 이상 관심 종목에 등록 후 당일 거래량이 붙는 종목에 확실한 자리에서만 들어간다.

셋째, 절대 추격매수를 하지 않는다. 추격매수만 안 해도 크게 잃을 일이 없다. 눌렸다가 더 이상 안 빠질 때 확실한 경우에만 들어간다. 빠져야 할 자리에서 안 빠지면 올라간다. 전저점을 깨면 절대 안 된다. 무조건 손절매해야 한다. 더욱 안전하게 확인하고 들어가려면 눌렸다가 시·고·종(시가, 고가, 종가)가를 돌파할 때 들어간다. 시가와 고가와 종가는 주포들만 만들 수 있는 가격이다. 그러므로 강력한 저항선 역할을 한다. 이 저항선을 뚫었다는 것은 계속 가겠다는 의지 표명이다. 주포들의 의도를 파악하는 것이 중요하다. 주식의 상승과 하락의 확률은 50%이다. 한 번 눌렸을 때는 하락할 확률 25%이나 상승할 확률은 75%로 높아진다. 눌림을 주지 않고 계속 가는 주식은 보내 주어야 한다. 내 것이 아니라 생각한다. 1주 매수매도하며 깜박이는 주식은 조심해야 한다. 이미 매집을 완료하고 개미들이 들어오도록 유인하는 중이다. 이런 주포들은 질이 좋지 않다.

넷째, 손절매는 확실히 한다. 본전 손절매만 잘해도 돈을 잃지는 않는다. 돈은 잃지 않으면 따게 되어있다. 데이트레이딩에서 가장 중요한 것은 손절매이고, 돈을 잃지 않는 것이다. 1주 매매를 통해서 본전 손절매하는 연습을 1만 번은 해야 하는 이유이다.

다섯째, 줄 때 먹는다. 손절매를 통해 돈을 잃지 않고, 줄 때 먹는다면 돈은 따게 되어있다. 매도 타이밍을 놓치면 다음 상승 때까지 많은 시간이 걸린다. 그러므로 수많은 매도 연습을 해야 한다. 장대 양봉이 나오면 매도 준비했다가 첫 음봉에서 시장가 매도를 한다.

1) 매수

데이트레이딩에서는 매수가 승패를 좌우한다. 내리면 사고 오르면 팔되 추격매수는 절대 금물이다. 일봉 차트에서 우상향인 종목을 선택하되 매매는 5분 봉 차트를 주로 사용한다. 박스권 상단, 시가, 전고점, 생명선(20선) 등 저항선을 돌파하고 눌림목 줄 때 또는 1차 상승 후 처음 하락할 때 매수하는 것을 원칙으로 한다.

데이트레이딩의 매수 적기는 상승하는 중이 아니라 하락 후 반등하는 시점이다. 양봉이 반등의 신호이며 그중에서 앞의 음봉을 감싸는 상승 장악형 양봉 또는 아래 꼬리 달린 양봉이 확률 높은 반등의 신호이다. 절대 놓쳐서는 안 되는 신호이기도 하다.

장대 양봉 초입에 진입을 놓쳤다면 절대로 추격 매수해서는 안 된다. 오히려 눌림목을 준 다음 꼬마 양봉들이 줄을 지어서 올라갈 준비를 하고 있거나 이제 막 올라가고 있다면 올라타는 것이 유리하다. 꼬마 양봉들이 장대 양봉을 암시하기 때문이다.

꼬마봉들이 놀고 있는 위치가 중요하다. 1차 상승 후에 놀고 있다면 고가놀이이다. 2차 상승을 위한 준비라고 보면 된다. 바닥권이나 1차 상승 후에 꼬마 양봉·음봉이 섞여 놀고 있다가 꼬마 양봉이 늘어나기 시작하면 곧 상승 출발을 암시하는 것이다. 반대로 1차 하락 후에 놀고 있다면 저가놀이이다. 추가 하락할 가능성이 있다. 2차 상승 후에 고가놀이를 한다면 갈 수도 있고, 안 갈 수도 있다. 2차 상승 후 고가놀이를 하다가 푸른색 옷으로 갈아입기 시작하면 뛰어내릴 준비를 해야 한다. 이럴 경우는 고가놀이가 아니라 천장놀이이다. 고가놀이를 두 번 하고 급등한다면 마지막 불꽃일 가능성이 있으므로 빠져나올 준비를 하여야 한다.

① 임계점 돌파 종목 매수

장기간 횡보 후 장기 이동평균선을 뚫고 1차 상승에 52주 신고가를 기록한 종목이 가장 좋고, 2차 상승까지는 고려할 수 있다. 신고가 경신하기 전에 전고점과 같은 저항선을 뚫을 때 거래량이 실렸는지 살펴봐야 한다. 거래량이 실리면서 강하게 뚫어 줘야 이후 움직임도 강하기 때문이다.

실시간 검색창에 뜨는 종목을 대상으로 장중 투자자별 매매(잠정) 차트(1561)를 보고 외국인과 기관, 연기금이 어느 정도 비중으로 들어왔는지를 확인한다. 진입은 5% 이내 상승 출발해서 밀렸다가 시초가를 회복할 때 또는 1차 상승 후 눌렸다가 다시 전고점을 돌파할 때 한다. 기관 특히 연기금의 매수 비중이 클 경우는 분할로 즉시 진입할 수 있다.

갭 상승 후에 시초가를 회복하지 못하고 밀리면서 하락 마감하는 상승 음봉(도지 또는 몸통이 크지 않은 음봉)을 만든다거나, 눌림 없이 쭉 상승하다가 위꼬리를 만드는 역 망치형을 만들면서 흔들기를 할 수 있다. 이때 흔들기에 털리지 않기 위해서 또는 가짜 돌파에 속지 않기 위해서는 상승 음봉 또는 역망치형을 확인하고 다음 날 양봉 매수가 유리할 수도 있다. 단 음봉 또는 역망치형의 거래량이 줄어들어야 한다.

② 당일 외국인, 기관 동시 순매수 종목 매수

조건검색 실시간 창에 뜨는 종목을 대상으로 하되 먼저 일봉을 확인하고 이미 많이 상승한 종목은 제외한다. 5분봉 기준으로 당일 1차 상승 후 눌림목을 줄 때 진입하는 것을 원칙으로 한다. 외국인보다 기관 특히 연기금이 매수하는 종목은 비중을 더 실어도 괜찮다. 기관보다 외국인 특히 JP모건과 메릴린치가 들어오는 경우는 오후장에도 털고 나갈 수 있으므로 조심해야 한다.

③ 박스권 돌파 매수

장 초반 5분 봉 기준으로 1차 상승 후 눌렸다가 직전 고점을 돌파할 때 진입한다. 직전 고점을 돌파하지 못하고 역망치형을 만들거나, 상승 음봉을 만들면서 개미 털기를 할 수 있는데 이 경우 기다렸다가 눌림목을 이용할 수도 있다. 이때 거래량이 돌파 시 대비 1/3 이하로 급감해야 한다. 거래량이 줄었다는 것은 세력들이 아직 남아 있으며 상방으로 보고 있다는 뜻이다. 다음날 시가 이상 유지해 줄 때 양봉 초기에 진입한다.

돌파에 실패했을 경우 리스크에 대비하기 위해 돌파 시 1차 매수, 돌파 후 눌림목 2차 매수, 1차 매수 지점의 고점 돌파 시 3차 매수하는 식으로 분할 매수 방법도 괜찮다.

④ 상한가 종목 매수

전일 상한가 종목이 시초가에 상승 출발을 했다가 눌림목 줄 때 매수하는 전략이다. 전날 종가 베팅한 사람들이 차익을 실현하면 일시적으로 하락하는데 이때를 진입 시점으로 하는 것이다. 오전 장에서만 매매하고 재진입을 하지 않는 것이 좋다. 주가가 생각대로 흐르지 않으면 단호하게 손절매해야 한다. 바닥권 첫 상한가의 경우는 5분봉 차트상 30선 또는 60선에서 매수하기 위해 대기한다. 장 시작 후 10분 이내 60선에서 잡는다면 크게 오를 수 있다. 그 이후에는 반등이 약할 수 있고 오히려 크게 하락할 수 있다. 최근에 상한가를 기록한 적이 있거나 일봉 기준으로 이미 어느 정도 상승한 가운데 상한가의 경우는 30분봉 차트에서 1차 20선, 2차 60선에 지지를 예상하고 지지가 확인되면 매수한다.

한편, 장 시작과 함께 하락 출발한다면 시가를 회복할 때가 진입 시점이다. 눌림이 없이 바로 날아간다면 추격매수를 하지 않는다. 첫 상한가 종목과 박스권 상단, 전고점, 수렴된 장기 이동평균선을 돌파하는 상한가 종목이 대량거래를 수반한다면 추가 상승의 확률이 높다. 그러나 상한가 종목 매수는 많이 오른 종목을 사기 때문에 많이 내릴 수 있어서 위험성도 크다. 그러므로 연습을 충분히 한 다음에 적은 금액으로 손절매 원칙을 철저히 지키면서 실행하여야 한다.

⑤ 눌림목 매수

1차 장대 양봉 다음에 나오는 눌림목을 노리는 전략이다. 눌림목을 줄 때는 거래량이 줄어들어야 한다. 그것은 주포가 남아 있어야 한다는 뜻이다. 눌림목은 기간 조정과 가격 조정을 통해 이동평균선과의 이격을 좁히는 역할을 한다. 근접한 이동평균선에 안착을 확인하고 매수하거나, 눌림목 시작점 또는 눌림목 구간의 다양한 형태의 박스권 상단을 돌파할 때 매수한다.

단기매매자에게는 120일 선이 대단히 중요하다. 120일선은 거래일 기준 반년에 해당하는 긴 기간 동안 모든 거래가 집약된 가격이므로 매우 중요한 의미가 있다. 낙폭이 심한 주가도 펀더멘털에 지장이 없다면 이 지점에서는 지지를 받고 반등이 일어난다. 일시적인 악재 또는 시장 붕괴의 영향으로 120일선 이하로 하락했다가 바닥을 다지고 돌파를 한다면 추세전환의 신호탄이 될 수 있다. 120일선은 한 번에 돌파가 어려우므로 돌파 후 되밀렸다가 다시 돌파하거나, 눌림목 줄 때가 진입할 기회이다. 6개월 이상 횡보 구간이 있었고, 대량의 거래량과 함께 120일선을 강하게 돌파한 다음 거래량이 급감한 상태에서 눌림목을 준다면 크게 상승할 수 있다. 여기에다가 호재성 재료가 가세한다면 그야말로 급등주의 반열에 오르는 것은 시간문제이다.

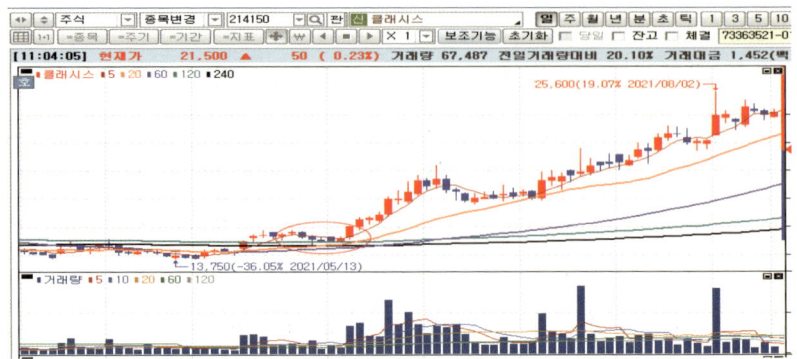

⑥ 장 마감 후 긍정적인 정보가 있는 종목 매수

긍정적인 정보가 있는 종목이 시초가에 상승 출발하는 경우 최근에 급등이 있는 등 사전 매매 가능성이 없고, 네 박자 체크 후 안전마진이 충분한 경우는 5% 이내 상승 출발한다면 시초가 부근에서 진입한다. 하락 출발한다면 시초가를 회복해 줄 때, 직전 고점을 돌파할 때, 5분봉상 20선을 회복하여 지지가 될 때 진입한다.

미국 주식시장이 폭락하는 등 외부의 충격으로 주도주 또는 우량종목이 급락 출발하는 경우 저점 매수 기회이다.

장중에 긍정적인 정보가 있는 경우 빠르게 진입하면 성공할 수 있다. 특히 분기 실적 발표 시즌에 기업들 대부분은 장 마감 후에 실적 발표 하나 간혹 장 중에 발표하는 경우가 있다. 실적 발표 피크 타임에 금감원 공시 시스템인 DART를 띄워 놓고 장 중에 수시로 체크한다. 이때 양호한 실적을 발표하는 대기업을 대상으로 빠르게 진입하면 1~2%는 쉽게 수익을 올릴 수 있다. TYM의 경우는 실적 발표 후 30분 만에 25% 이상 급등했다가 결국 상한가로 직행했다. 주로 기관투자자들이 이벤트 플레이하므로 이들이 선호하지 않는 중소기업의 경우는 즉각적인 반응이 나타나지 않는다. 만일 발표 전에 선취매 흔적이 있는 경우는 조심해야 한다. 부지런한 사람만이 취할 수 있는 맛있는 전략이다.

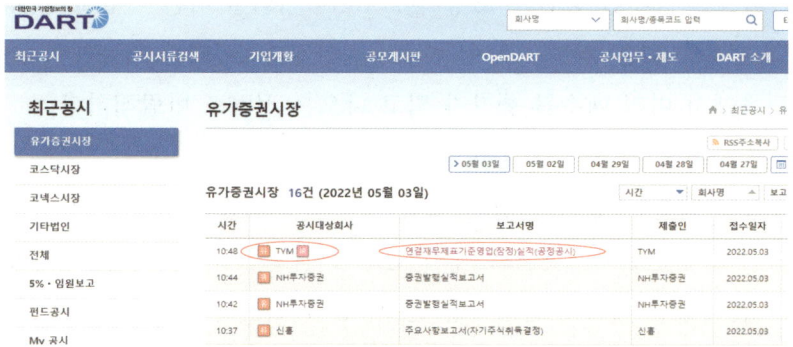

⑦ **하루의 시장 흐름을 활용한다.**

개장 후 1시간 동안의 높은 변동성, 11시의 역추세, 정오의 반등, 폐장 전 1시간 동안의 변동성 등과 같은 시간적 편중된 흐름이 존재한다. 개장 후 1시간 동안에 데이트레이더들이 당일 목표 수익을 달성하기 위해 집중 매매를 하므로 거래량도 많고 주가 변동성도 높아진다. 이때가 수익 내기에 가장 유리하다.

데이트레이딩에서 최적의 매수 시점은 시초가 형성 후 주가가 하락했다가 반등할 때 시가를 돌파하는 바로 그 시점이다. 시가는 강력한 저항선이므로 그 저항선을 뚫으면 상승 확률이 높다. 시가는 양봉이냐, 음봉이냐를 결정하는 중요한 가격이며 주포가 만든다. 그만큼 의미가 있다. 시가가 저항선으로 작용했다가 일단 뚫리면 강력한 지지선이 된다. 오늘의 시가는 내일 지지선 역할을 하고, 오늘의 고가는 내일 저항선 역할을 한다. 장기 침체 후 처음으로 전날 일봉이 장대 양봉이 있었다면 개장 후 눌림목을 확인하고 반등할 때 1차 매수하고 시가를 회복할 때 2차 매수를 한다.

폐장 전 1시간 동안은 스윙이나 오버나이트를 하는 사람들이 물량 매집을 하는 영향으로 변동성이 높아진다. 이때를 이용해서 눌림목에서 미리 매수를 했다가 먹고 나오는 전략도 바람직하다.

성공 확률을 높이기 위해 매입하기 전에 최종적으로 두 가지를 추가로 확인한다. 첫째로 세력 탐지기인 OBV로 장대 양봉과 함께 들어왔던 세력이 눌림목을 줄 때 남아 있는지 이탈했는지를 확인한다. 3분봉 또는 5분봉에서 OBV가 하락하지 않고 횡보하고 있다면 세력이 남아 있다는 뜻이다. 둘째로 종목별 장중투자자별(잠정) 차트(1561)로 외국인과 기관이 동시에 사고 있는지를 확인한다. 특히 기관이 사고 있다면 급락할 염려는 없다. 외국인 단독으로 사고 있다면 일단 의심해봐야 한다. 언제 던질지 모른다. 그러므로 외국인과 기관이 동시에 사고 있는 종목은 책임보험에 가입한 것과 마찬가지이다. 추락할 가능성이 없으므로 비교적 안심하고 버틸 수 있다. 외국인과 기관이 동시에 사고 있고 상승이 계속될 때는 한 번 먹고 버릴 것이 아니라 사고팔기를 반복해서 수익을 축적해 나가는 것이 유리하다. 양봉이 많고 서서히 올라가는 경향이 있는 종목이 대상이다.

2) 매도

일단 매수했으면 즉시 매도 준비해야 한다. 이익이 난 상태에서 저항이 생기면 반 매도, 하락 전환 시 전량 매도한다. 매수 후 5분이 되도 반응이 없는 등 예상대로 움직이지 않는다면 매도한다. 5분 봉 기준으로 5선을 이탈하면 손절매하고 10선 20선에서 지지되면 다시 들어간다. 손절매 비율로는 -3% 이내에서 하되 본전 손절매를 목표로 한다.

시장이 주는 수익은 절대 놓쳐서는 안 된다. 강한 상승 후의 위꼬리는 상승 한계를 의미한다. 5분봉에서 어느 정도 상승한 다음 거래량이 실린 위꼬리가 달리거나, 직전 양봉을 잡아먹는 하락 장악형 장대 음봉이 출현하면 즉시 매도해야 한다. 머뭇거리면 도로 빼앗아 간다.

주가가 높아진 상태에서 하락 잉태형, 십자 도지가 나타나면 팔 때가 되었다고 생각하고 준비해야 한다.

① 임계점 돌파 종목

신고가 종목은 저항선이 없으므로 갈 때는 많이 갈 수 있으나 속임수도 많다. 갈 것처럼 해놓고 매물 폭탄을 던지는 경우가 자주 있다. 그러므로 진입하자마자 매도 준비하고 있어야 한다. 매도 포인트는 5분봉 기준으로 5선을 이탈했다가 3개 봉 이내에 회복하지 못하면 바로 매도한다.

② 당일 외국인, 기관 동시 순매수 종목 매도

외국인, 기관 동시 순매수 종목은 일단 하방 경직성이 확보되었다고 볼 수 있으므로 재료의 강도에 따라 고수익도 노려볼 수 있다. 10% 이상 수익이 확보되었다면 상, 하방에 3%씩 손절매 가격을 잡고 쌍칼 기법으로 서버 자동주문을 걸고 가는 데까지 가보는 것도 방법이다. 시장이 무너지는 경우가 아니면 오버나이트도 고려해 볼 수 있다.

③ 상한가 종목 매도

매수 후 바로 매도를 준비한다. 목표수익률을 3~5%로 잡되 1분 봉 차트에서 음봉이 나오면 즉시 매도한다. 상한가 매매는 1회 수익으로 끝을 내야 하고, 시간적으로도 9시 30분까지만 하고 이후에는 들어가면 안 된다.

④ 장 마감 후 긍정적인 정보가 있는 종목

2~3% 정도 수익이 나면 가차 없이 매도한다. 분할 매수매도하지 않고 전량 매수매도한다. 정보 매매는 선취매가 많으므로 주의를 하여야 한다.

데이트레이딩에서 가장 중요한 것은 손절매를 잘하느냐이다. 다시 올라온다는 보장이 없으므로 사전에 손실 폭을 정하고 무조건 손절매를 해야 한다. 목표수익률을 낮게 잡고 0.5% 이상 수익이 나면 매도 준비를 해서 1분 봉이 음봉으로 예상되면 즉시 매도한다. 매수 후 상승에 실패하고 하락하는 경우 본전 가격에 매도하는 것을 원칙으로 한다. 직전 저점 이탈 시 즉시 손절매하는 것이 가장 중요하다. 직전 상승이 3차 상승이었다면 큰 폭으로 조정을 받을 수 있으므로 대비해야 한다. 또한 이격도가 높은 경우 탈출할 마음의 준비를 해야 한다. 시장 지수가 상승추세에 접어들 때는 데이트레이딩과 스윙트레이딩을 혼합한 전략도 바람직하다.

데이트레이딩은 절정 고수의 영역이다. 적어도 1만 번 이상의 1주 매매를 실제 해본 후에 시작해도 될까 말까 한다. 최소한의 조건을 갖추지 않고 뛰어든다면 무면허운전에 해당한다. 무면허운전이 얼마나 위험한지, 그 결과는 어떻게 되는지는 상상에 맡긴다. 데이트레이딩은 지식으로 하는 것이 아니라 촉으로 하는 것이다. 촉을 익히려면 피나는 훈련밖에 없다. 무면허운전은 범죄행위다.

4. 강세장에 편승하는 오버나이트

데이트레이딩은 주식시장이 횡보하거나 하락추세에 있을 때 위험을 회피하는 좋은 방법이 될 수 있다. 그러나 주식시장이 대세 상승기에 접어든 경우는 시장수익률을 따라가지 못하는 치명적인 약점을 지니고 있다. 이에 대한 보완책으로 강세장에 편승하는 방법이 오버나이트이다. 오버나이트는 종가매매 또는 종가 베팅이라고도 불리며, 마감 동시호가에 매수해서 다음 날 시초가에 매도

하는 전략이다. 시장 상승기에는 시초가부터 갭 상승으로 출발하므로 이미 기회비용을 지불하고 시작하는 셈이다. 기회비용을 줄이기 위해서도 강세장에서는 적절하게 오버나이트를 실시함이 필요하다. 데이트레이딩을 하는 중에도 마감 시간까지 상승 중이면서 추가 상승 가능성이 있다면 오버나이트로 활용할 수 있다.

오버나이트는 주가가 상승할 때 특별한 악재가 없다면 계속 상승하려는 관성을 이용해서 매매하자는 것이다. 오버나이트에서 핵심은 일단 시장이 강세여야 하고, 다음으로 종목선정을 어떻게 하느냐이다. 강한 종목이 대상이며, 네 박자가 맞는 종목이 유리하다.

1) 오버나이트의 장단점

오버나이트의 장점으로는 많은 시간이 필요치 않다는 점이다. 10~20분 투입 후 다음날 빠르게 이익 실현할 수 있다. 그러므로 직장인도 할 수 있다. 또한 시장이 강세장일 때 시장수익률을 따라가지 못하는 데이트레이딩의 약점을 극복하고 추가 수익률을 높일 수 있다. 장 마감 시간 동시호가에만 매수하므로 뇌동매매를 막을 수 있는 것도 하나의 장점이다.

오버나이트의 단점으로는 약세장에서는 치명적이라는 점이다. 특히 간밤에 미국 시장이 큰 폭으로 하락하였을 경우 시초가에 그대로 영향을 받는다. 또한 장 마감 후에 해당 종목에 대해 돌발악재 출현 시 대처가 어렵다. 따라서 금요일은 아주 강한 상승장이 아니면 오버나이트를 하지 않는 것이 유리하다. 중소형 테마주의 경우는 작전 세력들이 개미 털기를 하는 등 장난을 칠 수 있으므로 주의해야 한다. 테마주는 지양하고 거래량이 많은 기관과 외국인의 매수가 들어오는 대형주 위주로 오버나이트 하는 것이 안전하다.

2) 오버나이트의 조건

(시장 관점)

① 매수 당일 종합주가지수가 상승 중이고 앞으로도 상승확률이 높은 강세 시장이어야 한다.
② 상하이 종합지수가 상승하고 있고, 장 중 미국 선물이 상승을 보이는 등 해외 증시가 안정적이어야 한다.
③ 외국인과 기관들의 매매 동향이 양호해야 한다.
④ 우크라이나 전쟁, 미 중 무역분쟁 등 글로벌 이슈가 없어야 한다.
⑤ 북한의 무력 도발 등 지정학적 리스크가 없어야 한다.

(종목 관점)

① 차트가 양호해야 한다. 역배열은 당연히 안 되며, 추세선이 꺾여있는 종목은 피해야 한다. 일봉, 분봉이 저항선(장기 이동평균선, 전고점 언덕, 매물대 등)을 뚫은 다음 지지해 주어야 한다. 이때 지지받고 첫 상승인 경우가 가장 유리하다. 아래 꼬리 달았

을 때는 괜찮으나 위꼬리가 달리면 매도 세력이 존재한다는 뜻이므로 들어가지 않는 것이 좋다.

매수 지점에서 일, 주, 월봉의 저항선인 이동평균선이 가까이 있지 않아야 한다. 즉 다음 저항선까지 먹을 자리가 충분히 있어야 하기 때문이다.

분봉을 봤을 때 장 마감까지 계단식 상승으로 이어지거나, 눌림목 이후 반등하면서 즉 고개를 들면서 마감해야 한다.

② 수급이 좋아야 한다. 거래대금이 평소보다 월등히 많아야 한다. 외국인, 기관(특히 연기금)의 매도가 없어야 하고, 매수하고 있다면 성공 확률이 높아진다. 종목별 장중 투자자별 매매 차트를 통해 확인한다. (화면 번호 1561)

③ 재료가 있어야 한다. 시장을 역행하면서 오르는 재료가 있는지 확인한다. 한마디로 끼가 있어야 한다. 상승에 대한 이유가 시장에 미치는 영향은 어느 정도인지 재료의 크기를 공부할 필요가 있다.

④ 실적이 뒷받침되어야 한다. 돌발악재가 없을 정도로 튼튼한 재무와 실적이 뒷받침되어야 한다.

3) 대상 종목 찾기

(종목 조건)

① 대량거래 장대 양봉을 찾는다. 반드시 의미 있는 장대 양봉이라야 한다. 의미 있는 장대 양봉이란 신고가 돌파, 박스권 돌파,

장기 이동평균선 돌파, 정배열 초기, 강력한 상승 1파 후 조정을 거친 다음 첫 장대 양봉 등을 말한다.

② 급등주는 첫 3일선 또는 첫 5일선 눌림이 중요하다. 지지가 나올만한 자리를 찾는다. 첫 장대 양봉 후 눌림목 지지 확인 후 매수세 들어오면서 끝나야 한다. 저항선이 지지가 되었을 때, 지지선이 겹친 자리가 의미 있는 자리이다. 추세선, 중심선, 이동평균선, 일목균형표 선들이 겹치는 자리, 채널선, 피보나치 되돌림선 등이 겹칠수록 성공 확률이 올라간다.

③ 주가가 20일 이동평균선 위에 있어야 하고, 장대 양봉 후 깃대형 횡보 후 작은 양봉으로 직전 고점과 겹칠 때가 진입 포인트이다.

④ 분, 일, 주, 월봉 확인 후 위로 뻗어나갈 자리가 있는지, 이슈가 살아있는지 확인한다. 동일 섹터 내 종목군과 동반 상승 시 유리하다.

⑤ 종가까지 5% 이상의 깨끗한 양봉 만드는 것이 중요하고, 거래량이 전날 거래량의 200% 이상 발생해야 한다.

(네 가지 유형별 검색식)

종가 매매는 대체로 네 가지 유형이 있다. 세력 주 매매, 급등주 편승 매매, 돌파 매매, 고가놀이 매매 등이다. 종목 찾기는 유형별 각각의 조건에 맞는 검색식을 통해 찾는다.

① 세력 주 매매

▶ 조건
❶ 7일 이내 발생한 기준 봉을 통해 세력이 들어 온 것을 확인한다.
❷ 기준봉 발생 이후 거래량이 급감해야 한다. 매도 세력이 없음을 나타내기 때문이다.
❸ 분봉은 마감 시간 임박해서는 하락하지 않아야 한다. 주가를 관리하는 세력이 있다는 뜻이다.

▶ 검색식
A: 기간 내 기준 봉 주가 비교: 7봉 이내 최고 거래대금 1,000억 이상, 주가등락률 15% 이상, 종가가 기준 봉의 (고가+저가)/2 이상, B: 주기별 주가등락률 비교: 1봉전 종가대비 0봉전 종가 등락률 0.1~5%, C: 캔들 연속발생: 0봉 전 2봉 연속 양봉 발생, D: 주가이평배열(3) : 0봉전 20이평 〈 10이평 〈 30이평, E: 가격-이동평균 비교: 3분봉 20이평〈 종가, F: 주가 비교: 1분 봉 기준 20봉 전 종가 〈 종가

[검색식 화면]

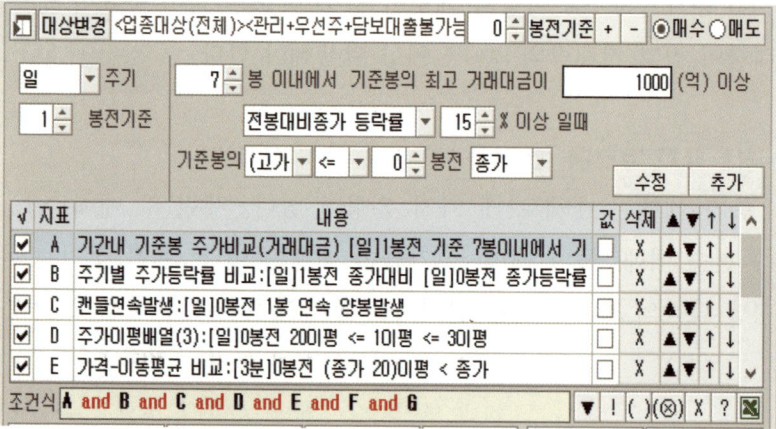

② 급등주 편승 매매

▶ **조건**

❶ 평소보다 월등히 많은 거래량을 동반한 일봉 상 장대 양봉을 찾는다.
❷ 3분봉 상 20선 아래로 하락하지 않는 종목
❸ 위꼬리가 거의 없어야 한다.
❹ 외국인과 기관의 매도가 없어야 한다. 매수한다면 최상이다.

▶ **검색식**

A: 거래대금 1천억 이상, B: 전일 동 시간 대비 거래량 비율 500% 이상
C: 주가등락률 10% 이상, D: 3분 봉 20 이동평균선 < 종가, E: 주가 비교: 1분 봉 기준 20봉 전 종가 < 종가

[검색식 화면]

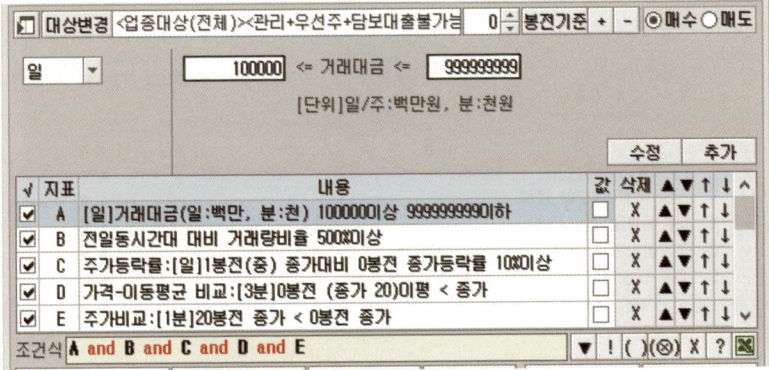

③ 돌파 매매

> ▶ **조건**
> ❶ 거래대금이 대량으로 발생해야 한다.
> ❷ 강한 상승으로 매물대 또는 저항선을 돌파해야 한다.
> ❸ 다음 저항선과 간격이 있어야 한다.

> ▶ **검색식**
> A: 가격 박스, 5이평, 5봉이내, 박스에서 종가가 상한선 상향 돌파, B: 20 or 5일 매물대 상향 돌파, C: 전일 동 시간대 대비 거래량비율 300% 이상, D: 일봉 20 이동평균선 < 종가, E: 3분 봉 20 이동평균선 < 종가, F: 주가 비교: 1분 봉 기준 20봉 전 종가 < 종가, G: 거래대금 20억 이상

[검색식 화면]

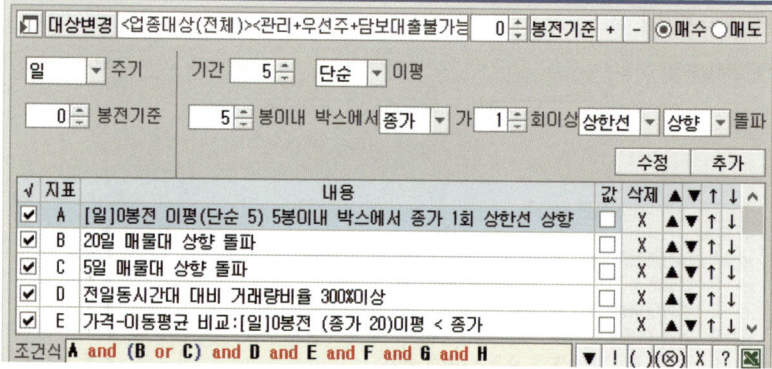

④ 고가놀이 매매

▶ 조건

❶ 강한 상승 후 고가에서 횡보해야 한다.
❷ 거래량이 상승 시 거래량의 1/3 이하로 급감해야 한다.
❸ 위아래 꼬리가 짧아야 한다.
❹ 5일 선을 깨지 않아야 한다.
❺ 직전일 고가를 돌파하는 양봉이 나오면 출발 신호이다.

▶ 검색식

A: 기간 내 기준 봉 주가 비교: 7봉 이내 최고거래대금 1,000억이상, 주가등락률 15% 이상, 종가가 기준 봉의 (고가+저가)/2 이상, B: 주가 이동평균선 배열 5 이평 <= 1 이평, C: 1 이평과 5 이평 5% 이내 근접, D: 1봉 연속 양봉 발생, E: 주가등락률 0.1~5%, F: 3분 봉 기준 종가 > 20 이동평균선, G: 주가 비교: 1분 봉 기준 20봉 전 종가 < 종가

[검색식 화면]

(종목 찾는 기타 방법)

프로그램 순매수 상위 종목, 거래대금 상위 종목, 상승률 상위, 거래량 급증률 상위(0168), 실시간 조회 상위(0198), 순간 체결량(0148) 화면 등을 활용해서 대상 조건에 맞는 종목을 찾는다.

4) 매입

성공 확률을 높이기 위해 몇 가지 추가사항을 확인한다.

첫째. OVB가 상승하거나 횡보하여야 하고 하락하지 않아야 한다. 기준봉 만든 세력이 빠져나가지 않아야 하기 때문이다.

[OBV 차트]

둘째, 종목별 장중투자자별매매(잠정) 차트(1561), 투자자별 매매동향 – 종목별 투자자(0796)를 통해 외국인과 기관이 동시에 사고 있는지를 확인한다. 특히 기관(연기금)이 사고 있다면 급락할 염려는 없다.

[장중 투자자별매매(잠정) 차트]

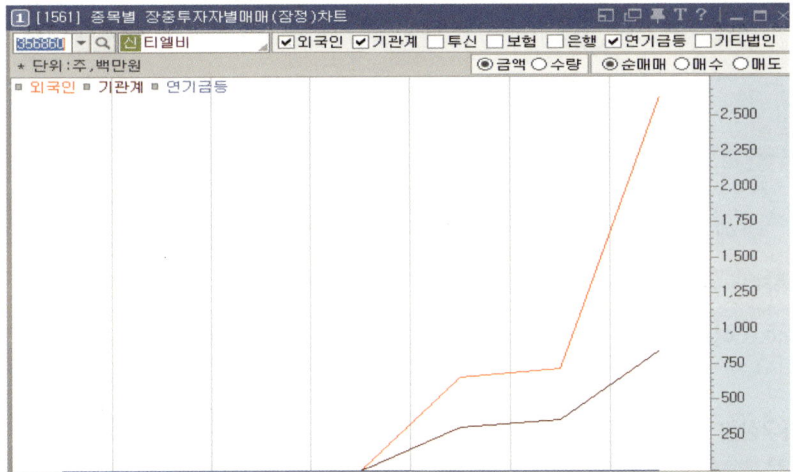

셋째, 당일 주요거래원(0254) 화면을 통해서 2시 30분 이후 10억 이상의 매수상위이탈원이 발생했는지 확인한다. 만일 발생했다면 새로운 매수 세력이 들어 왔다는 뜻이다. 3시 20분 후에 확인하고 매수한다. 반대로 3시 이후 10억 이상 매도 상위이탈원이 발생한 경우는 세력의 이탈이 있다는 뜻이므로 들어가면 안 된다. 티엘비의 경우는 매수매도 상위이탈원이 없으므로 신규세력의 움직임은 보이지 않고 있다.

[당일 주요거래원 차트]

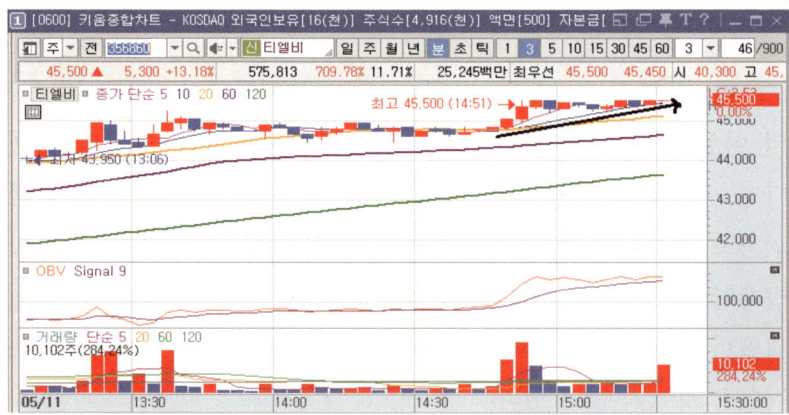

 넷째, 강한 매수세가 유지되는지 확인한다. 장 중 차트가 우상향을 유지하는지, 특히 장 막판 3시 이후 상승세를 유지하는 것이 중요하다. 그래야 다음날 동시호가까지 상승이 유지될 수 있다.

[우상향 차트]

추가 확인이 완료되면 수익률은 2~5% 정도를 목표로 동시호가에 진입한다. 예상 체결가격보다 한 호가 높여서 매수 주문을 한다. 3시 이후 종가 매매하는 사람들이 많아서 마감 동시호가 가격이 높아질 수 있다. 만일 현재가 보다 2~5%정도 높게 체결될 예정이라면 포기하는 게 유리하다. 오버나이트의 목표수익률이 낮은데 높은 가격에 진입하면 성공 확률이 떨어진다. 또한 다음날 시초가부터 개미 털기에 당할 수 있다.

5) 매도

매도 방법은 상황에 따라 다르다. 처음에는 눈에 보이는 시초가만 먹는 연습을 한다. 계속하다 보면 더 갈 것 같은 감이 온다. 차츰 숙달되면 5분 뒤에 매도하는 연습을 한다. 그다음에는 30분까지 버티는 연습을 해본다. 그렇다고 무조건 버티는 건 안 되고, 보유하고 있는 포지션이 마이너스를 기록하는 등 불리하다면 즉시 손절매해야 한다.

9시 시초가에 매수물량 반을 매도하고, 나머지는 저항에 부딪혀 못 가면 곧바로 전량 정리를 원칙으로 한다. 시장이 강하다고 판단되면 계속 끌고 가다가 더 이상 상승하지 못하고 횡보한다면 전량 매도한다. 특별한 경우가 아니면 9시 30분 이내에 모든 걸 종결한다.

차트를 보고 매도할 수도 있다. 다음날 시초가 5분봉 저가를 종가로 이탈 시 매도하는 방법이다. 자신의 매입 단가가 위협을 받을 때는 본전에 손절매해야 한다. 만일에 수익 중이라면 5분봉 120선 이탈 시까지 버텨본다.

　종가 베팅에는 목표수익률은 정하지 않는다. 워낙 변수가 많아서 그때 상황에 따라 다르기 때문이다. 시장 상황과 개별 종목의 재료에 따라 달라질 수 있다. 그러므로 재료에 의한 주가의 움직임도 계속 공부해야 한다. 주가에 어떻게, 어느 정도로 반영되는지를 꾸준히 살펴봐야 한다.

[다음날 장 초반 차트]

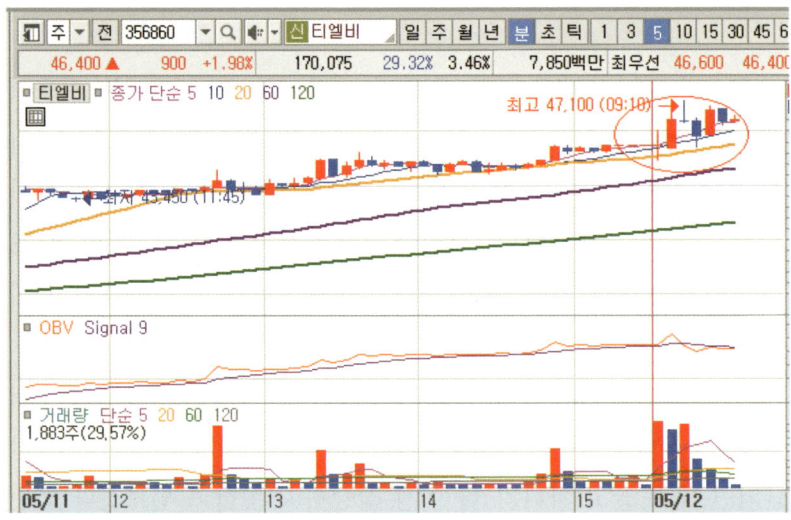

5. 오늘의 손실을 내일의 수익으로 전환시키는 마법의 도구

● 왜 도구를 사용하여야 하는가?

인류는 도구를 사용하고부터 문명이 싹트기 시작했다. 고대 유적지에 가보면 처음에는 주변에 있는 나뭇가지, 돌덩이로 시작해서 점점 도구가 도구를 만들고 불과 철같은 새로운 수단과 물질을 추가함으로써 문명의 비약적인 발전을 이루게 되었다. 똑같은 일을 하더라도 어떤 도구를 사용하느냐에 따라 일의 성과는 엄청난 차이가 난다. 컴퓨터라는 도구가 만들어짐으로써 3차 산업혁명을 일으키며 사회와 경제에 엄청난 변화를 가져왔다. 도구 하나가 세상을 바꾸듯이 도구의 중요성은 점점 커져만 간다. 새로운 도구에 잘 적응한 사람에게는 새로운 기회가 만들어지고, 반대로 여기에 적응하지 못한 사람은 도태될 수밖에 없다.

주식투자도 마찬가지이다. 수년 전만 해도 증권사 전광판을 보고 투자하던 시대가 엊그제 같은데 HTS라고 하는 새로운 도구가 개발됨으로써 상상도 못 할 일들이 벌어지고 있다. 그러므로 뒤처지지 않으려면 현상에 안주하지 말고 새로운 도구를 적극 활용 하려는 노력이 필요하다. 시간이 날 때마다 HTS에 어떤 기능이 있는지 눌러보고 실수도 해보고 해야 한다. 올라가지 못할 나무는 쳐다보지도 마라가 아니라, 쳐다봐야 언젠가는 올라갈 수 있다. 가다가 중지하면 아니 간 만 못한 게 아니라, 간만큼 득이다. 그러므로 끊임없이 도전하는 자세가 무엇보다 중요하다.

도구는 나의 일을 도와주는 조수 역할을 하지만, 동시에 나를 지켜주는 강력한 무기가 될 수도 있다. 약육강식의 원리만 존재하는 데이트레이딩 세계에서 살아남기 위해서는 도구를 사용하는 것은 필수이다.

SS기법, 네 박자 체크, 세력 탐지기, 역 피라미딩, 쌍칼 기법 등 이미 제시한 기법들은 검증된 유용한 도구들이다. 구경만 하고 넘어갈 것이 아니라 일단 한 번 사용해보는 실험 정신이 중요하다. 이것들이 평생 나에게 황금알을 낳는 거위가 될지 누가 알겠는가?

● 오늘의 손실을 내일의 수익으로 전환시키는 도구(문/진/해/실)

앙드레 코스톨라니가 투자자의 무기는 첫째도 경험이고, 둘째도 그리고 셋째도 경험이라고 하였다. 그러면서 "가장 값진 경험은 손실이 컸던 거래를 통해서 얻은 것이었다. 그러므로 나는 적어도 두 번 파산해 보지 않은 사람은 주식투자자라 불릴 자격이 없다고 말한다."고 하였다. 과연 실패를 많이 한다고 해서 내일의 수익이 보장될까? 실패를 통해서 배우지 못하면 아무런 소용이 없고, 똑같은 실수를 반복하게만 된다. 그렇다면 오늘의 손실을 내일의 수익으로 전환시키는 것은 무엇인가?

의사가 문제를 해결하는 과정을 보면 힌트를 얻을 수 있다. 병원에 가면 의사가 가장 먼저 하는 질문은 어디가 아프냐이다. 문제가 무엇인지를 정의하기 위해서다. 그다음에는 진찰한다. 문제의 원인을 찾기 위해서다. 원인을 찾았다면 다음으로는 그에 맞는 처방을 한다. 마지막으로 의사의 처방에 따라 약을 조제하거나 주사를 놓게 된다. 의사가 문제를 해결하는 과정을 정리하면 첫 번째, 문제를 정의한다(문). 두 번째, 문제의 원인 진단을 한다(진). 세 번째, 처방 즉 해결책을 제시한다(해). 네 번째, 실행하고 평가한다(실).

자동차 정비소에 가보면 이와 똑같은 과정을 반복하는 것을 볼 수 있다. 문제를 해결해주는 대부분의 직종에서 이와 같은 과정을 거치게 됨을 알 수 있다. 왜냐하면 이렇게 하는 것이 문제해결에 가장 효과적이라는 것을 경험적으로 터득했기 때문이다. 의사, 자동차 정비사, 각종 수리공, 컨설턴트 등 수많은 사람이 문/진/해/실이라는 도구 하나를 가지고 평생 잘 먹고, 잘 산다.

오늘의 실패를 내일의 수익으로 전환 시키기 위해서는 반드시 뭔가 공정이 필요하다. 그 공정에 필수적인 도구가 문/진/해/실이다. 하나의 도구이자 그 자체가 공정이라 할 수 있다. 큰 실패일수록 먼저 무엇이 문제인지 문제를 정의하고, 문제의 원인을 진단하고, 해결방안을 찾고, 그것을 실행하고 평가해야 한다. 해결방안이 성과가 있는 것으로 판정되면 계속 사용하고, 만일에 다시 문제가 발생한다면 또다시 문/진/해/실 공정을 거치면서 무한 반복한다.

문제해결 도구 사용이 체질화되어 있을 때 비로소 경험하면 할수록 점점 진화할 수 있는 것이다. 성공적인 투자자가 되는 유일한 길이라 할 수 있다. 학교에서 또는 책을 통해서 공부한 경제이론은 현실 세계에서는 그대로 잘 적용이 되지 않는다. 왜냐하면 수많은 연기관계가 얽혀 수시로 변화하기 때문에 어떠한 예측모형도 완벽할 수가 없다. 주식시장은 살아 움직이는 유기체이며 심리적인 영향이 크므로 항상 선반영된다. 그러므로 오로지 경험만이 특히 실패한 경험에서 문/진/해/실이라는 도구를 통해 문제의 원인과 해결방안을 찾고, 실행 후 개선하면서 진화해 가는 것이 무한경쟁에서 살아남을 수 있는 유일한 전략이다. 평생 나만의 비밀병기가 되는 것이다. 성공한 투자자들은 모두 이런 과정을 거쳤다.

문/진/해/실이라는 도구를 장착하고, 1만 번의 실전 경험을 거친다면 데이트레이딩이라는 살벌한 전쟁터에서 천하무적이 될 수 있다.

● 나만의 비밀병기

무한경쟁시대에 살아남기 위해서는 나만의 비밀병기가 필요하다. 일본 어느 회사의 CEO는 화장실 청소로 유명하다. 10년 이상 혼자서 화장실 청소하는 이유는 자신은 뛰어난 경영 능력은 없으나 누구나 할 수 있지만 하지 않는 걸 하는 게 자신의 경쟁력이기 때문이라는 것이다. 우리나라뿐만 아니라 한때는 미국에서도 화장실 경영을 배우고자 문의가 쇄도했다고 한다. 경쟁력이 학력이나 뛰어난 능력에서만 나오는 것은 아니다. 누구나 할 수 있지만 귀찮아서 하지 않는 하찮은 것에서 나올 수도 있다.

필자의 경우는 아침 6시에 알람을 해놓고 일어나면 간단한 운동과 함께 경제 TV를 시청한다. 7시 30분부터는 증권사 리서치모닝

브리핑 유튜브를 보고, 8시에는 출근길 라이브 유튜브를 본다. 나를 위해서 무급으로 일하는 고급인력들이 잠을 설쳐가면서 분석한 내용을 편안하게 들을 수 있다는 게 무척 고마울 따름이다. 조금만 수고를 하면 많은 시간과 노력을 절감시킬 수 있다. 분기마다 전 종목 기업 실적을 체크하고 틈만 나면 사업보고서나 리포트를 읽는 것이 생활화되어 있다. 이런 데이터를 바탕으로 주식시장과 종목의 움직임에 어떤 영향을 미칠 것인지를 삼상기법을 동원해서 끊임없이 궁리한다. 이와 같은 누구나 할 수 있지만 귀찮아서 하지 않는 것을 하는 게 나의 경쟁력이고 나의 비밀병기이다. 만일 당신이 문/진/해/실이라는 도구를 장착하고 누구나 할 수 있으나 잘 하지 않는 1만 번 1주 매매를 한다면 당신은 단타 매매의 제왕이 될 수 있을 것이다. 주식투자의 세계에서 나만의 비밀병기는 선택사항이 아니라 필수사항이다.

6. 아직도 슈퍼 개미를 꿈꾸시나요?

개인투자자를 흔히 개미로 비유하곤 한다. 기관투자자나 외국인 투자자에 비해서 투자 규모가 적다는 의미에서 붙여진 명칭이다. 개미도 네 가지 부류로 분류할 수 있다.

● **슈퍼 개미**

적어도 주식투자자라면 누구나 꿈꾸는 선망의 대상이다. 그러나 누구나 탐낼 수 있는 자리가 아니다. 5% 미만이 영광을 누린다. 성공한 슈퍼 개미들은 부자가 되고, 경제적 자유를 누리며, 책을 내고, TV나 유명 유튜브에 나온다.

슈퍼 개미는 두 가지 유형이 있다. 주식 농부와 같이 중장기 집중투자를 하는 사람과 단타의 제왕이 있다. 이런 사람들은 두 가지가 맞아떨어지는 사람이다. 억수로 운이 좋은 사람이거나, 깡통을 몇 번 차건 말건 일어서는 불굴의 의지가 있는 사람이다. 이런 사람만이 슈퍼 개미의 칭호를 얻을 수 있다. 슈퍼 개미들 대부분은 IMF, 미국발 금융위기 때 많이 탄생했다. 최근 코로나 팬데믹 때도 슈퍼 개미들이 많이 탄생했을 가능성이 있다.

슈퍼 개미들이 책을 내거나 유튜브를 하는 사람들이 많다. 하나같이 얼마를 벌었네 하고 자극적인 문구를 사용하여 일반 개미를 현혹하는 행위는 문제가 있다. 결국 95%가 실패를 할 수밖에 없는데 5%의 슈퍼 개미를 위해서 개미들 다수에게 깡통을 차라고 이야기하는 것과 다를 바 없다.

● **깡통 개미**

슈퍼 개미를 꿈꾸고 레버리지를 사용하여 집중투자를 하면 95%가 실패를 한다. 슈퍼 개미가 아니라 깡통 개미가 되는 것이다. 이들은 슈퍼 개미를 탄생시키고 정작 자신은 흔적도 없이 사라진다. 1만 시간 이상 투입하는 등 충분히 사전준비하지 않은 채 무모하게 도전하면 확률적으로도 도저히 승산이 없는 게임이다. 결국 스스로 떠나거나 강제 퇴출당한다. 깡통 개미는 어디에 가서 하소연

할 때도, 자랑을 할 수도 없다. 그러므로 수없이 많은 깡통 개미가 있지만 잘 알려지지 않을 뿐이다.

● 빈둥 개미

개미들은 모두 열심히 일할 것 같지만 20%의 개미는 일하지 않고 빈둥거린다고 한다. 일하지 않는 빈둥 개미를 몽땅 들어내면 아이러니하게도 일 잘하던 개미 중에서 20%가 또 빈둥거린다고 한다. 일단 유사시를 대비하여 힘을 비축하는 본능적인 행위라고 추정된다. 중국 고사에 사람의 영혼을 빼가는 도깨비가 있다고 한다. 좋은 일만 하는 사람은 물론 아니고, 나쁜 일만 하는 사람도 아니고, 바로 좋은 일도 나쁜 일도 안 하고 빈둥거리는 사람의 영혼을 빼간다고 한다. 투자의 세계에서는 빈둥 개미와 같은 유형의 투자자들이 최악이다. 깡통 개미는 포기하지 않는 한 희망은 있다. 빈둥 개미는 희망이 없다. 언제까지 힘만 비축할 것인가?

● 일개미

전쟁에서 최종 승리는 보병이 한다는 말이 있다. 투자에 있어서 진정한 승리는 일개미가 한다. 일개미는 절대 왕좌를 노리지 않는다. 주어진 일만 죽을 때까지 본능적으로 한다. 굴을 파고 먹을 것을 끊임없이 비축한다. 결국은 티끌 모아 태산이다. 그러므로 개미류는 지구상에서 가장 많은 개체를 가지고 있고, 가장 오래 종족을 보존하는 종이다.

개미라면 개미답게 자신의 강점을 살리고 키워나가야 한다. 슈퍼 개미들의 말만 믿고 생업을 포기한 채 무작정 따라 하다가는 말을 안 해도 결과는 뻔하다. 자신이 하는 본업에 충실하고, 남들이 놀 때 주경야독하여 한 걸음 한 걸음 가다가 보면 어느덧 정상에 도달하게 된다. 일개미의 태도야말로 '투자의 중도'로 가는 마음가짐이다.

당신은 무슨 개미인가요?

아직도 슈퍼 개미를 꿈꾸시나요?

••• 맺음말

    2020년 코로나19 팬데믹 상황에서 주식시장이 붕괴하자 이를 살리기 위해 전 세계적으로 엄청난 유동성이 풀렸다. 그러자 주식시장은 폭등하기 시작했고 개인투자자들이 몰려들기 시작했다. 여태까지 주식이라고는 모르던 사람들이 주식이 돈이 된다는 소리를 듣고 여기저기서 주식투자에 대해 문의를 해오기 시작했다. 그때 주식투자를 말 몇 마디로 설명한다는 것은 어불성설이라 생각하고 책으로 남겨야겠다고 마음먹게 되었다. 지금까지 이루어 온 깨달음을 언젠가는 누군가에게 전수해야 한다고 생각하고 있는 차에, 딸이 주식투자를 시작했다는 말을 듣고 하루빨리 완성해야겠다는 마음을 굳히게 되었다. 내가 겪은 수많은 시행착오를 겪지 않고 생활을 즐기면서 행복한 투자를 할 수 있기를 바라는 마음에 이 책을 쓰게 되었다.

    주식투자에 처음 입문하는 투자자들에게는 다소 어렵게 느껴질 수도 있다. 간단명료하게 기술하느라 문장 하나하나가 함축된 의미를 담고 있어서 쉽게 읽어 내려가기에는 불편한 점이 있다. 오히려 HTS를 켜놓고 실제 상황에 적용해가면서 과연 이 말이 맞는지 점검해 보는 실행력이 강한 사람이라면 많은 도움이 되리라 생각한다. 책 한 권을 읽어도 투자에 도움 되는 아이디어 하나 얻기가 쉽지 않다. 본 책은 문장 하나하나가 책 한 권이라고 할 정도로 내용이 함축되어 있으므로 한 번 읽고 책장 속에 넣어 둘 것이 아니라 옆에 두고 수시로 읽어 보고 마음을 다잡는 평생 반려자가 되기를 기대한다. 힘들고 어려울 때, 앞이 안 보일 때, 고점인지 저점인지 의심스러울 때 이 책을 곁에 두고 항상 꺼내 보고 맞춰 보고 기본으로 돌아가서 자신을 되돌아보는 투자의 내비게이터가 되기를 희망한다.

내 아이들에게 그리고 새롭게 투자를 시작하는 후배들에게 꼭 하고 싶은 세 가지 이야기가 있다.

첫째, 너 자신을 알라

나는 이 세상에 하나밖에 없는 유일무이한 존재이다. 그러므로 반드시 존재 이유가 있다. 이 세상에 쓸모없는 존재란 아무것도 없다. 주위에 나뒹굴고 있는 나뭇가지나 돌덩이까지 쓰일 데가 있다. 내가 쓰기에 따라 이 세상 수많은 것이 나의 비서요 후원자가 될 수도 있다.

또한 나는 무한한 가능성을 지니고 있다. 나의 마음속에 진정으로 예수님을 모시면 나는 그분과 같이 되는 것이고, 내가 마음속에 진심으로 부처님을 모시면 내가 부처가 되는 것이다. 그러므로 마음먹기에 따라 내가 부처님이고 하나님이 되는 것이다. 일체유심조라는 말과 같이 마음만 먹으면 무엇이든 될 수 있고, 무엇이든 할 수 있다. 유일무이한 존재이며 무한한 가능성을 지닌 나 자신을 아는 것이 무엇보다 중요하다.

둘째, 꿈을 가져라

꿈은 이루어진다. 그러나 가만히 있는데 저절로 이루어지는 것은 아니다. 꿈은 꾸어야 이루어진다. 꿈을 종이에 적으면 목표가 되고, 목표를 잘게 나누면 계획이 되고, 계획을 실천하면 꿈은 이루어진다. 그러므로 현실에 안주하지 말고 꿈을 가져야 한다. 꿈을 가지면 목표가 생기고 목표가 생기면 문제가 보인다. 왜냐하면 목표와 현상의 차이가 문제이기 때문이다. 문제가 보이면 이를 해결하려고 노력을 하게 된다. 꿈은 클수록 좋지만 당장 이룰 수 있는 작은 꿈이라도 가져라. 이것이 이루어지면 작은 동산이 모여 거대한 산맥이 되듯이 시작은 미약하나 그 끝은 창대해질 것이다.

셋째, 포기하지 마라

포기를 하지 않는 한 실패란 없다. 실패는 성공의 어머니라는 말이 있듯이 지금 당장은 어렵고 힘들지만 지나고 나면 성공으로 가는 과정일 뿐이다. 실패를 나의 스승으로 모시고 여기서 배움을 얻어야 한다. 무엇이 잘못인지, 무엇을 하지 말아야 하는지, 무엇을 해야 하는지를 깨달아야 한다. 기존의 방식에서 변화해야 한다. 큰 실패일수록 더 큰 나의 스승이라 생각해야 한다. 인디언이 비가 올 때까지 기우제를 지내듯이 될 때까지, 할 때까지, 이룰 때까지 포기하지 않으면 반드시 이룰 수 있다.

이 책을 통해서 대한민국의 집단지성이 올라가기를 희망한다. 그렇게 해서 동학개미들이 외인들을 상대로 집안을 지키고, 서학 개미들이 세계로 뻗어나가서 먹이를 물고 오듯이 달러를 물고 온다면 그야말로 대한민국은 작은 거인이 될 수 있다. BTS나 손흥민이 월드클래스가 되어 세계를 호령하듯이 우리나라를 얕보는 세력들에게 오히려 두려운 존재가 되고, 세상 사람들의 부러움의 대상이 될 날이 오기를 기대해 본다.

(부 록)

✅ 주식의 성패를 알 수 있는 격언

1. 쓸데없는 곳에 쓸 돈이 있으면 주식을 해라.
2. 첫번째는 운, 두 번째는 자금, 세 번째는 담력.
3. 운, 무딤, 끈기.
4. 실력을 쌓는 최고의 방법은 실제로 투자 하는 것이다.
5. 첫 단추를 잘못 끼우면 마지막 단추도 맞지 않는다.
6. 호랑이 굴에 들어가지 않으면 호랑이 새끼를 얻을 수 없다.
7. 씨를 뿌리지 않으면 싹이 나지 않는다.
8. 남보다 앞서 행동하면 이길 수 있다.
9. 이길 줄만 알고 질 줄 모르면 손해를 본다.
10. 기적을 바라는 것도 좋지만 기적에 의지해서는 안 된다.
11. 행운의 여신이 노크하면 바로 문을 열어라.
12. 기회는 누구에게나 찾아오지만, 그 기회를 잡는 사람은 극소수다.
13. 돈을 사랑하는 마음만으로는 부자가 될 수 없으며 돈이 당신을 사랑해야 한다.
14. 사람은 넘어지면 먼저 돌을 탓하고, 돌이 없으면 비탈길을 탓하며, 비탈길 마저 없으면 신고 있는 신발을 탓한다.
15. 세상에는 머리가 나빠서 투자에 실패하는 사람도 있지만, 너무 똑똑해서 실패하는 사람도 많다.
16. 황소와 곰은 돈을 벌지만, 욕심 많은 돼지는 돈을 못 번다.
17. 초기에 성공한 사람은 단순한 행운을 자신의 능력으로 착각하고 주식시장을 가볍게 보다가 결국 실패하고 만다.
18. 개미가 늘 손해를 보는 이유는 일반적으로만 움직이는 탓에 항상 틀리기 때문이다.
19. 성공하려면 외톨이 늑대가 되어 대중 속에 섞이지 마라.
20. 장수가 공을 세울 수 있는 이유는 수많은 병사가 전장에서 죽기 때문이다.
21. 투자자는 실망한 투기꾼이다.
22. 우리는 계산기가 아니라 사람이기 때문에 실패하기 마련이며, 중요한 것은 실패를 최소한으로 줄이는 것이다.
23. 주식은 일확천금이 아니다.
24. 욕심 많은 사람은 욕심 없는 사람과 같은 결과를 얻는다.

25. 수영을 잘하는 사람이 오히려 물에 빠지기 쉽다.
26. 투자자의 가장 큰 적은 자기 자신이다.
27. 스스로 믿는 사람은 확신 없는 전문가를 능가한다.
28. 수완가는 있지만 대가는 없다.
29. 투기꾼은 주식시장에서 망한다.
30. 로마는 하루아침에 이루어지지 않았다
31. 마지막에 웃는 자가 승리한다.

◉ 정보 활용법을 알 수 있는 격언
1. 초심자는 어설프게 시장에 발을 들여놔서는 안 된다.
2. 돈이 되는 나무는 물만으로는 살 수 없으며, 땀이 없으면 죽고 만다.
3. 배우기만 하고 생각하지 않으면 남는 것이 없고, 생각만 하고 배우지 않으면 위태로워진다.
4. 아는 자는 좋아하는 자보다 못하고, 좋아하는 자는 즐기는 자보다 못하다.
5. 어설픈 상담자가 투자를 망친다.
6. '이렇게 해서 100만 달러를 벌었다'라든가 '당신도 백만장자가 될 수 있다'라고 말하는 책은 주식 관련 서적 중 가장 위험한 책이다.
7. 3일 먼저 알면 부자가 될 수 있다.
8. 미숙한 병법은 큰 부상을 초래한다.
9. 자신의 판단으로 사는 것과 주변의 권유로 사는 것은 다르다.
10. 최고의 예언자는 과거이다.
11. 낳기도 전에 알을 사지 마라.
12. 온고지신[溫故知新].
13. 잘못 판단할 수는 있지만, 잘못된 판단을 그냥 놔둬서는 안 된다.
14. 지피지기 백전불태(知彼知己 百戰不殆).
15. 시세의 강약보다 운용을 배워라.
16. 사물은 근본과 끝이 있고 일은 시작과 마침이 있어서, 먼저 할 바와 나중에 할 바를 알면 곧 도에 가까워진다.
17. 소문에 사고 뉴스에 팔아라.
18. 좋은 뉴스는 상관없지만 나쁜 뉴스는 빨리 알아야 한다.

19. 알면 끝이다.
20. 지나치게 소문에 밝으면 빨리 무너진다.
21. 내부자의 조언을 100% 믿어서는 안 된다.
22. 개 한 마리가 그림자를 보고 짖으면 모든 개들이 따라 짖는다.
23. 차트는 투기꾼의 지팡이.
24. 차트는 잘못이 없으며, 모든 것은 차트 분석가의 잘못이다.
25. 장기간 지속적인 수익을 낸 기술적 분석가가 있다는 말은 들어본 적이 없다.
26. 테크니컬 분석은 과학적으로 보이지만 사실 점술이나 마찬가지이다.
27. 이치에 이기고 시세에 진다.
28. 영업사원은 당신의 투자로 손실을 보지 않는다.
29. 현명한 자는 듣고, 어리석은 자는 말한다.
30. 시세를 말하지 마라.
31. 시세의 흐름에 대해 논하지 마라.
32. 친한 사람에게도 주식을 권하지 마라.

✅ 필승 투자전략을 알 수 있는 격언

1. 마음 약한 사람은 절대 부자가 될 수 없다.
2. 자금력에 맞게 준비해야 한다.
3. 돈과 연줄은 다 풀지 마라.
4. 생활 필수 자금에는 손대지 마라.
5. 처음부터 손실을 각오하고 시작해라.
6. 시작이 중요하다.
7. 시작을 조심해라.
8. 시세를 거스르지 마라.
9. 충동 매매는 손실을 끼친다.
10. 운이 따르지 않을 때는 단념하는 것이 좋다.
11. 상황이 좋지 않을 때는 단념하는 것이 좋다.
12. 홧김에 사고팔아서는 절대 안 된다.
13. 다른 사람의 실적을 부러워하지 마라.
14. 주식을 사기보다 때를 사라.

15. 사고, 팔고, 쉬어라.
16. 분할 매매가 중요하다.
17. 예측이 맞았다고 들뜨지 마라.
18. 남들이 서쪽으로 달릴 때 동쪽으로 가면 행운이 찾아온다.
19. 백전백승은 최선이 아니다.
20. 단념은 빠를수록 좋다.
21. 서둘러 매매할수록 손실을 본다.
22. 기대와 다를 때는 빨리 정리해라.
23. 마음이 불안할 때 매매하면 손실을 본다.
24. 흐름을 거스르지 말고 기회를 잡아야 한다.
25. 소탐대실(小貪大失).
26. 작은 이익을 주고 큰 이익을 얻는 일은 없다.
27. 주식투자는 상인의 마음으로 해야 한다.
28. 주식을 하려고 대출을 받는 것은 위험하다.
29. 이길 수 있을 때 이겨야 한다.
30. 주식시장에 허세는 필요 없다.
31. 체면에 신경 쓰다 체면과 재산을 모두 잃는다.
32. 시작하기 전에 신중하게 생각하라.
33. 승산이 없으면 싸우지 않는다.
34. 밀짚모자는 겨울에 사라.
35. 매도는 빨리, 매수는 천천히.
36. 매수는 저점에서, 매도는 고점에서.
37. 시세가 강하게 움직일 때 지정가 주문은 금물.
38. 지정가를 취소해서는 안 된다.
39. 단타 매매는 하지 마라.
40. 돈은 쌀을 낚는 미끼로 알고, 품속에서 돈이 떨어지지 않게 하라.
41. 작은 이익은 실패의 원인이다.
42. 팔면 오르고, 사면 내려간다.
43. 서두르면 일을 그르친다.
44. 진인사대천명(盡人事待天命).
45. 모든 승부는 이기고 있을 때 그만두는 것이 좋다.

46. 순조로울 때도 만약을 생각하고, 나쁜 상황에서 자신을 버리지 마라.
47. 손실을 봤다고 후회하지 말고 잠시 맡겨 놓았다고 생각해라.
48. 운이 따르지 않을 때는 잠시 쉬어라.
49. 헤매면서 나아가기보다 되돌아가라.
50. 후회에는 두 가지가 있다.
51. 휴식을 단순한 휴식으로 생각하지 마라.

◉ 유망주 선택법을 알 수 있는 격언

1. 대중이 가는 뒤안길에 꽃길이 있다.
2. 달걀은 한 바구니에 담지 마라.
3. 주식투자는 미인 투표다.
4. 좋고 나쁜 주식의 구별은 없으며, 단지 상승주와 하락주가 있을 뿐이다.
5. 주식 매입만 바르게 하면 신경 쓸 일이 없으므로, 계속 보유하는 것이 최선의 방책이다.
6. 적정 주가 이상인 종목에는 손을 대지 마라.
7. 살 때는 백 개의 눈이 필요하지만 팔 때는 한 개의 눈만 있으면 충분하다.
8. 저평가된 성장주를 찾아라.
9. 모두가 좋다는 종목은 피해라.
10. 국가 정책을 따라가라.
11. 대어는 바닥에 놀고 있다.
12. 산업이란 투자할 가치가 있는 극소수의 일류기업과 장기 보유할 매력이 전혀 없는 수많은 이류기업으로 이루어져 있다.
13. 주가는 그 기초가 되는 회사의 실체보다 훨씬 변덕스럽다.
14. 나무는 하늘까지 자라지 않는다.
15. 배당보고 투자하지 마라.
16. 상승세의 악재는 사고, 하락세의 호재는 팔아라.
17. 재료는 뒤에서 따라온다.
18. 시장 분위기가 결정적으로 작용할 때, 개별 주식의 호재 혹은 악재 따위는 아무런 문제가 되지 않는다.
19. 신제품은 유행을 낳을지 모르나 이익은 낳지 않는다.

20. 신사옥 건설 발표가 나면 그 회사 주식을 팔아라.
21. 수급은 모든 재료에 우선한다.
22. 우량주만 남기면 자연스럽게 수익을 낼 수 있다.
23. 주식과 결혼하지 마라.

✅ 시세를 읽는 요령을 알 수 있는 격언

1. '이미'는 '아직'이고, '아직'은 '이미'이다.
2. 산이 높으면 골이 깊다.
3. 작게 돌아 3개월, 크게 돌아 3년.
4. 올라가는 데 100일, 내려가는 데 10일.
5. 천장 3일, 바닥 3개월.
6. 강세장은 비관 속에서 태어나, 회의 속에서 자라나며, 낙관 속에서 성숙하고, 행복감 속에서 사라진다.
7. 천장 다음 날이 바닥일 수는 없다.
8. 주가는 옛 보금자리로 돌아간다.
9. 월가가 재채기를 하면 런던은 감기에 걸린다.
10. 상승으로 전환한 시세는 상승을 이어가고, 하락으로 전환한 시세는 하락을 이어간다.
11. 주가는 늘 장래성을 반영한다.
12. 일반적 주가 움직임은 기대 이상으로 움직인다.
13. 약세장이 되면 주가는 '과소평가 수준'을 훨씬 밑돌고, 강세장에서는 '과대평가 수준'을 훨씬 웃돈다.
14. 언제 일어날지 예상하는 것은 무슨 일이 일어날지를 예상하는 것보다 몇 배나 어렵다.
15. 어떤 전략적 투기라도 전망이 맞을 확률은 50%이다.
16. 영향력 있는 투자자가 어떻게 움직이는지를 지켜봐라.
17. 기관투자자는 모두 같은 방향으로만 움직인다.
18. 주가가 높으면 결점을 가린다.
19. 시세는 맞을 때도 있고 틀릴 때도 있다.
20. 사슴을 쫓는 자는 산을 보지 못한다.

21. 숲을 먼저 보고 나무를 봐라.
22. 돌은 뜨고, 나뭇잎은 가라앉는다.
23. 일반 투자자는 천장에서 강세를 보이고 바닥에서 약세를 보인다.
24. 주식에 '반드시'란 없다.
25. 달인은 시세의 무서움을 안다.
26. 시세는 모든 것을 안다.
27. 주가는 군중심리의 산물이다.
28. 사고 싶은 약세, 팔고 싶은 강세.
29. 때를 보고 변화를 생각해라.
30. 인기는 쉽게 뜨거워지고 쉽게 식는다.
31. 무궁화의 일일천하.
32. 일엽지추(一葉知秋).
33. 시세와 감은 떨어지기 전이 가장 맛있다.
34. 시세는 폭락으로 회춘한다.
35. 주식시장에 '잠깐'이란 없다.
36. 주식시장에 과거는 없다.
37. 겨울이 오면 어찌 봄이 멀 것이랴?

✓ 매매 타이밍을 알 수 있는 격언

1. 시세는 타이밍으로 시작해서 타이밍으로 끝난다.
2. 30%의 수익을 여섯 번 내면 원금은 4배가 된다.
3. 대시세는 따라가야 한다.
4. 어린 시세에는 눈을 질끈 감고 사라.
5. 트랜드야 말로 친구다.
6. 머리와 꼬리는 남겨둬라.
7. 하락세에 팔고 상승세에 사라.
8. 물타기는 1·3·5의 비율로 해라.
9. 떨어질 때는 약하게, 차익실현할 때는 강하게.
10. 모두가 강세일 때 바보처럼 팔아라.
11. 모두가 약세일 때 바보처럼 사라.

12. 이치 밖의 이치.
13. 시세는 시세에게 물어라.
14. 천장과 바닥을 생각하고 매매해야 한다.
15. 천장에서 사지 말고 바닥에서 팔지 마라.
16. 잔 파도에 흔들리지 마라.
17. 사고 싶은 마음이 끓어오를 때는 이틀만 기다려라.
18. 일반 투자자가 하는 가장 큰 실수는 하락세에 시장을 떠나는 것이다.
19. 장미를 꺾듯이 팔아야 한다.
20. 돌발 사태에 맞서라.
21. 전쟁으로 주가가 하락하면 과감히 매수해라.
22. 보합 시세는 무너지는 쪽으로 붙어라.
23. 신고가는 따라붙어라.
24. 첫 번째 눌림목에 사고, 첫 번째 반등에 팔아라.
25. 회복 전망이 보일 때가 매수 기회다.
26. 한산하면 매물이 없다.
27. 매도인은 물새의 날갯소리에도 겁을 낸다.
28. 공매도로 인한 주가 급등 시에는 매도해라.
29. 시작은 처녀처럼, 마무리는 토끼처럼 해라.
30. 예측이 맞지 않는 사람과 반대로 매매해라.
31. 대폭 상승한 직후의 매수나 대폭 하락한 직후의 매도는 금물.

(출처 : 주식 격언 필승법칙)